Библиотека Классической Литературы

Сергей Есенин

Стихотворения. Поэмы. Повести. Рассказы.

Москва 2017

УДК 821.161.1
ББК 84(2Рос=Рус)6
Е82

Серия «Библиотека всемирной литературы»

Разработка художественного оформления серии *А. Бондаренко*

Оформление суперобложки *Н. Ярусовой*

В оформлении суперобложки использованы фрагменты работ художника *Бориса Кустодиева*

Серия «100 главных книг»

Оформление серии *Н. Ярусовой*

Серия «Шедевры мировой классики»

В оформлении переплета использована репродукция портрета поэта Сергея Есенина из собрания музея-усадьбы поэта в селе Константинове/РИА Новости

Есенин, Сергей Александрович.

Е82 Стихотворения. Поэмы. Повести. Рассказы / Сергей Есенин. – Москва : Издательство «Э», 2017. – 736 с.

ISBN 978-5-699-26503-9 (БВЛ)
ISBN 978-5-699-76964-3 (100 ГК)
ISBN 978-5-699-70649-5 (ШМК)

«...земля русская не производила ничего более коренного, естественно уместного и родового, чем Сергей Есенин...» – писал Борис Пастернак. Белокурый красавец, кутила, любимец женщин был щедро одарен природой; поэзия Есенина отличалась особой музыкальностью и тонким лиризмом, его талант лишь совершенствовался с годами. Но судьба отпустила поэту недолгий срок – в тридцать лет он ушел из жизни. В книге с достаточной полнотой представлены поэтические и прозаические произведения С. А. Есенина.

УДК 821.161.1
ББК 84(2Рос=Рус)6

ISBN 978-5-699-26503-9 (БВЛ)
ISBN 978-5-699-76964-3 (100 ГК)
ISBN 978-5-699-70649-5 (ШМК)

Содержание

Сергей Есенин

В седьмом или восьмом году, на Капри, Стефан Жеромский рассказал мне и болгарскому писателю Петко Тодорову историю о мальчике, жмудине или мазуре, крестьянине, который каким-то случаем попал в Краков и заплутался в нем. Он долго кружился по улицам города и все не мог выбраться на простор поля, привычный ему. А когда наконец почувствовал, что город не хочет выпустить его, встал на колени, помолился и прыгнул с моста в Вислу, надеясь, что уж река вынесет его на желанный простор. Утонуть ему не дали, он помер оттого, что разбился.

Незатейливый рассказ этот напоминал мне смерть Сергея Есенина. Впервые я увидел Есенина в Петербурге в 1914 году, где-то встретил его вместе с Клюевым. Он показался мне мальчиком 15–17 лет. Кудрявенький и светлый, в голубой рубашке, в поддевке и сапогах с набором, он очень напомнил слащавенькие открытки Самокиш-Судковской, изображавшей боярских детей, всех с одним и тем же лицом. Было лето, душная ночь, мы, трое, шли сначала по Бассейной, потом через Симеоновский мост, постояли на мосту, глядя в черную воду. Не помню, о чем говорили, вероятно, о войне; она уже началась. Есенин вызвал у меня неяркое впечатление скромного и несколько растерявшегося мальчика, который сам чувствует, что не место ему в огромном Петербурге.

Такие чистенькие мальчики – жильцы тихих городов, Калуги, Орла, Рязани, Симбирска, Тамбова. Там видишь их приказчиками в торговых рядах, подмастерьями столяров, танцорами и певцами в трактирных хорах, а в самой лучшей позиции – детьми небогатых купцов, сторонников «древлего благочестия».

Позднее, когда я читал его размашистые, яркие, удивительно сердечные стихи, не верилось мне, что пишет их тот самый нарочито картинно одетый мальчик, с которым я стоял ночью, на Симеоновском, и видел, как он, сквозь зубы, плюет на черный бархат реки, стиснутой гранитом.

Через шесть-семь лет я увидел Есенина в Берлине, в квартире А.Н. Толстого. От кудрявого, игрушечного мальчика остались только очень ясные глаза, да и они как будто выгорели на каком-то слишком ярком солнце. Беспокойный взгляд их скользил по лицам людей изменчиво, то вызывающе и пренебрежительно, то вдруг неуверенно, смущенно и недоверчиво. Мне показалось, что в общем он настроен недружелюбно к людям. И было видно, что он — человек пьющий. Веки опухли, белки глаз воспалены, кожа на лице и шее — серая, поблекла, как у человека, который мало бывает на воздухе и плохо спит. А руки его беспокойны и в кистях размотаны, точно у барабанщика. Да и весь он встревожен, рассеян, как человек, который забыл что-то важное и даже неясно помнит — что именно забыто им?

Его сопровождали Айседора Дункан и Кусиков.

— Тоже поэт, — сказал о нем Есенин, тихо и с хрипотой.

Около Есенина Кусиков, весьма развязный молодой человек, показался мне лишним. Он был вооружен гитарой, любимым инструментом парикмахеров, но, кажется, не умел играть на ней. Дункан я видел на сцене за несколько лет до этой встречи, когда о ней писали как о чуде, а один журналист удивительно сказал: «Ее гениальное тело сжигает нас пламенем славы».

Но я не люблю, не понимаю пляски от разума, и не понравилось мне, как эта женщина металась по сцене. Помню — было даже грустно, казалось, что ей смертельно холодно и она, полуодетая, бегает, чтоб согреться, выскользнуть из холода.

У Толстого она тоже плясала, предварительно покушав и выпив водки. Пляска изображала как будто борьбу тяжести возраста Дункан с насилием ее тела, избалованного славой и любовью. За этими словами не скрыто ничего обидного для женщины, они говорят только о проклятии старости.

Пожилая, отяжелевшая, с красным, некрасивым лицом, окутанная платьем кирпичного цвета, она кружилась, извивалась в тесной комнате, прижимая ко груди букет измятых, увядших цветов, а на толстом лице ее застыла ничего не говорящая улыбка.

Эта знаменитая женщина, прославленная тысячами эстетов Европы, тонких ценителей пластики, рядом с маленьким, как подросток, изумительным рязанским поэтом, являлась совершеннейшим олицетворением всего, что ему было не нужно. Тут нет ничего предвзятого, придуманного вот сейчас; нет, я говорю о впечатлении того тяжелого дня, когда, глядя на эту женщину, я думал: как может она почувствовать смысл таких вздохов поэта:

Хорошо бы, на стог улыбаясь,
Мордой месяца сено жевать!

Что могут сказать ей такие горестные его усмешки:

Я хожу в цилиндре не для женщин –
В глупой страсти сердце жить не в силе, –
В нем удобней, грусть свою уменьшив,
Золото овса давать кобыле.

Разговаривал Есенин с Дункан жестами, толчками колен и локтей. Когда она плясала, он, сидя за столом, пил вино и краем глаза посматривал на нее, морщился. Может быть, именно в эти минуты у него сложились в строку стиха слова сострадания:

Излюбили тебя, измызгали...

И можно было подумать, что он смотрит на свою подругу как на кошмар, который уже привычен, не пугает, но всетаки давит. Несколько раз он встряхнул головой, как лысый человек, когда кожу его черепа щекочет муха.

Потом Дункан, утомленная, припала на колени, глядя в лицо поэта с вялой, нетрезвой улыбкой. Есенин положил руку на плечо ей, но резко отвернулся. И снова мне думается: не в эту ли минуту вспыхнули в нем и жестоко и жалостно отчаянные слова:

Что ты смотришь так синими брызгами?
Иль в морду хошь?
...Дорогая, я плачу,
Прости... прости...

Есенина попросили читать. Он охотно согласился, встал и начал монолог Хлопуши. Вначале трагические выкрики каторжника показались театральными.

Сумасшедшая, бешеная, кровавая муть!
Что ты? Смерть?

Но вскоре я почувствовал, что Есенин читает потрясающе, и слушать его стало тяжело до слез. Я не могу назвать его чтение артистическим, искусным и так далее, все эти эпитеты ничего не говорят о характере чтения. Голос поэта звучал несколько хрипло, крикливо, надрывно, и это как нельзя более резко подчеркивало каменные слова Хлопуши. Изумительно искренно, с невероятной силою прозвучало неоднократно и в разных тонах повторенное требование каторжника:

Я хочу видеть этого человека!

И великолепно был передан страх:

Где он? Где? Неужель его нет?

Даже не верилось, что этот маленький человек обладает такой огромной силой чувства, такой совершенной выразительностью. Читая, он побледнел до того, что даже уши стали серыми. Он размахивал руками не в ритм стихов, но это так и следовало, ритм их был неуловим, тяжесть каменных слов капризно разновесна. Казалось, что он мечет их, одно — под ноги себе, другое — далеко, третье — в чье-то ненавистное ему лицо. И вообще все: хриплый, надорванный голос, неверные жесты, катающийся корпус, тоской горящие глаза — все было таким, как и следовало быть всему в обстановке, окружавшей поэта в тот час.

Совершенно изумительно прочитал он вопрос Пугачева, трижды повторенный:

Вы с ума сошли?

Громко и гневно, затем тише, но еще горячей:

Вы с ума сошли?

И наконец совсем тихо, задыхаясь в отчаянии:

Вы с ума сошли?
Кто сказал вам, что мы уничтожены?

Неописуемо хорошо спросил он:

Неужели под душой так же падаешь, как под ношею?

И, после коротенькой паузы, вздохнул, безнадежно, прощально:

Дорогие мои...
Хорошие...

Взволновал он меня до спазмы в горле, рыдать хотелось. Помнится, я не мог сказать ему никаких похвал, да он – думаю – и не нуждался в них.

Я попросил его прочитать о собаке, у которой отняли и бросили в реку семерых щенят.

– Если вы не устали...

– Я не устаю от стихов, – сказал он и недоверчиво спросил: – А вам нравится о собаке?

Я сказал ему, что, на мой взгляд, он первый в русской литературе так умело и с такой искренней любовью пишет о животных.

– Да, я очень люблю всякое зверье, – молвил Есенин задумчиво и тихо, а на мой вопрос, знает ли он «Рай животных» Клоделя, не ответил, пощупал голову обеими руками и начал читать «Песнь о собаке». И когда произнес последние строки:

Покатились глаза собачьи
Золотыми звездами в снег, –

на его глазах тоже сверкнули слезы.

После этих стихов невольно подумалось, что Сергей Есенин не столько человек, сколько орган, созданный природой исключительно для поэзии, для выражения неисчерпаемой «печали полей»[1], любви ко всему живому в мире и милосердия, которое – более всего иного – заслужено человеком. И еще более ощутима стала ненужность Кусикова с гитарой, Дункан с ее пляской, ненужность скучнейшего бранденбургского города Берлина, ненужность всего, что окружало своеобразно талантливого и законченно русского поэта.

---

[1] Слова С.Н. Сергеева-Ценского. – *Прим. М.Горького.*

А он как-то тревожно заскучал. Приласкав Дункан, как, вероятно, он ласкал рязанских девиц, похлопав ее по спине, он предложил поехать:

– Куда-нибудь в шум, – сказал он.

Решили: вечером ехать в Луна-парк.

Когда одевались в прихожей, Дункан стала нежно целовать мужчин.

– Очень хороши рошен, – растроганно говорила она. – Такой – ух! Не бывает...

Есенин грубо разыграл сцену ревности, шлепнул ее ладонью по спине, закричал:

– Не смей целовать чужих!

Мне подумалось, что он сделал это лишь для того, чтоб назвать окружающих людей чужими.

Безобразное великолепие Луна-парка оживило Есенина, он, посмеиваясь, бегал от одной диковины к другой, смотрел, как развлекаются почтенные немцы, стараясь попасть мячом в рот уродливой картонной маски, как упрямо они влезают по качающейся под ногами лестнице и тяжело падают на площадке, которая волнообразно вздымается. Было неисчислимо много столь же незатейливых развлечений, было много огней, и всюду усердно гремела честная немецкая музыка, которую можно бы назвать «музыкой для толстых».

– Настроили – много, а ведь ничего особенного не придумали, – сказал Есенин и сейчас же прибавил: – Я не хаю.

Затем, наскоро, заговорил, что глагол «хаять» лучше, чем «порицать».

– Короткие слова всегда лучше многосложных, – сказал он.

Торопливость, с которой Есенин осматривал увеселения, была подозрительна и внушала мысль: человек хочет все видеть для того, чтобы поскорей забыть. Остановясь перед круглым киоском, в котором вертелось и гудело что-то пестрое, он спросил меня неожиданно и тоже торопливо:

– Вы думаете, мои стихи – нужны? И вообще искусство, то есть поэзия – нужна?

Вопрос был уместен как нельзя больше, – Луна-парк забавно живет и без Шиллера.

Но ответа на свой вопрос Есенин не стал ждать, предложив:

– Пойдемте вино пить.

На огромной террасе ресторана, густо усаженной веселыми людьми, он снова заскучал, стал рассеянным, капризным. Вино ему не понравилось:

– Кислое и пахнет жженым пером. Спросите красного, французского.

Но и красное он пил неохотно, как бы по обязанности. Минуты три сосредоточенно смотрел вдаль; там, высоко в воздухе, на фоне черных туч, шла женщина по канату, натянутому через пруд. Ее освещали бенгальским огнем, над нею и как будто вслед ей летели ракеты, угасая в тучах и отражаясь в воде пруда. Это было почти красиво, но Есенин пробормотал:

– Все хотят как страшнее. Впрочем, я люблю цирк. А – вы?

Он не вызывал впечатления человека забалованного, рисующегося, нет, казалось, что он попал в это сомнительно веселое место по обязанности или из «приличия», как неверующие посещают церковь. Пришел и нетерпеливо ждет, скоро ли кончится служба, ничем не задевающая его души, служба чужому богу.

Автобиография

Я родился в 1895 году 21 сентября в селе Константинове Кузьминской волости, Рязанской губ. и Рязанского уез. Отец мой крестьянин Александр Никитич Есенин, мать Татьяна Федоровна.

Детство провел у деда и бабки по матери в другой части села, которое наз. Матово.

Первые мои воспоминания относятся к тому времени, когда мне было три-четыре года.

Помню лес, большая канавистая дорога. Бабушка идет в Радовецкий монастырь, который от нас верстах в 40. Я, ухватившись за ее палку, еле волочу от усталости ноги, а бабушка все приговаривает: «Иди, иди, ягодка, бог счастье даст».

Часто собирались у нас дома слепцы, странствующие по селам, пели духовные стихи о прекрасном рае, о Лазаре, о Миколе и о женихе, светлом госте из града неведомого.

Нянька — старуха приживальщица, которая ухаживала за мной, рассказывала мне сказки, все те сказки, которые слушают и знают все крестьянские дети.

Дедушка пел мне песни старые, такие тягучие, заунывные. По субботам и воскресным дням он рассказывал мне Библию и священную историю.

Уличная моя жизнь была непохожа на домашнюю. Сверстники мои были ребята озорные. С ними я лазил вместе по чужим огородам. Убегал дня на 2–3 в луга и питался вместе с пастухами рыбой, которую мы ловили в маленьких озерах, сначала замутив воду руками, или выводками утят.

После, когда я возвращался, мне частенько влетало.

В семье у нас был припадочный дядя, кроме бабки, деда и моей няньки.

Он меня очень любил, и мы часто ездили с ним на Оку поить лошадей. Ночью луна при тихой погоде стоит стоймя в воде. Когда лошади пили, мне казалось, что они вот-вот выпьют луну, и радовался, когда она вместе с кругами отплывала от их ртов. Когда мне сравнялось 12 лет, меня отдали учиться из сельской земской школы в учительскую школу. Родные хотели, чтоб из меня вышел сельский учитель. Надежды их простирались до института, к счастью моему, в который я не попал.

Стихи писать начал лет с 9, читать выучили в 5.

Влияние на мое творчество в самом начале имели деревенские частушки. Период учебы не оставил на мне никаких следов, кроме крепкого знания церковнославянского языка. Это все, что я вынес.

Остальным занимался сам под руководством некоего Клеменова. Он познакомил меня с новой литературой и объяснил, почему нужно кое в чем бояться классиков. Из поэтов мне больше всего нравился Лермонтов и Кольцов. Позднее я перешел к Пушкину.

1913 г. я поступил вольнослушателем в Университет Шанявского. Пробыв там 1,5 года, должен был уехать обратно по материальным обстоятельствам в деревню.

В это время у меня была написана книга стихов «Радуница». Я послал из них некоторые в петербургские журналы и, не получая ответа, поехал туда сам. Приехал, отыскал Городецкого. Он встретил меня весьма радушно. Тогда на его квартире собирались почти все поэты. Обо мне заговорили, и меня начали печатать чуть ли не нарасхват.

Печатался я: «Русская мысль», «Жизнь для всех», «Ежемесячный журнал» Миролюбова, «Северные записки» и т. д. Это было весной 1915 г. А осенью этого же года Клюев мне прислал телеграмму в деревню и просил меня приехать к нему.

Он отыскал мне издателя М.В. Аверьянова, и через несколько месяцев вышла моя первая книга «Радуница». Вышла она в ноябре 1915 г. с пометкой 1916 г.

В первую пору моего пребывания в Петербурге мне часто приходилось встречаться с Блоком, с Ивановым-Разумником. Позднее с Андреем Белым.

Первый период революции встретил сочувственно, но больше стихийно, чем сознательно.

1917 году произошла моя первая женитьба на З.Н. Райх.

1918 году я с ней расстался, и после этого началась моя скитальческая жизнь. как и всех россиян за период 1918–21 гг. За эти годы я был в Туркестане, на Кавказе, в Персии, в Крыму, в Бессарабии, в Оренбургских степях, на Мурманском побережье, в Архангельске и Соловках.

1921 г. я женился на А. Дункан и уехал в Америку, предварительно исколесив всю Европу, кроме Испании.

После заграницы я смотрел на страну свою и события по-другому.

Наше едва остывшее кочевье мне не нравится. Мне нравится цивилизация. Но я очень не люблю Америки. Америка это тот смрад, где пропадает не только искусство, но и вообще лучшие порывы человечества. Если сегодня держат курс на Америку, то я готов тогда предпочесть наше серое небо и наш пейзаж: изба, немного вросла в землю, прясло, из прясла торчит огромная жердь, вдалеке машет хвостом на ветру тощая лошаденка. Это не то что небоскребы, которые дали пока что только Рокфеллера и Маккормика, но зато это то самое, что растило у нас Толстого, Достоевского, Пушкина, Лермонтова и др.

Прежде всего я люблю выявление органического. Искусство для меня не затейливость узоров, а самое необходимое слово того языка, которым я хочу себя выразить.

Поэтому основанное в 1919 году течение имажинизм, с одной стороны – мной, а с другой – Шершеневичем, хоть и повернуло формально русскую поэзию по другому руслу восприятия, но зато не дало никому еще права претендовать на талант. Сейчас я отрицаю всякие школы. Считаю, что поэт и не может держаться определенной какой-нибудь школы. Это его связывает по рукам и ногам. Только свободный художник может принести свободное слово.

Вот и все то, короткое, схематичное, что касается моей биографии. Здесь не все сказано. Но я думаю, мне пока еще рано подводить какие-либо итоги себе. Жизнь моя и мое творчество еще впереди.

20 июня 1924

Лирика

* * *

Вот уж вечер. Роса
Блестит на крапиве.
Я стою у дороги,
Прислонившись к иве.

От луны свет большой
Прямо на нашу крышу.
Где-то песнь соловья
Вдалеке я слышу.

Хорошо и тепло,
Как зимой у печки.
И березы стоят,
Как большие свечки.

И вдали за рекой,
Видно, за опушкой,
Сонный сторож стучит
Мертвой колотушкой.

1910

* * *

Там, где капустные грядки
Красной водой поливает восход,
Клененочек маленький матке
Зеленое вымя сосет.

1910

Калики

Проходили калики деревнями,
Выпивали под окнами квасу,
У церквей пред затворами древними
Поклонялись Пречистому Спасу.

Пробиралися странники по полю,
Пели стих о сладчайшем Исусе.
Мимо клячи с поклажею топали,
Подпевали горластые гуси.

Ковыляли убогие по стаду,
Говорили страдальные речи:
«Все единому служим мы Господу,
Возлагая вериги на плечи».

Вынимали калики поспешливо
Для коров сбереженные крохи.
И кричали пастушки насмешливо:
«Девки, в пляску. Идут скоморохи».

1910

* * *

Поет зима — аукает,
Мохнатый лес баюкает
    Стозвоном сосняка.
Кругом с тоской глубокою
Плывут в страну далекую
    Седые облака.

А по двору метелица
Ковром шелковым стелется,
    Но больно холодна.
Воробышки игривые,
Как детки сиротливые,
    Прижались у окна.

Озябли пташки малые,
Голодные, усталые,
    И жмутся поплотней.
А вьюга с ревом бешеным
Стучит по ставням свешенным
    И злится все сильней.

И дремлют пташки нежные
Под эти вихри снежные
    У мерзлого окна.
И снится им прекрасная,
В улыбках солнца ясная
    Красавица весна.

1910

* * *

Выткался на озере алый свет зари.
На бору со звонами плачут глухари.

Плачет где-то иволга, схоронясь в дупло.
Только мне не плачется – на душе светло.

Знаю, выйдешь к вечеру за кольцо дорог,
Сядем в копны свежие под соседний стог.

Зацелую допьяна, изомну, как цвет,
Хмельному от радости пересуду нет.

Ты сама под ласками сбросишь шелк фаты,
Унесу я пьяную до утра в кусты.

И пускай со звонами плачут глухари.
Есть тоска веселая в алостях зари.

1910

* * *

Сыплет черемуха снегом,
Зелень в цвету и росе.
В поле, склоняясь к побегам,
Ходят грачи в полосе.

Никнут шелковые травы,
Пахнет смолистой сосной.
Ой вы, луга и дубравы, –
Я одурманен весной.

Радугой тайные вести
Светятся в душу мою.
Думаю я о невесте,
Только о ней лишь пою.

Сыпь ты, черемуха, снегом,
Пойте вы, птахи, в лесу.
По полю зыбистым бегом
Пеной я цвет разнесу.

1910

Подражание песне

Ты поила коня из горстей в поводу,
Отражаясь, березы ломались в пруду.

Я смотрел из окошка на синий платок,
Кудри черные змейно трепал ветерок.

Мне хотелось в мерцании пенистых струй
С алых губ твоих с болью сорвать поцелуй.

Но с лукавой улыбкой, брызнув на меня,
Унеслася ты вскачь, удилами звеня.

В пряже солнечных дней время выткало нить...
Мимо окон тебя понесли хоронить.

И под плач панихид, под кадильный канон
Все мне чудился тихий раскованный звон.

1910

* * *

Дымом половодье
Зализало ил.
Желтые поводья
Месяц уронил.

Еду на баркасе.
Тычусь в берега.
Церквами у прясел
Рыжие стога.

Заунывным карком
В тишину болот
Черная глухарка
К всенощной зовет.

Роща синим мраком
Кроет голытьбу...
Помолюсь украдкой
За твою судьбу.

1910

* * *

Хороша была Танюша, краше не было в селе,
Красной рюшкою по белу сарафан на подоле.
У оврага за плетнями ходит Таня ввечеру.
Месяц в облачном тумане водит с тучами игру.

Вышел парень, поклонился кучерявой головой:
«Ты прощай ли, моя радость, я женюся на другой».
Побледнела, словно саван, схолодела, как роса.
Душегубкою-змеею развилась ее коса.

«Ой ты, парень синеглазый, не в обиду я скажу,
Я пришла тебе сказаться: за другого выхожу».
Не заутренние звоны, а венчальный переклик,
Скачет свадьба на телегах, верховые прячут лик.

Не кукушки загрустили – плачет Танина родня,
На виске у Тани рана от лихого кистеня.
Алым венчиком кровинки запеклися на челе,
Хороша была Танюша, краше не было в селе.

1911

* * *

Заиграй, сыграй, тальяночка, малиновы меха.
Выходи встречать к околице, красотка, жениха.

Васильками сердце светится, горит в нем бирюза.
Я играю на тальяночке про синие глаза.

То не зори в струях озера свой выткали узор,
Твой платок, шитьем украшенный,
мелькнул за косогор.

Заиграй, сыграй, тальяночка, малиновы меха.
Пусть послушает красавица прибаски жениха.

1912

* * *

Матушка в купальницу по лесу ходила,
Босая с подтыками по росе бродила.

Травы ворожбиные ноги ей кололи,
Плакала родимая в купырях от боли.

Не дознамо печени судорга схватила,
Охнула кормилица, тут и породила.

Родился я с песнями в травном одеяле.
Зори меня вешние в радугу свивали.

Вырос я до зрелости, внук купальской ночи,
Сутемень колдовная счастье мне пророчит.

Только не по совести счастье наготове,
Выбираю удалью и глаза и брови.

Как снежинка белая, в просини я таю
Да к судьбе-разлучнице след свой заметаю.

1912

Береза

Белая береза
Под моим окном
Принакрылась снегом,
Точно серебром.

На пушистых ветках
Снежною каймой
Распустились кисти
Белой бахромой.

И стоит береза
В сонной тишине,
И горят снежинки
В золотом огне.

А заря, лениво
Обходя кругом,
Обсыпает ветки
Новым серебром.

<1913>

* * *

На небесном синем блюде
Желтых туч медовый дым.
Грезит ночь. Уснули люди,
Только я тоской томим.

Облаками перекрещен,
Сладкий дым вдыхает бор.
За кольцо небесных трещин
Тянет пальцы косогор.

На болоте крячет цапля;
Четко хлюпает вода,
И из туч глядит, как капля,
Одинокая звезда.

Я хотел бы в мутном дыме
Той звезды поджечь леса
И погинуть вместе с ними,
Как зарница в небеса.

1913 или 1914

Пороша

Еду. Тихо. Слышны звоны
Под копытом на снегу,
Только серые вороны
Расшумелись на лугу.

Заколдован невидимкой,
Дремлет лес под сказку сна,
Словно белою косынкой
Подвязалася сосна.

Понагнулась, как старушка,
Оперлася на клюку,
А над самою макушкой
Долбит дятел на суку.

Скачет конь, простору много,
Валит снег и стелет шаль.
Бесконечная дорога
Убегает лентой вдаль.

<1914>

С добрым утром!

Задремали звезды золотые,
Задрожало зеркало затона,
Брезжит свет на заводи речные
И румянит сетку небосклона.

Улыбнулись сонные березки,
Растрепали шелковые косы.
Шелестят зеленые сережки,
И горят серебряные росы.

У плетня заросшая крапива
Обрядилась ярким перламутром
И, качаясь, шепчет шаловливо:
«С добрым утром!»

<1914>

* * *

Зашумели над затоном тростники.
Плачет девушка-царевна у реки.

Погадала красна девица в семик.
Расплела волна венок из повилик.

Ах, не выйти в жены девушке весной,
Запугал ее приметами лесной.

На березке пообъедена кора –
Выживают мыши девушку с двора.

Бьются кони, грозно машут головой, –
Ой, не любит черны косы домовой.

Запах ладана от рощи ели льют,
Звонки ветры панихидную поют.

Ходит девушка по бережку грустна,
Ткет ей саван нежнопенная волна.

1914

В хате

Пахнет рыхлыми драченами,
У порога в дежке квас,
Над печурками точеными
Тараканы лезут в паз.

Вьется сажа над заслонкою,
В печке нитки попелиц,
А на лавке за солонкою –
Шелуха сырых яиц.

Мать с ухватами не сладится,
Нагибается низкó,
Старый кот к махотке крадется
На парное молоко.

Квохчут куры беспокойные
Над оглоблями сохи,
На дворе обедню стройную
Запевают петухи.

А в окне на сени скатые,
От пугливой шумоты,
Из углов щенки кудлатые
Заползают в хомуты.

1914

* * *

Край любимый! Сердцу снятся
Скирды солнца в водах лонных.
Я хотел бы затеряться
В зеленях твоих стозвонных.

По меже на переметке
Резеда и риза кашки.
И вызванивают в четки
Ивы, кроткие монашки.

Курит облаком болото,
Гарь в небесном коромысле.
С тихой тайной для кого-то
Затаил я в сердце мысли.

Все встречаю, все приемлю,
Рад и счастлив душу вынуть.
Я пришел на эту землю,
Чтоб скорей ее покинуть.

1914

* * *

Пойду в скуфье смиренным иноком
Иль белобрысым босяком
Туда, где льется по равнинам
Березовое молоко.

Хочу концы земли измерить,
Доверясь призрачной звезде,
И в счастье ближнего поверить
В звенящей рожью борозде.

Рассвет рукой прохлады росной
Сшибает яблоки зари.
Сгребая сено на покосах,
Поют мне песни косари.

Глядя за кольца лычных прясел,
Я говорю с самим собой:
Счастлив, кто жизнь свою украсил
Бродяжной палкой и сумой.

Счастлив, кто в радости убогой,
Живя без друга и врага,
Пройдет проселочной дорогой,
Молясь на копны и стога.

<1914–1922>

* * *

Я – пастух, мои палаты –
Межи зыбистых полей.
По горам зеленым – скаты
С гарком гулких дупелей.

Вяжут кружево над лесом
В желтой пене облака.
В тихой дреме под навесом
Слышу шепот сосняка.

Святят зелено в сутёмы
Под росою тополя.
Я – пастух; мои хоромы –
В мягкой зелени поля.

Говорят со мной коровы
На кивливом языке.
Духовитые дубровы
Кличут ветками к реке.

Позабыв людское горе,
Сплю на вырублях сучья.
Я молюсь на алы зори,
Причащаюсь у ручья.

1914

* * *

Черная, потом пропахшая выть!
Как мне тебя не ласкать, не любить?

Выйду на озеро в синюю гать,
К сердцу вечерняя льнет благодать.

Серым веретьем стоят шалаши,
Глухо баюкают хлюпь камыши.

Красный костер окровил таганы,
В хворосте белые веки луны.

Тихо, на корточках, в пятнах зари
Слушают сказ старика косари.

Где-то вдали, на кукане реки,
Дремную песню поют рыбаки.

Оловом светится лужная голь...
Грустная песня, ты — русская боль.

1914

* * *

Гой ты, Русь, моя родная,
Хаты – в ризах образа...
Не видать конца и края –
Только синь сосет глаза.

Как захожий богомолец,
Я смотрю твои поля.
А у низеньких околиц
Звонно чахнут тополя.

Пахнет яблоком и медом
По церквам твой кроткий Спас.
И гудит за корогодом
На лугах веселый пляс.

Побегу по мятой стежке
На приволь зеленых лех.
Мне навстречу, как сережки,
Прозвенит девичий смех.

Если крикнет рать святая:
«Кинь ты Русь, живи в раю!»
Я скажу: «Не надо рая,
Дайте родину мою».

1914

* * *

Сторона ль моя, сторонка,
Горевая полоса.
Только лес, да посолонка,
Да заречная коса...

Чахнет старая церквушка,
В облака закинув крест.
И забольная кукушка
Не летит с печальных мест.

По тебе ль, моей сторонке,
В половодье каждый год
С подожочка и котомки
Богомольный льется пот.

Лица пыльны, загорелы,
Веки выглодала даль,
И впилась в худое тело
Спаса кроткого печаль.

1914

* * *

Край ты мой заброшенный,
Край ты мой, пустырь.
Сенокос некошеный,
Лес да монастырь.

Избы забоченились,
А и всех-то пять.
Крыши их запенились
В заревую гать.

Под соломой-ризою
Выструги стропил,
Ветер плесень сизую
Солнцем окропил.

В окна бьют без промаха
Вороны крылом,
Как метель, черемуха
Машет рукавом.

Уж не сказ ли в прутнике
Жисть твоя и быль,
Что под вечер путнику
Нашептал ковыль?

1914

* * *

Топи да болота,
Синий плат небес.
Хвойной позолотой
Взвенивает лес.

Тенькает синица
Меж лесных кудрей,
Темным елям снится
Гомон косарей.

По лугу со скрипом
Тянется обоз —
Суховатой липой
Пахнет от колес.

Слухают ракиты
Посвист ветряной...
Край ты мой забытый,
Край ты мой родной.

1914

Осень

Р.В. Иванову

Тихо в чаще можжевеля по обрыву.
Осень, рыжая кобыла, чешет гриву.

Над речным покровом берегов
Слышен синий лязг ее подков.

Схимник-ветер шагом осторожным
Мнет листву по выступам дорожным

И целует на рябиновом кусту
Язвы красные незримому Христу.

1914

* * *

Заглушила засуха засевки,
Сохнет рожь, и не всходят овсы.
На молебен с хоругвями девки
Потащились в комлях полосы.

Собрались прихожане у чащи,
Лихоманную грусть затая.
Загузынил дьячишко ледащий:
«Спаси, Господи, люди твоя».

Открывались небесные двери,
Дьякон бавкнул из кряжистых сил:
«Еще молимся, братья, о вере,
Чтобы Бог нам поля оросил».

Заливались веселые птахи,
Крапал брызгами поп из горстей,
Стрекотуньи-сороки, как свахи,
Накликали дождливых гостей.

Зыбко пенились зори за рощей,
Как холстины ползли облака,
И туманно по быльнице тощей
Меж кустов ворковала река.

Скинув шапки, молясь и вздыхая,
Говорили промеж мужики:
«Колосилась-то ярь неплохая,
Да сгубили сухие деньки».

На коне – черной тучице в санках –
Билось пламя-шлея... синь и дрожь.
И кричали парнишки в еланках:
«Дождик, дождик, полей нашу рожь!»

1914

* * *

По селу тропинкой кривенькой
В летний вечер голубой
Рекрута ходили с ливенкой
Разухабистой гурьбой.

Распевали про любимые
Да последние деньки:
«Ты прощай, село родимое,
Темна роща и пеньки».

Зори пенились и таяли.
Все кричали, пяча грудь:
«До рекрутства горе маяли,
А теперь пора гульнуть».

Размахнув кудрями русыми,
В пляс пускались весело.
Девки брякали им бусами,
Зазывали за село.

Выходили парни бравые
За гуменные плетни.
А девчоночки лукавые
Убегали, – догони!

Над зелеными пригорками
Развевалися платки.
По полям бредя с кошелками,
Улыбались старики.

По кустам, в траве над лыками,
Под пугливый возглас сов,

Им смеялась роща зыками
С переливом голосов.

По селу тропинкой кривенькой,
Ободравшись о пеньки,
Рекрута играли в ливенку
Про остальние деньки.

1914

* * *

Не ветры осыпают пущи,
Не листопад златит холмы.
С голубизны незримой кущи
Струятся звездные псалмы.

Я вижу – в просиничном плате,
На легкокрылых облаках,
Идет возлюбленная Мати
С Пречистым Сыном на руках.

Она несет для мира снова
Распять воскресшего Христа:
«Ходи, мой сын, живи без крова,
Зорюй и полднюй у куста».

И в каждом страннике убогом
Я вызнавать пойду с тоской,
Не Помазуемый ли Богом
Стучит берестяной клюкой.

И может быть, пройду я мимо
И не замечу в тайный час,
Что в елях – крылья херувима,
А под пеньком – голодный Спас.

1914

* * *

Шел Господь пытать людей в любови,
Выходил он нищим на кулижку.
Старый дед на пне сухом в дуброве
Жамкал деснами зачерствелую пышку.

Увидал дед нищего дорогой,
На тропинке, с клюшкою железной,
И подумал: «Вишь, какой убогой, –
Знать, от голода качается, болезный».

Подошел Господь, скрывая скорбь и муку:
Видно, мол, сердца их не разбудишь...
И сказал старик, протягивая руку:
«На, пожуй... маленько крепче будешь».

1914

* * *

Троицыно утро, утренний канон,
В роще по березкам белый перезвон.

Тянется деревня с праздничного сна,
В благовесте ветра хмельная весна.

На резных окошках ленты и кусты.
Я пойду к обедне плакать на цветы.

Пойте в чаще, птахи, я вам подпою,
Похороним вместе молодость мою.

Троицыно утро, утренний канон.
В роще по березкам белый перезвон.

1914

* * *

Сохнет стаявшая глина,
На сугорьях гниль опенок.
Пляшет ветер по равнинам,
Рыжий ласковый осленок.

Пахнет вербой и смолою,
Синь то дремлет, то вздыхает.
У лесного аналоя
Воробей псалтырь читает.

Прошлогодний лист в овраге
Средь кустов, как ворох меди.
Кто-то в солнечной сермяге
На осленке рыжем едет.

Прядь волос нежней кудели,
Но лицо его туманно.
Никнут сосны, никнут ели
И кричат ему: «Осанна!»

1914

* * *

Чую радуницу Божью –
Не напрасно я живу,
Поклоняюсь придорожью,
Припадаю на траву.

Между сосен, между елок,
Меж берез кудрявых бус,
Под венком, в кольце иголок,
Мне мерещится Исус.

Он зовет меня в дубровы,
Как во царствие небес,
И горит в парче лиловой
Облаками крытый лес.

Голубиный дух от Бога,
Словно огненный язык,
Завладел моей дорогой,
Заглушил мой слабый крик.

Льется пламя в бездну зренья,
В сердце радость детских снов.
Я поверил от рожденья
В Богородицын покров.

1914

* * *

По дороге идут богомолки,
Под ногами полынь да комли.
Раздвигая щипульные колки,
На канавах звенят костыли.

Топчут лапти по полю кукольни,
Где-то ржанье и храп табуна,
И зовет их с большой колокольни
Гулкий звон, словно зык чугуна.

Отряхают старухи дулейки,
Вяжут девки косницы до пят.
Из подворья с высокой келейки
На платки их монахи глядят.

На вратах монастырские знаки:
«Упокою грядущих ко мне»,
А в саду разбрехались собаки,
Словно чуя воров на гумне.

Лижут сумерки золото солнца,
В дальних рощах аукает звон...
По тени от ветлы-веретенца
Богомолки идут на канон.

1914

* * *

На плетнях висят баранки,
Хлебной брагой льет теплынь.
Солнца струганые дранки
Загораживают синь.

Балаганы, пни и колья,
Карусельный пересвист.
От вихлистого приволья
Гнутся травы, мнется лист.

Дробь копыт и хрип торговок,
Пьяный пах медовых сот.
Берегись, коли не ловок:
Вихорь пылью разметет.

За лещужною сурьмою —
Бабий крик, как поутру.
Не твоя ли шаль с каймою
Зеленеет по ветру?

Ой, удал и многосказен
Лад веселый на пыжну.
Запевай, как Стенька Разин
Утопил свою княжну.

Ты ли, Русь, тропой-дорогой
Разметала ал наряд?
Не суди молитвой строгой
Напоенный сердцем взгляд.

1915

* * *

Туча кружево в роще связала,
Закурился пахучий туман.
Еду грязной дорогой с вокзала
Вдалеке от родимых полян.

Лес застыл без печали и шума,
Виснет темь, как платок, за сосной.
Сердце гложет плакучая дума...
Ой, не весел ты, край мой родной.

Пригорюнились девушки-ели,
И поет мой ямщик наумяк:
«Я умру на тюремной постели,
Похоронят меня кое-как».

1915

* * *

За темной прядью перелесиц,
В неколебимой синеве,
Ягненочек кудрявый – месяц
Гуляет в голубой траве.

В затихшем озере с осокой
Бодаются его рога,
И кажется с тропы далекой –
Вода качает берега.

А степь под пологом зеленым
Кадит черемуховый дым
И за долинами по склонам
Свивает полымя над ним.

О сторона ковыльной пущи,
Ты сердцу ровностью близка,
Но и в твоей таится гуще
Солончаковая тоска.

И ты, как я, в печальной требе,
Забыв, кто друг тебе и враг,
О розовом тоскуешь небе
И голубиных облаках.

Но и тебе из синей шири
Пугливо кажет темнота
И кандалы твоей Сибири,
И горб Уральского хребта.

<1915>

Корова

Дряхлая, выпали зубы,
Свиток годов на рогах.
Бил ее выгонщик грубый
На перегонных полях.

Сердце не ласково к шуму,
Мыши скребут в уголке.
Думает грустную думу
О белоногом телке.

Не дали матери сына,
Первая радость не впрок.
И на колу под осиной
Шкуру трепал ветерок.

Скоро на гречневом свее,
С той же сыновней судьбой,
Свяжут ей петлю на шее
И поведут на убой.

Жалобно, грустно и тоще
В землю вопьются рога...
Снится ей белая роща
И травяные луга.

1915

Песнь о собаке

Утром в ржаном закуте,
Где златятся рогожи в ряд,
Семерых ощенила сука,
Рыжих семерых щенят.

До вечера она их ласкала,
Причесывая языком,
И струился снежок подталый
Под теплым ее животом.

А вечером, когда куры
Обсиживают шесток,
Вышел хозяин хмурый,
Семерых всех поклал в мешок.

По сугробам она бежала,
Поспевая за ним бежать...
И так долго, долго дрожала
Воды незамерзшей гладь.

А когда чуть плелась обратно,
Слизывая пот с боков,
Показался ей месяц над хатой
Одним из ее щенков.

В синюю высь звонко
Глядела она, скуля,
А месяц скользил тонкий
И скрылся за холм в полях.

И глухо, как от подачки,
Когда бросят ей камень в смех,
Покатились глаза собачьи
Золотыми звездами в снег.

1915

* * *

В том краю, где желтая крапива
И сухой плетень,
Приютились к вербам сиротливо
Избы деревень.

Там в полях, за синей гущей лога,
В зелени озер,
Пролегла песчаная дорога
До сибирских гор.

Затерялась Русь в Мордве и Чуди,
Нипочем ей страх.
И идут по той дороге люди,
Люди в кандалах.

Все они убийцы или воры,
Как судил им рок.
Полюбил я грустные их взоры
С впадинами щек.

Много зла от радости в убийцах,
Их сердца просты.
Но кривятся в почернелых лицах
Голубые рты.

Я одну мечту, скрывая, нежу,
Что я сердцем чист.
Но и я кого-нибудь зарежу
Под осенний свист.

И меня по ветряному свею,
По тому ль песку,
Поведут с веревкою на шее
Полюбить тоску.

И когда с улыбкой мимоходом
Распрямлю я грудь,
Языком залижет непогода
Прожитой мой путь.

1915

* * *

Алый мрак в небесной черни
Начертил пожаром грань.
Я пришел к твоей вечерне,
Полевая глухомань.

Нелегка моя кошница,
Но глаза синее дня.
Знаю, мать-земля черница,
Все мы тесная родня.

Разошлись мы в даль и шири
Под лазоревым крылом.
Но сзовет нас из псалтыри
Заревой заре псалом.

И придем мы по равнинам
К правде сошьего креста
Светом книги голубиной
Напоить свои уста.

<1915>

* * *

Гаснут красные крылья заката,
Тихо дремлют в тумане плетни.
Не тоскуй, моя белая хата,
Что опять мы одни и одни.

Чистит месяц в соломенной крыше
Обоймленные синью рога.
Не пошел я за ней и не вышел
Провожать за глухие стога.

Знаю, годы тревогу заглушат.
Эта боль, как и годы, пройдет.
И уста, и невинную душу
Для другого она бережет.

Не силен тот, кто радости просит:
Только гордые в силе живут;
А другой изомнет и забросит,
Как изъеденный сырью хомут.

Не с тоски я судьбы поджидаю;
Будет злобно крутить порошá,
И придет она к нашему краю
Обогреть своего малыша.

Снимет шубу и шали развяжет,
Примостится со мной у огня.
И спокойно и ласково скажет,
Что ребенок похож на меня.

<1916>

* * *

Запели тесаные дроги,
Бегут равнины и кусты.
Опять часовни на дороге
И поминальные кресты.

Опять я теплой грустью болен
От овсяного ветерка,
И на известку колоколен
Невольно крестится рука.

О Русь, малиновое поле
И синь, упавшая в реку,
Люблю до радости и боли
Твою озерную тоску.

Холодной скорби не измерить,
Ты на туманном берегу.
Но не любить тебя, не верить –
Я научиться не могу.

И не отдам я эти цепи,
И не расстанусь с долгим сном,
Когда звенят родные степи
Молитвословным ковылем.

<1916>

* * *

Устал я жить в родном краю
В тоске по гречневым просторам.
Покину хижину мою,
Уйду бродягою и вором.

Пойду по белым кудрям дня
Искать убогое жилище.
И друг любимый на меня
Наточит нож за голенище.

Весной и солнцем на лугу
Обвита желтая дорога,
И та, чье имя берегу,
Меня прогонит от порога.

И вновь вернуся в отчий дом,
Чужою радостью утешусь,
В зеленый вечер под окном
На рукаве своем повешусь.

Седые вербы у плетня
Нежнее головы наклонят.
И необмытого меня
Под лай собачий похоронят.

А месяц будет плыть и плыть,
Роняя весла по озерам...
И Русь все так же будет жить,
Плясать и плакать у забора.

<1916>

* * *

День ушел, убавилась черта,
Я опять подвинулся к уходу.
Легким взмахом белого перста
Тайны лет я разрезаю воду.

В голубой струе моей судьбы
Накипи холодной бьется пена,
И кладет печать немого плена
Складку новую у сморщенной губы.

С каждым днем я становлюсь чужим
И себе, и жизнь кому велела.
Где-то в поле чистом, у межи,
Оторвал я тень свою от тела.

Неодетая она ушла,
Взяв мои изогнутые плечи.
Где-нибудь она теперь далече
И другого нежно обняла.

Может быть, склоняяся к нему,
Про меня она совсем забыла
И, вперившись в призрачную тьму,
Складки губ и рта переменила.

Но живет по звуку прежних лет,
Что, как эхо, бродит за горами,
Я целую синими губами
Черной тенью тиснутый портрет.

<1916>

* * *

Прячет месяц за овинами
Желтый лик от солнца яркого.
Высоко над луговинами
По востоку пышет зарево.

Пеной рос заря туманится,
Словно глубь очей невестиных.
Прибрела весна, как странница,
С посошком в лаптях берестяных.

На березки в роще теневой
Серьги звонкие повесила
И с рассветом в сад сиреневый
Мотыльком порхнула весело.

<1916>

Голубень

В прозрачном холоде заголубели долы,
Отчетлив стук подкованных копыт,
Трава поблекшая в расстеленные полы
Сбирает медь с обветренных ракит.

С пустых лощин ползет дугою тощей
Сырой туман, курчаво свившись в мох,
И вечер, свесившись над речкою, полощет
Водою белой пальцы синих ног.

*

Осенним холодом расцвечены надежды,
Бредет мой конь, как тихая судьба,
И ловит край махающей одежды
Его чуть мокрая буланая губа.

В дорогу дальнюю, ни к битве, ни к покою,
Влекут меня незримые следы,
Погаснет день, мелькнув пятой златою,
И в короб лет улягутся труды.

*

Сыпучей ржавчиной краснеют по дороге
Холмы плешивые и слегшийся песок,
И пляшет сумрак в галочьей тревоге,
Согнув луну в пастушеский рожок.

Молочный дым качает ветром села,
Но ветра нет, есть только легкий звон.
И дремлет Русь в тоске своей веселой,
Вцепивши руки в желтый крутосклон.

*

Манит ночлег, недалеко до хаты,
Укропом вялым пахнет огород.
На грядки серые капусты волноватой
Рожок луны по капле масло льет.

Тянусь к теплу, вдыхаю мягкость хлеба
И с хруптом мысленно кусаю огурцы,
За ровной гладью вздрогнувшее небо
Выводит облако из стойла под уздцы.

*

Ночлег, ночлег, мне издавна знакома
Твоя попутная разымчивость в крови,
Хозяйка спит, а свежая солома
Примята ляжками вдовеющей любви.

Уже светает, краской тараканьей
Обведена божница по углу,
Но мелкий дождь своей молитвой ранней
Еще стучит по мутному стеклу.

*

Опять передо мною голубое поле,
Качают лужи солнца рдяный лик.
Иные в сердце радости и боли,
И новый говор липнет на язык.

Водою зыбкой стынет синь во взорах,
Бредет мой конь, откинув удила,
И горстью смуглою листвы последний ворох
Кидает ветер вслед из подола.

<1916>

* * *

Даль подернулась туманом,
Чешет тучи лунный гребень.
Красный вечер за куканом
Расстелил кудрявый бредень.

Под окном от скользких вётел
Перепёльи звоны ветра.
Тихий сумрак, ангел теплый,
Напоен нездешним светом.

Сон избы легко и ровно
Хлебным духом сеет притчи.
На сухой соломе в дровнях
Слаще меда пот мужичий.

Чей-то мягкий лик за лесом,
Пахнет вишнями и мохом...
Друг, товарищ и ровесник,
Помолись коровьим вздохам.

Июнь 1916

* * *

Я снова здесь, в семье родной,
Мой край, задумчивый и нежный!
Кудрявый сумрак за горой
Рукою машет белоснежной.

Седины пасмурного дня
Плывут всклокоченные мимо,
И грусть вечерняя меня
Волнует непреодолимо.

Над куполом церковных глав
Тень от зари упала ниже.
О други игрищ и забав,
Уж я вас больше не увижу!

В забвенье канули года,
Вослед и вы ушли куда-то.
И лишь по-прежнему вода
Шумит за мельницей крылатой.

И часто я в вечерней мгле,
Под звон надломленной осоки,
Молюсь дымящейся земле
О невозвратных и далеких.

Июнь 1916

Лисица

А.М. Ремизову

На раздробленной ноге приковыляла,
У норы свернулася в кольцо.
Тонкой прошвой кровь отмежевала
На снегу дремучее лицо.

Ей все бластился в колючем дыме выстрел,
Колыхалася в глазах лесная топь.
Из кустов косматый ветер взбыстрил
И рассыпал звонистую дробь.

Как желна, над нею мгла металась,
Мокрый вечер липок был и ал.
Голова тревожно подымалась,
И язык на ране застывал.

Желтый хвост упал в метель пожаром,
На губах – как прелая морковь...
Пахло инеем и глиняным угаром,
А в ощур сочилась тихо кровь.

<1916>

* * *

За горами, за желтыми долами
Протянулась тропа деревень.
Вижу лес и вечернее полымя,
И обвитый крапивой плетень.

Там с утра над церковными главами
Голубеет небесный песок,
И звенит придорожными травами
От озер водяной ветерок.

Не за песни весны над равниною
Дорога мне зеленая ширь –
Полюбил я тоской журавлиною
На высокой горе монастырь.

Каждый вечер, как синь затуманится,
Как повиснет заря на мосту,
Ты идешь, моя бедная странница,
Поклониться любви и кресту.

Кроток дух монастырского жителя,
Жадно слушаешь ты ектенью,
Помолись перед ликом Спасителя
За погибшую душу мою.

1916

* * *

Не бродить, не мять в кустах багряных
Лебеды и не искать следа.
Со снопом волос твоих овсяных
Отоснилась ты мне навсегда.

С алым соком ягоды на коже,
Нежная, красивая, была
На закат ты розовый похожа
И, как снег, лучиста и светла.

Зерна глаз твоих осыпались, завяли,
Имя тонкое растаяло, как звук.
Но остался в складках смятой шали
Запах меда от невинных рук.

В тихий час, когда заря на крыше,
Как котенок, моет лапкой рот,
Говор кроткий о тебе я слышу
Водяных поющих с ветром сот.

Пусть порой мне шепчет синий вечер,
Что была ты песня и мечта,
Все ж, кто выдумал твой гибкий стан и плечи,
К светлой тайне приложил уста.

Не бродить, не мять в кустах багряных
Лебеды и не искать следа.
Со снопом волос твоих овсяных
Отоснилась ты мне навсегда.

<1916>

* * *

Опять раскинулся узорно
Над белым полем багрянец,
И заливается задорно
Нижегородский бубенец.

Под затуманенною дымкой
Ты кажешь девичью красу,
И треплет ветер под косынкой
Рыжеволосую косу.

Дуга, раскалываясь, пляшет,
То выныряя, то пропав,
Не заворожит, не обмашет
Твой разукрашенный рукав.

Уже давно мне стала сниться
Полей малиновая ширь,
Тебе – высокая светлица,
А мне – далекий монастырь.

Там синь и полымя воздушней
И легкодымней пелена.
Я буду ласковый послушник,
А ты – разгульная жена.

И знаю я, мы оба станем
Грустить в упругой тишине:
Я по тебе – в глухом тумане,
А ты заплачешь обо мне.

Но и познав, я не приемлю
Ни тихих ласк, ни глубины.
Глаза, увидевшие землю,
В иную землю влюблены.

1916

* * *

О красном вечере задумалась дорога,
Кусты рябин туманней глубины.
Изба-старуха челюстью порога
Жует пахучий мякиш тишины.

Осенний холод ласково и кротко
Крадется мглой к овсяному двору;
Сквозь синь стекла желтоволосый отрок
Лучит глаза на галочью игру.

Обняв трубу, сверкает по повети
Зола зеленая из розовой печи.
Кого-то нет, и тонкогубый ветер
О ком-то шепчет, сгинувшем в ночи.

Кому-то пятками уже не мять по рощам
Щербленый лист и золото травы.
Тягучий вздох, ныряя звоном тощим,
Целует клюв нахохленной совы.

Все гуще хмарь, в хлеву покой и дрема,
Дорога белая узорит скользкий ров...
И нежно охает ячменная солома,
Свисая с губ кивающих коров.

<1916>

* * *

О товарищах веселых,
О полях посеребренных
Загрустила, словно голубь,
Радость лет уединенных.

Ловит память тонким клювом
Первый снег и первопуток.
В санках озера над лугом
Запоздалый окрик уток.

Под окном от скользких елей
Тень протягивает руки,
Тихих вод парагуш квелый
Курит люльку на излуке.

Легким дымом к дальним пожням
Шлет поклон день ласк и вишен.
Запах трав от бабьей кожи
На губах моих я слышу.

Мир вам, рощи, луг и липы,
Литии медовый ладан!
Все приявшему с улыбкой
Ничего от вас не надо.

1916

* * *

Весна на радость не похожа,
И не от солнца желт песок.
Твоя обветренная кожа
Лучила гречневый пушок.

У голубого водопоя
На шишкоперой лебеде
Мы поклялись, что будем двое
И не расстанемся нигде.

Кадила темь, и вечер тощий
Свивался в огненной резьбе,
Я проводил тебя до рощи,
К твоей родительской избе.

И долго, долго в дреме зыбкой
Я оторвать не мог лица,
Когда ты с ласковой улыбкой
Махал мне шапкою с крыльца.

1916

* * *

Прощай, родная пуща,
Прости, златой родник.
Плывут и рвутся тучи
О солнечный сошник.

Сияй ты, день погожий,
А я хочу грустить.
За голенищем ножик
Мне больше не носить.

Под брюхом жеребенка
В глухую ночь не спать
И радостию звонкой
Лесов не оглашать.

И не избегнуть бури,
Не миновать утрат,
Чтоб прозвенеть в лазури
Кольцом незримых врат.

1916

* * *

Покраснела рябина,
Посинела вода.
Месяц, всадник унылый,
Уронил повода.

Снова выплыл из рощи
Синим лебедем мрак.
Чудотворные мощи
Он принес на крылах.

Край ты, край мой родимый,
Вечный пахарь и вой,
Словно Во́льга под ивой,
Ты поник головой.

Встань, пришло исцеленье,
Навестил тебя Спас.
Лебединое пенье
Нежит радугу глаз.

Дня закатного жертва
Искупила весь грех.
Новой свежестью ветра
Пахнет зреющий снег.

Но незримые дожди
Все теплей и теплей...
Помяну тебя в дождик
Я, Есенин Сергей.

1916

* * *

Там, где вечно дремлет тайна,
Есть нездешние поля.
Только гость я, гость случайный
На горах твоих, земля.

Широки леса и воды,
Крепок взмах воздушных крыл.
Но века твои и годы
Затуманил бег светил.

Не тобой я поцелован,
Не с тобой мой связан рок.
Новый путь мне уготован
От захода на восток.

Суждено мне изначально
Возлететь в немую тьму.
Ничего я в час прощальный
Не оставлю никому.

Но за мир твой, с выси звездной,
В тот покой, где спит гроза,
В две луны зажгу над бездной
Незакатные глаза.

1916

* * *

О край дождей и непогоды,
Кочующая тишина,
Ковригой хлебною под сводом
Надломлена твоя луна!

За перепаханною нивой
Малиновая лебеда.
На ветке облака, как слива,
Златится спелая звезда.

Опять дорогой верстовою,
Наперекор твоей беде,
Бреду и чую яровое
По голубеющей воде.

Клубит и пляшет дым болотный...
Но и в кошме певучей тьмы
Неизреченностью животной
Напоены твои холмы.

<1916–1917>

* * *

Синее небо, цветная дуга,
Тихо степные бегут берега,
Тянется дым, у малиновых сел
Свадьба ворон облегла частокол.

Снова я вижу знакомый обрыв
С красною глиной и сучьями ив,
Грезит над озером рыжий овес,
Пахнет ромашкой и медом от ос.

Край мой! Любимая Русь и Мордва!
Притчею мглы ты, как прежде, жива.
Нежно под трепетом ангельских крыл
Звонят кресты безымянных могил.

Многих ты, родина, ликом своим
Жгла и томила по шахтам сырым.
Много мечтает их, сильных и злых,
Выкусить ягоды персей твоих.

Только я верю: не выжить тому,
Кто разлюбил твой острог и тюрьму...
Вечная правда и гомон лесов
Радуют душу под звон кандалов.

<1916>

* * *

То не тучи бродят за овином
И не холод.
Замесила Божья Матерь сыну
Колоб.

Всякой снадобью она поила жито
В масле.
Испекла и положила тихо
В ясли.

Заигрался в радости младенец,
Пал в дрему,
Уронил он колоб золоченый
На солому.

Покатился колоб за ворота
Рожью.
Замутили слезы душу голубую
Божью.

Говорила Божья Матерь сыну
Советы:
«Ты не плачь, мой лебеденочек,
Не сетуй.

На земле все люди человеки,
Чада.
Хоть одну им малую забаву
Надо.

Жутко им меж темных
    Перелесиц,
Назвала я этот колоб —
    Месяц».

1916

* * *

Нощь и поле, и крик петухов...
С златной тучки глядит Саваоф.
Хлесткий ветер в равнинную синь
Катит яблоки с тощих осин.

Вот она, невеселая рябь
С журавлиной тоской сентября!
Смолкшим колоколом над прудом
Опрокинулся отчий дом.

Здесь все так же, как было тогда,
Те же реки и те же стада.
Только ивы над красным бугром
Обветшалым трясут подолом.

Кто-то сгиб, кто-то канул во тьму,
Уж кому-то не петь на холму.
Мирно грезит родимый очаг
О погибших во мраке плечах.

Тихо, тихо в божничном углу,
Месяц месит кутью на полу...
Но тревожит лишь помином тишь
Из запечья пугливая мышь.

<1916–1922>

* * *

Твой глас незримый, как дым в избе.
Смиренным сердцем молюсь тебе.

Овсяным ликом питаю дух,
Помощник жизни и тихий друг.

Рудою солнца посеян свет,
Для вечной правды названья нет.

Считает время песок мечты,
Но новых зерен прибавил ты.

В незримых пашнях растут слова,
Смешалась с думой ковыль-трава.

На крепких сгибах воздетых рук
Возводит церкви строитель звук.

Есть радость в душах — топтать твой цвет,
На первом снеге свой видеть след.

Но краше кротость и стихший пыл
Склонивших веки пред звоном крыл.

1916

Пропавший месяц

Облак, как мышь,
подбежал и взмахнул
В небо огромным хвостом.
Словно яйцо,
расколовшись, скользнул
Месяц за дальним холмом.

Солнышко утром в колодезь озер
Глянуло –
месяца нет...
Свесило ноги оно на бугор,
Кликнуло –
месяца нет.

Клич тот услышал с реки рыболов,
Вздумал старик подшутить.
Отраженье от солнышка
с утренних вод
Стал он руками ловить.

Выловил.
Крепко скрутил бечевой,
Уши коленом примял.
Вылез и тихо на луч золотой
Солнечных век
привязал.

Солнышко к Богу глаза подняло
И сказало:
«Тяжек мой труд!»
И вдруг солнышку
что-то веки свело,
Оглянулося – месяц как тут.

Как белка на ветке, у солнца в глазах
Запрыгала радость...
Но вдруг...
Луч оборвался, и по скользким холмам
Отраженье скатилось в луг.

Солнышко испугалось...
А старый дед,
Смеясь, грохотал, как гром.
И голубем синим
вечерний свет
Махал ему в рот крылом.

<1917?>

* * *

Колокольчик среброзвонный,
Ты поешь? Иль сердцу снится?
Свет от розовой иконы
На златых моих ресницах.

Пусть не я тот нежный отрок
В голубином крыльев плеске,
Сон мой радостен и кроток
О нездешнем перелеске.

Мне не нужен вздох могилы,
Слову с тайной не обняться.
Научи, чтоб можно было
Никогда не просыпаться.

<1917>

* * *

Где ты, где ты, отчий дом,
Гревший спину под бугром?
Синий, синий мой цветок,
Неприхоженный песок.
Где ты, где ты, отчий дом?

За рекой поет петух.
Там стада стерег пастух,
И светились из воды
Три далекие звезды.
За рекой поет петух.

Время – мельница с крылом
Опускает за селом
Месяц маятником в рожь
Лить часов незримый дождь.
Время – мельница с крылом.

Этот дождик с сонмом стрел
В тучах дом мой завертел,
Синий подкосил цветок,
Золотой примял песок.
Этот дождик с сонмом стрел.

1917

* * *

Песни, песни, о чем вы кричите?
Иль вам нечего больше дать?
Голубого покоя нити
Я учусь в мои кудри вплетать.

Я хочу быть тихим и строгим.
Я молчанью у звезд учусь.
Хорошо ивняком при дороге
Сторожить задремавшую Русь.

Хорошо в эту лунную осень
Бродить по траве одному
И сбирать на дороге колосья
В обнищалую душу-суму.

Но равнинная синь не лечит.
Песни, песни, иль вас не стряхнуть?..
Золотистой метелкой вечер
Расчищает мой ровный путь.

И так радостен мне над пущей
Замирающий в ветре крик:
«Будь же холоден ты, живущий,
Как осеннее золото лип».

1917

* * *

Не напрасно дули ветры,
Не напрасно шла гроза.
Кто-то тайный тихим светом
Напоил мои глаза.

С чьей-то ласковости вешней
Отгрустил я в синей мгле
О прекрасной, но нездешней,
Неразгаданной земле.

Не гнетет немая млечность,
Не тревожит звездный страх.
Полюбил я мир и вечность,
Как родительский очаг.

Все в них благостно и свято,
Все тревожное светло.
Плещет рдяный мак заката
На озерное стекло.

И невольно в море хлеба
Рвется образ с языка:
Отелившееся небо
Лижет красного телка.

<1917>

* * *

Отвори мне, страж заоблачный,
Голубые двери дня.
Белый ангел этой полночью
Моего увел коня.

Богу лишнего не надобно,
Конь мой – мощь моя и крепь.
Слышу я, как ржет он жалобно,
Закусив златую цепь.

Вижу, как он бьется, мечется,
Теребя тугой аркан,
И летит с него, как с месяца,
Шерсть буланая в туман.

1917

* * *

Нивы сжаты, рощи голы,
От воды туман и сырость.
Колесом за сини горы
Солнце тихое скатилось.

Дремлет взрытая дорога.
Ей сегодня примечталось,
Что совсем, совсем немного
Ждать зимы седой осталось.

Ах, и сам я в чаще звонкой
Увидал вчера в тумане:
Рыжий месяц жеребенком
Запрягался в наши сани.

1917

* * *

Я по первому снегу бреду.
В сердце ландыши вспыхнувших сил.
Вечер синею свечкой звезду
Над дорогой моей засветил.

Я не знаю – то свет или мрак?
В чаще ветер поет иль петух?
Может, вместо зимы на полях,
Это лебеди сели на луг.

Хороша ты, о белая гладь!
Греет кровь мою легкий мороз.
Так и хочется к телу прижать
Обнаженные груди берез.

О лесная, дремучая муть!
О веселье оснеженных нив!
Так и хочется руки сомкнуть
Над древесными бедрами ив.

1917

* * *

О пашни, пашни, пашни,
Коломенская грусть,
На сердце день вчерашний,
А в сердце светит Русь.

Как птицы, свищут версты
Из-под копыт коня.
И брызжет солнце горстью
Свой дождик на меня.

О край разливов грозных
И тихих вешних сил,
Здесь по заре и звездам
Я школу проходил.

И мыслил и читал я
По библии ветров,
И пас со мной Исайя
Моих златых коров.

1917

* * *

О Матерь Божья,
Спади звездой
На бездорожье,
В овраг глухой.

Пролей, как масло,
Власа луны
В мужичьи ясли
Моей страны.

Срок ночи долог.
В них спит твой сын.
Спусти, как полог,
Зарю на синь.

Окинь улыбкой
Мирскую весь
И солнце зыбкой
К кустам привесь.

И да взыграет
В ней, славя день,
Земного рая
Святой младень.

1917

* * *

Тучи с ожерёба
Ржут, как сто кобыл,
Плещет надо мною
Пламя красных крыл.

Небо словно вымя,
Звезды как сосцы.
Пухнет Божье имя
В животе овцы.

Верю: завтра рано,
Чуть забрезжит свет,
Новый под туманом
Вспыхнет Назарет.

Новое восславят
Рождество поля,
И, как пес, пролает
За горой заря.

Только знаю: будет
Страшный вопль и крик,
Отрекутся люди
Славить новый лик.

Скрежетом булата
Вздыбят пасть земли...
И со щек заката
Спрыгнут скулы-дни.

Побегут, как лани,
В степь иных сторон,
Где вздымает длани
Новый Симеон.

<1917>

* * *

Гляну в поле, гляну в небо,
И в полях и в небе рай.
Снова тонет в копнах хлеба
Незапаханный мой край.

Снова в рощах непасеных
Неизбывные стада,
И струится с гор зеленых
Златоструйная вода.

О, я верю – знать, за муки
Над пропащим мужиком
Кто-то ласковые руки
Проливает молоком.

15 августа 1917

* * *

О Русь, взмахни крылами,
Поставь иную крепь!
С иными именами
Встает иная степь.

По голубой долине,
Меж телок и коров,
Идет в златой ряднине
Твой Алексей Кольцов.

В руках — краюха хлеба,
Уста — вишневый сок.
И вызвездило небо
Пастушеский рожок.

За ним, с снегов и ветра,
Из монастырских врат,
Идет одетый светом
Его середний брат.

От Вытегры до Шуи
Он избродил весь край
И выбрал кличку — Клюев,
Смиренный Миколай.

Монашьи мудр и ласков,
Он весь в резьбе молвы,
И тихо сходит пасха
С бескудрой головы.

А там, за взгорьем смолым,
Иду, тропу тая,

Кудрявый и веселый,
Такой разбойный я.

Долга, крута дорога,
Несчетны склоны гор;
Но даже с тайной Бога
Веду я тайно спор.

Сшибаю камнем месяц
И на немую дрожь
Бросаю, в небо свесясь,
Из голенища нож.

За мной незримым роем
Идет кольцо других,
И далеко по селам
Звенит их бойкий стих.

Из трав мы вяжем книги,
Слова трясем с двух пол.
И сродник наш, Чапыгин,
Певуч, как снег и дол.

Сокройся, сгинь ты, племя
Смердящих снов и дум!
На каменное темя
Несем мы звездный шум.

Довольно гнить и ноять,
И славить взлетом гнусь –
Уж смыла, стерла деготь
Воспрянувшая Русь.

Уж повела крылами
Ее немая крепь!
С иными именами
Встает иная степь.

1917

* * *

О муза, друг мой гибкий,
Ревнивица моя.
Опять под дождик сыпкий
Мы вышли на поля.

Опять весенним гулом
Приветствует нас дол,
Младенцем завернула
Заря луну в подол.

Теперь бы песню ветра
И нежное баю
За то, что ты окрепла,
За то, что праздник светлый
Влила ты в грудь мою.

Теперь бы брызнуть в небо
Вишневым соком стих
За отческую щедрость
Наставников твоих.

О мед воспоминаний!
О звон далеких лип!
Звездой нам пел в тумане
Разумниковский лик.

Тогда в веселом шуме
Игривых дум и сил
Апостол нежный Клюев
Нас на руках носил.

Теперь мы стали зрелей
И весом тяжелей...

Но не заглушит трелью
Тот праздник соловей.

И этот дождик шалый
Его не смоет в нас,
Чтоб звон твоей лампады
Под ветром не погас.

<1917>

* * *

Разбуди меня завтра рано,
О моя терпеливая мать!
Я пойду за дорожным курганом
Дорогого гостя встречать.

Я сегодня увидел в пуще
След широких колес на лугу.
Треплет ветер под облачной кущей
Золотую его дугу.

На рассвете он завтра промчится,
Шапку-месяц пригнув под кустом,
И игриво взмахнет кобылица
Над равниною красным хвостом.

Разбуди меня завтра рано,
Засвети в нашей горнице свет.
Говорят, что я скоро стану
Знаменитый русский поэт.

Воспою я тебя и гостя,
Нашу печь, петуха и кров...
И на песни мои прольется
Молоко твоих рыжих коров.

1917

* * *

Клюеву

Теперь любовь моя не та.
Ах, знаю я, ты тужишь, тужишь
О том, что лунная метла
Стихов не расплескала лужи.

Грустя и радуясь звезде,
Спадающей тебе на брови,
Ты сердце выпеснил избе,
Но в сердце дома не построил.

И тот, кого ты ждал в ночи,
Прошел, как прежде, мимо крова.
О друг, кому ж твои ключи
Ты золотил поющим словом?

Тебе о солнце не пропеть,
В окошко не увидеть рая.
Так мельница, крылом махая,
С земли не может улететь.

1918

* * *

Л. И. Кашиной

Зеленая прическа,
Девическая грудь.
О тонкая березка,
Что загляделась в пруд?

Что шепчет тебе ветер?
О чем звенит песок?
Иль хочешь в косы-ветви
Ты лунный гребешок?

Открой, открой мне тайну
Твоих древесных дум,
Я полюбил – печальный
Твой предосенний шум.

И мне в ответ березка:
«О любопытный друг,
Сегодня ночью звездной
Здесь слезы лил пастух.

Луна стелила тени,
Сияли зеленя.
За голые колени
Он обнимал меня.

И так, вдохнувши глубко,
Сказал под звон ветвей:
«Прощай, моя голубка,
До новых журавлей».

15 августа 1918

* * *

Вот оно, глупое счастье
С белыми окнами в сад!
По пруду лебедем красным
Плавает тихий закат.

Здравствуй, златое затишье
С тенью березы в воде!
Галочья стая на крыше
Служит вечерню звезде.

Где-то за садом, несмело,
Там, где калина цветет,
Нежная девушка в белом
Нежную песню поет.

Стелется синею рясой
С поля ночной холодок...
Глупое, милое счастье,
Свежая розовость щек!

1918

* * *

Я покинул родимый дом,
Голубую оставил Русь.
В три звезды березняк над прудом
Теплит матери старой грусть.

Золотою лягушкой луна
Распласталась на тихой воде.
Словно яблонный цвет, седина
У отца пролилась в бороде.

Я не скоро, не скоро вернусь.
Долго петь и звенеть пурге.
Стережет голубую Русь
Старый клен на одной ноге.

И я знаю, есть радость в нем
Тем, кто листьев целует дождь,
Оттого что тот старый клен
Головой на меня похож.

1918

* * *

Хорошо под осеннюю свежесть
Душу-яблоню ветром стряхать
И смотреть, как над речкою режет
Воду синюю солнца соха.

Хорошо выбивать из тела
Накаляющий песни гвоздь
И в одежде празднично белой
Ждать, когда постучится гость.

Я учусь, я учусь моим сердцем
Цвет черемух в глазах беречь,
Только в скупости чувства греются,
Когда ребра ломает течь.

Молча ухает звездная звонница,
Что ни лист, то свеча заре.
Никого не впущу я в горницу,
Никому не открою дверь.

1918

* * *

Закружилась листва золотая.
В розоватой воде на пруду
Словно бабочек легкая стая
С замираньем летит на звезду.

Я сегодня влюблен в этот вечер,
Близок сердцу желтеющий дол.
Отрок-ветер по самые плечи
Заголил на березке подол.

И в душе и в долине прохлада,
Синий сумрак как стадо овец.
За калиткою смолкшего сада
Прозвенит и замрет бубенец.

Я еще никогда бережливо
Так не слушал разумную плоть.
Хорошо бы, как ветками ива,
Опрокинуться в розовость вод.

Хорошо бы, на стог улыбаясь,
Мордой месяца сено жевать...
Где ты, где, моя тихая радость –
Все любя, ничего не желать?

1918

Хулиган

Дождик мокрыми метлами чистит
Ивняковый помет по лугам.
Плюйся, ветер, охапками листьев,
Я такой же, как ты, хулиган.

Я люблю, когда синие чащи,
Как с тяжелой походкой волы,
Животами, листвой хрипящими,
По коленкам марают стволы.

Вот оно, мое стадо рыжее!
Кто ж воспеть его лучше мог?
Вижу, вижу, как сумерки лижут
Следы человечьих ног.

Русь моя! Деревянная Русь!
Я один твой певец и глашатай.
Звериных стихов моих грусть
Я кормил резедой и мятой.

Взбрезжи, полночь, луны кувшин
Зачерпнуть молока берез!
Словно хочет кого придушить
Руками крестов погост!

Бродит черная жуть по холмам,
Злобу вора струит в наш сад.
Только сам я разбойник и хам
И по крови степной конокрад.

Кто видал, как в ночи кипит
Кипяченых черемух рать?

Мне бы в ночь в голубой степи
Где-нибудь с кистенем стоять.

Ах, увял головы моей куст,
Засосал меня песенный плен.
Осужден я на каторге чувств
Вертеть жернова поэм.

Но не бойся, безумный ветр,
Плюй спокойно листвой по лугам.
Не сотрет меня кличка «поэт»,
Я и в песнях, как ты, хулиган.

1919

* * *

Ветры, ветры, о снежные ветры,
Заметите мою прошлую жизнь.
Я хочу быть отроком светлым
Иль цветком с луговой межи.

Я хочу под гудок пастуший
Умереть для себя и для всех.
Колокольчики звездные в уши
Насыпает вечерний снег.

Хороша бестуманная трель его,
Когда топит он боль в пурге.
Я хотел бы стоять, как дерево,
При дороге на одной ноге.

Я хотел бы под конские храпы
Обниматься с соседним кустом.
Подымайте ж вы, лунные лапы,
Мою грусть в небеса ведром.

<1919–1920>

* * *

Душа грустит о небесах,
Она не здешних нив жилица.
Люблю, когда на деревах
Огонь зеленый шевелится.

То сучья золотых стволов,
Как свечи, теплятся пред тайной,
И расцветают звезды слов
На их листве первоначальной.

Понятен мне земли глагол,
Но не стряхну я муку эту,
Как отразивший в водах дол
Вдруг в небе ставшую комету.

Так кони не стряхнут хвостами
В хребты их пьющую луну...
О, если б прорасти глазами,
Как эти листья, в глубину.

1919

* * *

Мариенгофу

Я последний поэт деревни,
Скромен в песнях дощатый мост.
За прощальной стою обедней
Кадящих листвой берез.

Догорит золотистым пламенем
Из телесного воска свеча,
И луны часы деревянные
Прохрипят мой двенадцатый час.

На тропу голубого поля
Скоро выйдет железный гость,
Злак овсяный, зарею пролитый,
Соберет его черная горсть.

Не живые, чужие ладони,
Этим песням при вас не жить!
Только будут колосья-кони
О хозяине старом тужить.

Будет ветер сосать их ржанье,
Панихидный справляя пляс.
Скоро, скоро часы деревянные
Прохрипят мой двенадцатый час!

<1920>

* * *

По-осеннему кычет сова
Над раздольем дорожной рани.
Облетает моя голова,
Куст волос золотистый вянет.

Полевое, степное «ку-гу»,
Здравствуй, мать голубая осина!
Скоро месяц, купаясь в снегу,
Сядет в редкие кудри сына.

Скоро мне без листвы холодеть,
Звоном звезд насыпая уши.
Без меня будут юноши петь,
Не меня будут старцы слушать.

Новый с поля придет поэт,
В новом лес огласится свисте.
По-осеннему сыплет ветр,
По-осеннему шепчут листья.

1920

Исповедь хулигана

Не каждый умеет петь,
Не каждому дано яблоком
Падать к чужим ногам.

Сие есть самая великая исповедь,
Которой исповедуется хулиган.

Я нарочно иду нечесаным,
С головой, как керосиновая лампа, на плечах.
Ваших душ безлиственную осень
Мне нравится в потемках освещать.
Мне нравится, когда каменья брани
Летят в меня, как град рыгающей грозы,
Я только крепче жму тогда руками
Моих волос качнувшийся пузырь.

Так хорошо тогда мне вспоминать
Заросший пруд и хриплый звон ольхи,
Что где-то у меня живут отец и мать,
Которым наплевать на все мои стихи,
Которым дорог я, как поле и как плоть,
Как дождик, что весной взрыхляет зеленя.
Они бы вилами пришли вас заколоть
За каждый крик ваш, брошенный в меня.

Бедные, бедные крестьяне!
Вы, наверно, стали некрасивыми,
Так же боитесь Бога и болотных недр.
О, если б вы понимали,
Что сын ваш в России
Самый лучший поэт!

Вы ль за жизнь его сердцем не индевели,
Когда босые ноги он в лужах осенних макал?
А теперь он ходит в цилиндре
И лакированных башмаках.

Но живет в нем задор прежней вправки
Деревенского озорника.
Каждой корове с вывески мясной лавки
Он кланяется издалека.
И, встречаясь с извозчиками на площади,
Вспоминая запах навоза с родных полей,
Он готов нести хвост каждой лошади,
Как венчального платья шлейф.

Я люблю родину.
Я очень люблю родину!
Хоть есть в ней грусти ивовая ржавь.
Приятны мне свиней испачканные морды
И в тишине ночной звенящий голос жаб.
Я нежно болен вспоминаньем детства,
Апрельских вечеров мне снится хмарь и сырь.
Как будто бы на корточки погреться
Присел наш клен перед костром зари.
О, сколько я на нем яиц из гнезд вороньих,
Карабкаясь по сучьям, воровал!
Все тот же ль он теперь, с верхушкою зеленой?
По-прежнему ль крепка его кора?

А ты, любимый,
Верный пегий пес?!
От старости ты стал визглив и слеп
И бродишь по двору, влача обвисший хвост,
Забыв чутьем, где двери и где хлев.
О, как мне дороги все те проказы,
Когда, у матери стянув краюху хлеба,
Кусали мы с тобой ее по разу,
Ни капельки друг другом не погребав.

Я все такой же.
Сердцем я все такой же.
Как васильки во ржи, цветут в лице глаза.
Стеля стихов злаченые рогожи,
Мне хочется вам нежное сказать.

Спокойной ночи!
Всем вам спокойной ночи!
Отзвенела по траве сумерек зари коса...

Мне сегодня хочется очень
Из окошка луну обоссать.

Синий свет, свет такой синий!
В эту синь даже умереть не жаль.
Ну так что ж, что кажусь я циником,
Прицепившим к заднице фонарь!
Старый, добрый, заезженный Пегас,
Мне ль нужна твоя мягкая рысь?

Я пришел, как суровый мастер,
Воспеть и прославить крыс.
Башка моя, словно август,
Льется бурливых волос вином.

Я хочу быть желтым парусом
В ту страну, куда мы плывем.

<Ноябрь 1920>

* * *

Сторона ль ты моя, сторона!
Дождевое, осеннее олово.
В черной луже продрогший фонарь
Отражает безгубую голову.

Нет, уж лучше мне не смотреть,
Чтобы вдруг не увидеть хужего.
Я на всю эту ржавую мреть
Буду щурить глаза и суживать.

Так немного теплей и безбольней.
Посмотри: меж скелетов домов,
Словно мельник, несет колокольня
Медные мешки колоколов.

Если голоден ты — будешь сытым,
Коль несчастен — то весел и рад.
Только лишь не гляди открыто,
Мой земной неизвестный брат.

Как подумал я — так и сделал,
Но увы! Все одно и то ж!
Видно, слишком привыкло тело
Ощущать эту стужу и дрожь.

Ну, да что же! Ведь много прочих,
Не один я в миру живой!
А фонарь то мигнет, то захохочет
Безгубой своей головой.

Только сердце под ветхой одеждой
Шепчет мне, посетившему твердь:
«Друг мой, друг мой, прозревшие вежды
Закрывает одна лишь смерть».

1921

* * *

Мир таинственный, мир мой древний,
Ты, как ветер, затих и присел.
Вот сдавили за шею деревню
Каменные руки шоссе.

Так испуганно в снежную выбель
Заметалась звенящая жуть.
Здравствуй ты, моя черная гибель,
Я навстречу к тебе выхожу!

Город, город, ты в схватке жестокой
Окрестил нас как падаль и мразь.
Стынет поле в тоске волоокой,
Телеграфными столбами давясь.

Жилист мускул у дьявольской выи
И легка ей чугунная гать.
Ну, да что же? Ведь нам не впервые
И расшатываться и пропадать.

Пусть для сердца тягуче колко,
Это песня звериных прав!..
...Так охотники травят волка,
Зажимая в тиски облав.

Зверь припал... и из пасмурных недр
Кто-то спустит сейчас курки...
Вдруг прыжок... и двуногого недруга
Раздирают на части клыки.

О, привет тебе, зверь мой любимый!
Ты не даром даешься ножу!

Как и ты, я, отвсюду гонимый,
Средь железных врагов прохожу.

Как и ты, я всегда наготове,
И хоть слышу победный рожок,
Но отпробует вражеской крови
Мой последний, смертельный прыжок.

И пускай я на рыхлую выбель
Упаду и зароюсь в снегу...
Все же песню отмщенья за гибель
Пропоют мне на том берегу.

1921

Песнь о хлебе

Вот она, суровая жестокость,
Где весь смысл страдания людей.
Режет серп тяжелые колосья,
Как под горло режут лебедей.

Наше поле издавна знакомо
С августовской дрожью поутру.
Перевязана в снопы солома,
Каждый сноп лежит, как желтый труп.

На телегах, как на катафалках,
Их везут в могильный склеп – овин.
Словно дьякон, на кобылу гаркнув,
Чтит возница погребальный чин.

А потом их бережно, без злости,
Головами стелют по земле
И цепами маленькие кости
Выбивают из худых телес.

Никому и в голову не встанет,
Что солома – это тоже плоть.
Людоедке-мельнице – зубами
В рот суют те кости обмолоть.

И, из мелева заквашивая тесто,
Выпекают груды вкусных яств...
Вот тогда-то входит яд белесый
В жбан желудка яйца злобы класть.

Все побои ржи в припек окрасив,
Грубость жнущих сжав в духмяный сок,

Он вкушающим соломенное мясо
Отравляет жернова кишок.

И свистят по всей стране, как осень,
Шарлатан, убийца и злодей...
Оттого что режет серп колосья,
Как под горло режут лебедей.

1921

* * *

Не жалею, не зову, не плачу,
Все пройдет, как с белых яблонь дым.
Увяданья золотом охваченный,
Я не буду больше молодым.

Ты теперь не так уж будешь биться,
Сердце, тронутое холодком,
И страна березового ситца
Не заманит шляться босиком.

Дух бродяжий! ты все реже, реже
Расшевеливаешь пламень уст.
О моя утраченная свежесть,
Буйство глаз и половодье чувств.

Я теперь скупее стал в желаньях,
Жизнь моя! иль ты приснилась мне?
Словно я весенней гулкой ранью
Проскакал на розовом коне.

Все мы, все мы в этом мире тленны,
Тихо льется с кленов листьев медь...
Будь же ты вовек благословенно,
Что пришло процвесть и умереть.

1921

* * *

Все живое особой метой
Отмечается с ранних пор.
Если не был бы я поэтом,
То, наверно, был мошенник и вор.

Худощавый и низкорослый,
Средь мальчишек всегда герой,
Часто, часто с разбитым носом
Приходил я к себе домой.

И навстречу испуганной маме
Я цедил сквозь кровавый рот:
«Ничего! Я споткнулся о камень,
Это к завтраму все заживет».

И теперь вот, когда простыла
Этих дней кипятковая вязь,
Беспокойная, дерзкая сила
На поэмы мои пролилась.

Золотая словесная груда,
И над каждой строкой без конца
Отражается прежняя удаль
Забияки и сорванца.

Как тогда, я отважный и гордый,
Только новью мой брызжет шаг...
Если раньше мне били в морду,
То теперь вся в крови душа.

И уже говорю я не маме,
А в чужой и хохочущий сброд:
«Ничего! Я споткнулся о камень,
Это к завтраму все заживет».

Февраль 1922

* * *

Не ругайтесь! Такое дело!
Не торговец я на слова.
Запрокинулась и отяжелела
Золотая моя голова.

Нет любви ни к деревне, ни к городу,
Как же смог я ее донести?
Брошу все. Отпущу себе бороду
И бродягой пойду по Руси.

Позабуду поэмы и книги,
Перекину за плечи суму,
Оттого что в полях забулдыге
Ветер больше поет, чем кому.

Провоняю я редькой и луком
И, тревожа вечернюю гладь,
Буду громко сморкаться в руку
И во всем дурака валять.

И не нужно мне лучшей удачи,
Лишь забыться и слушать пургу,
Оттого что без этих чудачеств
Я прожить на земле не могу.

1922

* * *

Я обманывать себя не стану,
Залегла забота в сердце мглистом.
Отчего прослыл я шарлатаном?
Отчего прослыл я скандалистом?

Не злодей я и не грабил лесом,
Не расстреливал несчастных по темницам.
Я всего лишь уличный повеса,
Улыбающийся встречным лицам.

Я московский озорной гуляка.
По всему тверскому околотку
В переулках каждая собака
Знает мою легкую походку.

Каждая задрипанная лошадь
Головой кивает мне навстречу.
Для зверей приятель я хороший,
Каждый стих мой душу зверя лечит.

Я хожу в цилиндре не для женщин —
В глупой страсти сердце жить не в силе, —
В нем удобней, грусть свою уменьшив,
Золото овса давать кобыле.

Средь людей я дружбы не имею.
Я иному покорился царству.
Каждому здесь кобелю на шею
Я готов отдать мой лучший галстук.

И теперь уж я болеть не стану.
Прояснилась омуть в сердце мглистом.
Оттого прослыл я шарлатаном,
Оттого прослыл я скандалистом.

1922

* * *

Да! Теперь решено. Без возврата
Я покинул родные поля.
Уж не будут листвою крылатой
Надо мною звенеть тополя.

Низкий дом без меня ссутулится,
Старый пес мой давно издох.
На московских изогнутых улицах
Умереть, знать, судил мне Бог.

Я люблю этот город вязевый,
Пусть обрюзг он и пусть одрях,
Золотая дремотная Азия
Опочила на куполах.

А когда ночью светит месяц,
Когда светит... черт знает как!
Я иду, головою свесясь,
Переулком в знакомый кабак.

Шум и гам в этом логове жутком,
Но всю ночь напролет, до зари,
Я читаю стихи проституткам
И с бандитами жарю спирт.

Сердце бьется все чаще и чаще,
И уж я говорю невпопад:
Я такой же, как вы, пропащий,
Мне теперь не уйти назад.

Низкий дом без меня ссутулится,
Старый пес мой давно издох.
На московских изогнутых улицах
Умереть, знать, судил мне Бог.

1922

* * *

Снова пьют здесь, дерутся и плачут
Под гармоники желтую грусть.
Проклинают свои неудачи,
Вспоминают московскую Русь.

И я сам, опустясь головою,
Заливаю глаза вином,
Чтоб не видеть в лицо роковое,
Чтоб подумать хоть миг об ином.

Что-то всеми навек утрачено.
Май мой синий! Июнь голубой!
Не с того ль так чадит мертвячиной
Над пропащею этой гульбой.

Ах, сегодня так весело россам,
Самогонного спирта – река.
Гармонист с провалившимся носом
Им про Волгу поет и про Чека.

Что-то злое во взорах безумных,
Непокорное в громких речах.
Жалко им тех дурашливых, юных,
Что сгубили свою жизнь сгоряча.

Жалко им, что октябрь суровый
Обманул их в своей пурге.
И уж удалью точится новой
Крепко спрятанный нож в сапоге.

Где ж вы те, что ушли далече?
Ярко ль светят вам наши лучи?
Гармонист спиртом сифилис лечит,
Что в киргизских степях получил.

Нет! таких не поднять, не рассеять!
Бесшабашность им гнилью дана.
Ты, Рассея моя... Рас... сея...
Азиатская сторона!

1922

* * *

Сыпь, гармоника! Скука... Скука...
Гармонист пальцы льет волной.
Пей со мною, паршивая сука,
Пей со мной.

Излюбили тебя, измызгали,
Невтерпеж!
Что ж ты смотришь так синими брызгами?
Иль в морду хошь?

В огород бы тебя, на чучело,
Пугать ворон.
До печенок меня замучила
Со всех сторон.

Сыпь, гармоника! Сыпь, моя частая!
Пей, выдра! Пей!
Мне бы лучше вон ту, сисястую, –
Она глупей.

Я средь женщин тебя не первую,
Немало вас,
Но с такой вот, как ты, со стервою
Лишь в первый раз.

Чем больнее, тем звонче,
То здесь, то там.
Я с собой не покончу,
Иди к чертям.

К вашей своре собачьей
Пора простыть.
Дорогая... я плачу...
Прости... прости...

<1922>

* * *

Пой же, пой. На проклятой гитаре
Пальцы пляшут твои в полукруг.
Захлебнуться бы в этом угаре,
Мой последний, единственный друг.

Не гляди на ее запястья
И с плечей ее льющийся шелк.
Я искал в этой женщине счастья,
А нечаянно гибель нашел.

Я не знал, что любовь – зараза,
Я не знал, что любовь – чума.
Подошла и прищуренным глазом
Хулигана свела с ума.

Пой, мой друг. Навевай мне снова
Нашу прежнюю буйную рань.
Пусть целует она другова,
Молодая, красивая дрянь.

Ах, постой. Я ее не ругаю.
Ах, постой. Я ее не кляну.
Дай тебе про себя я сыграю
Под басовую эту струну.

Льется дней моих розовый купол.
В сердце снов золотых сума.
Много девушек я перещупал,
Много женщин в углах прижимал.

Да! есть горькая правда земли,
Подсмотрел я ребяческим оком:

Лижут в очередь кобели
Истекающую суку соком.

Так чего ж мне ее ревновать.
Так чего ж мне болеть такому.
Наша жизнь – простыня да кровать.
Наша жизнь – поцелуй да в омут.

Пой же, пой! В роковом размахе
Этих рук роковая беда.
Только знаешь, пошли их на хер...
Не умру я, мой друг, никогда.

<1922>

Прощание с Мариенгофом

Есть в дружбе счастье оголтелое
И судорога буйных чувств –
Огонь растапливает тело,
Как стеариновую свечу.

Возлюбленный мой! дай мне руки –
Я по-иному не привык, –
Хочу омыть их в час разлуки
Я желтой пеной головы.

Ах, Толя, Толя, ты ли, ты ли,
В который миг, в который раз –
Опять, как молоко, застыли
Круги недвижущихся глаз.

Прощай, прощай. В пожарах лунных
Дождусь ли радостного дня?
Среди прославленных и юных
Ты был всех лучше для меня.

В такой-то срок, в таком-то годе
Мы встретимся, быть может, вновь...
Мне страшно, – ведь душа проходит,
Как молодость и как любовь.

Другой в тебе меня заглушит.
Не потому ли – в лад речам –
Мои рыдающие уши,
Как весла, плещут по плечам?

Прощай, прощай. В пожарах лунных
Не зреть мне радостного дня.
Но все ж средь трепетных и юных
Ты был всех лучше для меня.

<1922>

* * *

Мне осталась одна забава:
Пальцы в рот и веселый свист.
Прокатилась дурная слава,
Что похабник я и скандалист.

Ах! какая смешная потеря!
Много в жизни смешных потерь.
Стыдно мне, что я в Бога верил.
Горько мне, что не верю теперь.

Золотые, далекие дали!
Все сжигает житейская мреть.
И похабничал я и скандалил
Для того, чтобы ярче гореть.

Дар поэта – ласкать и карябать,
Роковая на нем печать.
Розу белую с черною жабой
Я хотел на земле повенчать.

Пусть не сладились, пусть не сбылись
Эти помыслы розовых дней.
Но коль черти в душе гнездились –
Значит, ангелы жили в ней.

Вот за это веселие мути,
Отправляясь с ней в край иной,
Я хочу при последней минуте
Попросить тех, кто будет со мной, –

Чтоб за все за грехи мои тяжкие,
За неверие в благодать
Положили меня в русской рубашке
Под иконами умирать.

1923

* * *

Я усталым таким еще не был.
В эту серую морозь и слизь
Мне приснилось рязанское небо
И моя непутевая жизнь.

Много женщин меня любило,
Да и сам я любил не одну,
Не от этого ль темная сила
Приучила меня к вину.

Бесконечные пьяные ночи
И в разгуле тоска не впервь!
Не с того ли глаза мне точит,
Словно синие листья червь?

Не больна мне ничья измена,
И не радует легкость побед, –
Тех волос золотое сено
Превращается в серый цвет.

Превращается в пепел и воды,
Когда цедит осенняя муть.
Мне не жаль вас, прошедшие годы, –
Ничего не хочу вернуть.

Я устал себя мучить без цели,
И с улыбкою странной лица
Полюбил я носить в легком теле
Тихий свет и покой мертвеца...

И теперь даже стало не тяжко
Ковылять из притона в притон,

Как в смирительную рубашку,
Мы природу берем в бетон.

И во мне, вот по тем же законам,
Умиряется бешеный пыл.
Но и все ж отношусь я с поклоном
К тем полям, что когда-то любил.

В те края, где я рос под кленом,
Где резвился на желтой траве, –
Шлю привет воробьям, и воронам,
И рыдающей в ночь сове.

Я кричу им в весенние дали:
«Птицы милые, в синюю дрожь
Передайте, что я отскандалил, –
Пусть хоть ветер теперь начинает
Под микитки дубасить рожь».

‹1923›

* * *

Заметался пожар голубой,
Позабылись родимые дали.
В первый раз я запел про любовь,
В первый раз отрекаюсь скандалить.

Был я весь как запущенный сад,
Был на женщин и зелие падкий.
Разонравилось пить и плясать
И терять свою жизнь без оглядки.

Мне бы только смотреть на тебя,
Видеть глаз златокарий омут,
И чтоб, прошлое не любя,
Ты уйти не смогла к другому.

Поступь нежная, легкий стан,
Если б знала ты сердцем упорным,
Как умеет любить хулиган,
Как умеет он быть покорным.

Я б навеки забыл кабаки
И стихи бы писать забросил,
Только б тонко касаться руки
И волос твоих цветом в осень.

Я б навеки пошел за тобой
Хоть в свои, хоть в чужие дали...
В первый раз я воспел про любовь,
В первый раз отрекаюсь скандалить.

1923

* * *

Ты такая ж простая, как все,
Как сто тысяч других в России.
Знаешь ты одинокий рассвет,
Знаешь холод осени синий.

По-смешному я сердцем влип,
Я по-глупому мысли занял.
Твой иконный и строгий лик
По часовням висел в рязанях.

Я на эти иконы плевал,
Чтил я грубость и крик в повесе,
А теперь вдруг растут слова
Самых нежных и кротких песен.

Не хочу я лететь в зенит,
Слишком многое телу надо.
Что ж так имя твое звенит,
Словно августовская прохлада?

Я не нищий, ни жалок, ни мал
И умею расслышать за пылом:
С детства нравиться я понимал
Кобелям да степным кобылам.

Потому и себя не сберег
Для тебя, для нее и для этой.
Невеселого счастья залог —
Сумасшедшее сердце поэта.

Потому и грущу, осев,
Словно в листья, в глаза косые...
Ты такая ж простая, как все,
Как сто тысяч других в России.

1923

* * *

Пускай ты выпита другим,
Но мне осталось, мне осталось
Твоих волос стеклянный дым
И глаз осенняя усталость.

О, возраст осени! Он мне
Дороже юности и лета.
Ты стала нравиться вдвойне
Воображению поэта.

Я сердцем никогда не лгу
И потому на голос чванства
Бестрепетно сказать могу,
Что я прощаюсь с хулиганством.

Пора расстаться с озорной
И непокорною отвагой.
Уж сердце напилось иной,
Кровь отрезвляющею брагой.

И мне в окошко постучал
Сентябрь багряной веткой ивы,
Чтоб я готов был и встречал
Его приход неприхотливый.

Теперь со многим я мирюсь
Без принужденья, без утраты.
Иною кажется мне Русь,
Иными кладбища и хаты.

Прозрачно я смотрю вокруг
И вижу, там ли, здесь ли, где-то ль,

Что ты одна, сестра и друг,
Могла быть спутницей поэта.

Что я одной тебе бы мог,
Воспитываясь в постоянстве,
Пропеть о сумерках дорог
И уходящем хулиганстве.

1923

* * *

Дорогая, сядем рядом,
Поглядим в глаза друг другу.
Я хочу под кротким взглядом
Слушать чувственную вьюгу.

Это золото осеннее,
Эта прядь волос белесых —
Все явилось, как спасенье
Беспокойного повесы.

Я давно мой край оставил,
Где цветут луга и чащи.
В городской и горькой славе
Я хотел прожить пропащим.

Я хотел, чтоб сердце глуше
Вспоминало сад и лето,
Где под музыку лягушек
Я растил себя поэтом.

Там теперь такая ж осень...
Клен и липы в окна комнат,
Ветки лапами забросив,
Ищут тех, которых помнят.

Их давно уж нет на свете.
Месяц на простом погосте
На крестах лучами метит,
Что и мы придем к ним в гости.

Что и мы, отжив тревоги,
Перейдем под эти кущи.

Все волнистые дороги
Только радость льют живущим.

Дорогая, сядь же рядом,
Поглядим в глаза друг другу.
Я хочу под кротким взглядом
Слушать чувственную вьюгу.

9 октября 1923

* * *

Мне грустно на тебя смотреть,
Какая боль, какая жалость!
Знать, только ивовая медь
Нам в сентябре с тобой осталась.

Чужие губы разнесли
Твое тепло и трепет тела.
Как будто дождик моросит
С души, немного омертвелой.

Ну что ж! Я не боюсь его.
Иная радость мне открылась.
Ведь не осталось ничего,
Как только желтый тлен и сырость.

Ведь и себя я не сберег
Для тихой жизни, для улыбок.
Так мало пройдено дорог,
Так много сделано ошибок.

Смешная жизнь, смешной разлад.
Так было и так будет после.
Как кладбище, усеян сад
В берез изглоданные кости.

Вот так же отцветем и мы
И отшумим, как гости сада...
Коль нет цветов среди зимы,
Так и грустить о них не надо.

1923

* * *

Ты прохладой меня не мучай
И не спрашивай, сколько мне лет.
Одержимый тяжелой падучей,
Я душой стал, как желтый скелет.

Было время, когда из предместья
Я мечтал по-мальчишески – в дым,
Что я буду богат и известен
И что всеми я буду любим.

Да! Богат я, богат с излишком.
Был цилиндр, а теперь его нет.
Лишь осталась одна манишка
С модной парой избитых штиблет.

И известность моя не хуже,
От Москвы по парижскую рвань
Мое имя наводит ужас,
Как заборная, громкая брань.

И любовь, не забавное ль дело?
Ты целуешь, а губы как жесть.
Знаю, чувство мое перезрело,
А твое не сумеет расцвесть.

Мне пока горевать еще рано,
Ну, а если есть грусть – не беда!
Золотей твоих кос по курганам
Молодая шумит лебеда.

Я хотел бы опять в ту местность,
Чтоб под шум молодой лебеды

Утонуть навсегда в неизвестность
И мечтать по-мальчишески – в дым.

Но мечтать о другом, о новом,
Непонятном земле и траве,
Что не выразить сердцу словом
И не знает назвать человек.

1923

* * *

Вечер черные брови насупил.
Чьи-то кони стоят у двора.
Не вчера ли я молодость пропил?
Разлюбил ли тебя не вчера?

Не храпи, запоздалая тройка!
Наша жизнь пронеслась без следа.
Может, завтра больничная койка
Упокоит меня навсегда.

Может, завтра совсем по-другому
Я уйду, исцеленный навек,
Слушать песни дождей и черемух,
Чем здоровый живет человек.

Позабуду я мрачные силы,
Что терзали меня, губя.
Облик ласковый! Облик милый!
Лишь одну не забуду тебя.

Пусть я буду любить другую,
Но и с нею, с любимой, с другой,
Расскажу про тебя, дорогую,
Что когда-то я звал дорогой.

Расскажу, как текла былая
Наша жизнь, что былой не была.
Голова ль ты моя удалая,
До чего ж ты меня довела?

1923

* * *

Эта улица мне знакома,
И знаком этот низенький дом.
Проводов голубая солома
Опрокинулась над окном.

Были годы тяжелых бедствий,
Годы буйных, безумных сил.
Вспомнил я деревенское детство,
Вспомнил я деревенскую синь.

Не искал я ни славы, ни покоя,
Я с тщетой этой славы знаком.
А сейчас, как глаза закрою,
Вижу только родительский дом.

Вижу сад в голубых накрапах,
Тихо август прилег ко плетню.
Держат липы в зеленых лапах
Птичий гомон и щебетню.

Я любил этот дом деревянный,
В бревнах теплилась грозная мощь,
Наша печь как-то дико и странно
Завывала в дождливую ночь.

Голос громкий и всхлипень зычный,
Как о ком-то погибшем, живом.
Что он видел, верблюд кирпичный,
В завывании дождевом?

Видно, видел он дальние страны,
Сон другой и цветущей поры,

Золотые пески Афганистана
И стеклянную хмарь Бухары.

Ах, и я эти страны знаю.
Сам немалый прошел там путь.
Только ближе к родимому краю
Мне б хотелось теперь повернуть.

Но угасла та нежная дрема,
Все истлело в дыму голубом.
Мир тебе – полевая солома,
Мир тебе – деревянный дом!

1923

Папиросники

Улицы печальные,
Сугробы да мороз.
Сорванцы отчаянные
С лотками папирос.
Грязных улиц странники
В забаве злой игры,
Все они – карманники,
Веселые воры.
Тех площадь – на Никитской,
А этих – на Тверской.
Стоят с тоскливым свистом
Они там день-деньской.
Снуют по всем притонам
И, улучив досуг,
Читают Пинкертона
За кружкой пива вслух.
Пускай от пива горько,
Они без пива – вдрызг.
Все бредят Нью-Иорком,
Всех тянет в Сан-Франциск.
Потом опять печально
Выходят на мороз
Сорванцы отчаянные
С лотками папирос.

1923

Пушкину

Мечтая о могучем даре
Того, кто русской стал судьбой,
Стою я на Тверском бульваре,
Стою и говорю с собой.

Блондинистый, почти белесый,
В легендах ставший как туман,
О Александр! Ты был повеса,
Как я сегодня хулиган.

Но эти милые забавы
Не затемнили образ твой,
И в бронзе выкованной славы
Трясешь ты гордой головой.

А я стою, как пред причастьем,
И говорю в ответ тебе:
Я умер бы сейчас от счастья,
Сподобленный такой судьбе.

Но, обреченный на гоненье,
Еще я долго буду петь...
Чтоб и мое степное пенье
Сумело бронзой прозвенеть.

26 мая 1924

Сукин сын

Снова выплыли годы из мрака
И шумят, как ромашковый луг.
Мне припомнилась нынче собака,
Что была моей юности друг.

Нынче – юность моя отшумела,
Как подгнивший под окнами клен,
Но припомнил я девушку в белом,
Для которой был пес почтальон.

Не у всякого есть свой близкий,
Но она мне как песня была,
Потому что мои записки
Из ошейника пса не брала.

Никогда она их не читала,
И мой почерк ей был незнаком,
Но о чем-то подолгу мечтала
У калины за желтым прудом.

Я страдал... Я хотел ответа...
Не дождался... уехал... И вот
Через годы... известным поэтом
Снова здесь, у родимых ворот.

Та собака давно околела,
Но в ту ж масть, что с отливом в синь,
С лаем ливисто ошалелым
Меня встрел молодой ее сын.

Мать честная! И как же схожи!
Снова выплыла боль души.

С этой болью я будто моложе,
И хоть снова записки пиши.

Рад послушать я песню былую,
Но не лай ты! Не лай! Не лай!
Хочешь, пес, я тебя поцелую
За пробуженный в сердце май?

Поцелую, прижмусь к тебе телом
И как друга введу тебя в дом...
Да, мне нравилась девушка в белом,
Но теперь я люблю в голубом.

31 июля 1924

* * *

Этой грусти теперь не рассыпать
Звонким смехом далеких лет.
Отцвела моя белая липа,
Отзвенел соловьиный рассвет.

Для меня было все тогда новым,
Много в сердце теснилось чувств,
А теперь даже нежное слово
Горьким плодом срывается с уст.

И знакомые взору просторы
Уж не так под луной хороши.
Буераки... пеньки... косогоры
Обпечалили русскую ширь.

Нездоровое, хилое, низкое,
Водянистая серая гладь.
Это все мне родное и близкое,
От чего так легко зарыдать.

Покосившаяся избенка,
Плач овцы, и вдали на ветру
Машет тощим хвостом лошаденка,
Заглядевшись в неласковый пруд.

Это все, что зовем мы родиной,
Это все, отчего на ней
Пьют и плачут в одно с непогодиной,
Дожидаясь улыбчивых дней.

Потому никому не рассыпать
Эту грусть смехом ранних лет.
Отцвела моя белая липа,
Отзвенел соловьиный рассвет.

1924

* * *

Низкий дом с голубыми ставнями,
Не забыть мне тебя никогда, –
Слишком были такими недавними
Отзвучавшие в сумрак года.

До сегодня еще мне снится
Наше поле, луга и лес,
Принакрытые сереньким ситцем
Этих северных бедных небес.

Восхищаться уж я не умею
И пропасть не хотел бы в глуши,
Но, наверно, навеки имею
Нежность грустную русской души.

Полюбил я седых журавлей
С их курлыканьем в тощие дали,
Потому что в просторах полей
Они сытных хлебов не видали.

Только видели березь да цветь,
Да ракитник кривой и безлистый,
Да разбойные слышали свисты,
От которых легко умереть.

Как бы я и хотел не любить,
Все равно не могу научиться,
И под этим дешевеньким ситцем
Ты мила мне, родимая выть.

Потому так и днями недавними
Уж не юные веют года.
Низкий дом с голубыми ставнями,
Не забыть мне тебя никогда.

<1924>

* * *

Издатель славный! В этой книге
Я новым чувствам предаюсь,
Учусь постигнуть в каждом миге
Коммуной вздыбленную Русь.

Пускай о многом неумело
Шептал бумаге карандаш,
Душа спросонок хрипло пела,
Не понимая праздник наш.

Но ты видением поэта
Прочтешь не в буквах, а в другом,
Что в той стране, где власть Советов,
Не пишут старым языком.

И, разбирая опыт смелый,
Меня насмешке не предашь, –
Лишь потому так неумело
Шептал бумаге карандаш.

<1924>

Возвращение на Родину

Я посетил родимые места,
Ту сельщину,
Где жил мальчишкой,
Где каланчой с березовою вышкой
Взметнулась колокольня без креста.

Как много изменилось там,
В их бедном, неприглядном быте.
Какое множество открытий
За мною следовало по пятам.

Отцовский дом
Не мог я распознать:
Приметный клен уж под окном не машет,
И на крылечке не сидит уж мать,
Кормя цыплят крупитчатою кашей.

Стара, должно быть, стала...
Да, стара.
Я с грустью озираюсь на окрестность.
Какая незнакомая мне местность!
Одна, как прежняя, белеется гора,
Да у горы
Высокий серый камень.

Здесь кладбище!
Подгнившие кресты,
Как будто в рукопашной мертвецы
Застыли с распростертыми руками.

По тропке, опершись на подожок,
Идет старик, сметая пыль с бурьяна.

«Прохожий!
Укажи, дружок,
Где тут живет Есенина Татьяна?»

«Татьяна... Гм...
Да вон за той избой.
А ты ей что?
Сродни?
Аль, может, сын пропащий?»

«Да, сын.
Но что, старик, с тобой?
Скажи мне,
Отчего ты так глядишь скорбяще?»

«Добро, мой внук,
Добро, что не узнал ты деда!..»
«Ах, дедушка, ужели это ты?»
И полилась печальная беседа
Слезами теплыми на пыльные цветы.

. . . .

«Тебе, пожалуй, скоро будет тридцать...
А мне уж девяносто...
Скоро в гроб.
Давно пора бы было воротиться».
Он говорит, а сам все морщит лоб.

«Да!.. Время!..
Ты не коммунист?»
«Нет!..»
«А сестры стали комсомолки.
Такая гадость! Просто удавись!

Вчера иконы выбросили с полки,
На церкви комиссар снял крест.
Теперь и Богу негде помолиться.
Уж я хожу украдкой нынче в лес,
Молюсь осинам...
Может, пригодится...
Пойдем домой —
Ты все увидишь сам».

И мы идем, топча межой кукольни.
Я улыбаюсь пашням и лесам,
А дед с тоской глядит на колокольню.

. . . .

. . . .

«Здорово, мать! Здорово!»
И я опять тяну к глазам платок.
Тут разрыдаться может и корова,
Глядя на этот бедный уголок.

На стенке календарный Ленин.
Здесь жизнь сестер,
Сестер, а не моя, –
Но все ж готов упасть я на колени,
Увидев вас, любимые края.

Пришли соседи...
Женщина с ребенком.
Уже никто меня не узнает.
По-байроновски наша собачонка
Меня встречала с лаем у ворот.

Ах, милый край!
Не тот ты стал,
Не тот.
Да уж и я, конечно, стал не прежний.
Чем мать и дед грустней и безнадежней,
Тем веселей сестры смеется рот.

Конечно, мне и Ленин не икона,
Я знаю мир...
Люблю мою семью...
Но отчего-то все-таки с поклоном
Сажусь на деревянную скамью.

«Ну, говори, сестра!»

И вот сестра разводит,
Раскрыв, как Библию, пузатый «Капитал»,
О Марксе,
Энгельсе...

Ни при какой погоде
Я этих книг, конечно, не читал.

И мне смешно,
Как шустрая девчонка
Меня во всем за шиворот берет...

. . . .

. . . .

По-байроновски наша собачонка
Меня встречала с лаем у ворот.

1 июня 1924

Русь Советская

А. Сахарову

Тот ураган прошел. Нас мало уцелело.
На перекличке дружбы многих нет.
Я вновь вернулся в край осиротелый,
В котором не был восемь лет.

Кого позвать мне? С кем мне поделиться
Той грустной радостью, что я остался жив?
Здесь даже мельница – бревенчатая птица
С крылом единственным – стоит, глаза смежив.

Я никому здесь не знаком,
А те, что помнили, давно забыли.
И там, где был когда-то отчий дом,
Теперь лежит зола да слой дорожной пыли.

А жизнь кипит.
Вокруг меня снуют
И старые и молодые лица.
Но некому мне шляпой поклониться,
Ни в чьих глазах не нахожу приют.

И в голове моей проходят роем думы:
Что родина?
Ужели это сны?
Ведь я почти для всех здесь пилигрим угрюмый
Бог весть с какой далекой стороны.

И это я!
Я, гражданин села,
Которое лишь тем и будет знаменито,
Что здесь когда-то баба родила
Российского скандального пиита.

Но голос мысли сердцу говорит:
«Опомнись! Чем же ты обижен?
Ведь это только новый свет горит
Другого поколения у хижин.

Уже ты стал немного отцветать,
Другие юноши поют другие песни.
Они, пожалуй, будут интересней, –
Уж не село, а вся земля им мать».

Ах, родина! Какой я стал смешной.
На щеки впалые летит сухой румянец.
Язык сограждан стал мне как чужой,
В своей стране я словно иностранец.

Вот вижу я:
Воскресные сельчане
У волости, как в церковь, собрались.
Корявыми, немытыми речами
Они свою обсуживают «жись».

Уж вечер. Жидкой позолотой
Закат обрызгал серые поля.
И ноги босые, как телки под ворота,
Уткнули по канавам тополя.

Хромой красноармеец с ликом сонным,
В воспоминаниях морщиня лоб,
Рассказывает важно о Буденном,
О том, как красные отбили Перекоп.

«Уж мы его – и этак и раз-этак, –
Буржуя энтого... которого... в Крыму...»
И клены морщатся ушами длинных веток,
И бабы охают в немую полутьму.

С горы идет крестьянский комсомол,
И под гармонику, наяривая рьяно,
Поют агитки Бедного Демьяна,
Веселым криком оглашая дол.

Вот так страна!
Какого ж я рожна
Орал в стихах, что я с народом дружен?

Моя поэзия здесь больше не нужна,
Да и, пожалуй, сам я тоже здесь не нужен.

Ну что ж! Прости, родной приют.
Чем сослужил тебе – и тем уж я доволен.
Пускай меня сегодня не поют –
Я пел тогда, когда был край мой болен.

Приемлю всё.
Как есть всё принимаю.
Готов идти по выбитым следам.
Отдам всю душу октябрю и маю,
Но только лиры милой не отдам.

Я не отдам ее в чужие руки,
Ни матери, ни другу, ни жене.
Лишь только мне она свои вверяла звуки
И песни нежные лишь только пела мне.

Цветите, юные, и здоровейте телом!
У вас иная жизнь. У вас другой напев.
А я пойду один к неведомым пределам,
Душой бунтующей навеки присмирев.

Но и тогда,
Когда на всей планете
Пройдет вражда племен,
Исчезнет ложь и грусть, –
Я буду воспевать
Всем существом в поэте
Шестую часть земли
С названьем кратким «Русь».

1924

Русь уходящая

Мы многое еще не сознаем,
Питомцы ленинской победы,
И песни новые
По-старому поем,
Как нас учили бабушки и деды.

Друзья! Друзья!
Какой раскол в стране,
Какая грусть в кипении веселом!
Знать, оттого так хочется и мне,
Задрав штаны,
Бежать за комсомолом.

Я уходящих в грусти не виню,
Ну где же старикам
За юношами гнаться?
Они несжатой рожью на корню
Остались догнивать и осыпаться.

И я, я сам,
Не молодой, не старый,
Для времени навозом обречен.
Не потому ль кабацкий звон гитары
Мне навевает сладкий сон?

Гитара милая,
Звени, звени!
Сыграй, цыганка, что-нибудь такое,
Чтоб я забыл отравленные дни,
Не знавшие ни ласки, ни покоя.

Советскую я власть виню,
И потому я на нее в обиде,

Что юность светлую мою
В борьбе других я не увидел.

Что видел я?
Я видел только бой
Да вместо песен
Слышал канонаду.
Не потому ли с желтой головой
Я по планете бегал до упаду?

Но все ж я счастлив.
В сонме бурь
Неповторимые я вынес впечатленья.
Вихрь нарядил мою судьбу
В золототканое цветенье.

Я человек не новый!
Что скрывать?
Остался в прошлом я одной ногою,
Стремясь догнать стальную рать,
Скольжу и падаю другою.

Но есть иные люди.
Те
Еще несчастней и забытей.
Они, как отрубь в решете,
Средь непонятных им событий.

Я знаю их
И подсмотрел:
Глаза печальнее коровьих.
Средь человечьих мирных дел,
Как пруд, заплесневела кровь их.

Кто бросит камень в этот пруд?
Не троньте!
Будет запах смрада.
Они в самих себе умрут,
Истлеют падью листопада.

А есть другие люди,
Те, что верят,
Что тянут в будущее робкий взгляд.

Почесывая зад и перед,
Они о новой жизни говорят.

Я слушаю. Я в памяти смотрю,
О чем крестьянская судачит оголь.
«С Советской властью жить нам по нутрю...
Теперь бы ситцу... Да гвоздей немного...»

Как мало надо этим брадачам,
Чья жизнь в сплошном
Картофеле и хлебе.
Чего же я ругаюсь по ночам
На неудачный, горький жребий?

Я тем завидую,
Кто жизнь провел в бою,
Кто защищал великую идею.
А я, сгубивший молодость свою,
Воспоминаний даже не имею.

Какой скандал!
Какой большой скандал!
Я очутился в узком промежутке.
Ведь я мог дать
Не то, что дал,
Что мне давалось ради шутки.

Гитара милая,
Звени, звени!
Сыграй, цыганка, что-нибудь такое,
Чтоб я забыл отравленные дни,
Не знавшие ни ласки, ни покоя.

Я знаю, грусть не утопить в вине,
Не вылечить души
Пустыней и отколом.
Знать, оттого так хочется и мне,
Задрав штаны,
Бежать за комсомолом.

<1924>

* * *

Еще закон не отвердел,
Страна шумит, как непогода.
Хлестнула дерзко за предел
Нас отравившая свобода.

Россия! Сердцу милый край!
Душа сжимается от боли.
Уж сколько лет не слышит поле
Петушье пенье, песий лай.

Уж сколько лет наш тихий быт
Утратил мирные глаголы.
Как оспой, ямами копыт
Изрыты пастбища и долы.

Немолчный топот, громкий стон,
Визжат тачанки и телеги.
Ужель я сплю и вижу сон,
Что с копьями со всех сторон
Нас окружают печенеги?
Не сон, не сон, я вижу въявь,
Ничем не усыпленным взглядом,
Как, лошадей пуская вплавь,
Отряды скачут за отрядом.
Куда они? И где война?
Степная водь не внемлет слову.
Не знаю, светит ли луна
Иль всадник обронил подкову?
Все спуталось...

(Фрагмент из поэмы «Гуляй-поле»)
<1924>

Стансы

Посвящается П. Чагину

Я о своем таланте
Много знаю.
Стихи — не очень трудные дела.
Но более всего
Любовь к родному краю
Меня томила,
Мучила и жгла.

Стишок писнуть,
Пожалуй, всякий может —
О девушке, о звездах, о луне...
Но мне другое чувство
Сердце гложет,
Другие думы
Давят череп мне.

Хочу я быть певцом
И гражданином,
Чтоб каждому,
Как гордость и пример,
Был настоящим,
А не сводным сыном —
В великих штатах СССР.

Я из Москвы надолго убежал:
С милицией я ладить
Не в сноровке,
За всякий мой пивной скандал
Они меня держали
В тигулевке.

Благодарю за дружбу граждан сих,
Но очень жестко
Спать там на скамейке
И пьяным голосом
Читать какой-то стих
О клеточной судьбе
Несчастной канарейки.

Я вам не кенар!
Я поэт!
И не чета каким-то там Демьянам.
Пускай бываю иногда я пьяным,
Зато в глазах моих
Прозрений дивных свет.

Я вижу всё
И ясно понимаю,
Что эра новая –
Не фунт изюму вам,
Что имя Ленина
Шумит, как ветр, по краю,
Давая мыслям ход,
Как мельничным крылам.

Вертитесь, милые!
Для вас обещан прок.
Я вам племянник,
Вы же мне все дяди.
Давай, Сергей,
За Маркса тихо сядем,
Понюхаем премудрость
Скучных строк.

Дни, как ручьи, бегут
В туманную реку.
Мелькают города,
Как буквы по бумаге.
Недавно был в Москве,
А нынче вот в Баку.
В стихию промыслов
Нас посвящает Чагин.

«Смотри, – он говорит, –
Не лучше ли церквей
Вот эти вышки
Черных нефть-фонтанов,
Довольно с нас мистических туманов,
Воспой, поэт,
Что крепче и живей».

Нефть на воде,
Как одеяло перса,
И вечер по небу
Рассыпал звездный куль.
Но я готов поклясться
Чистым сердцем,
Что фонари
Прекрасней звезд в Баку.

Я полон дум об индустрийной мощи,
Я слышу голос человечьих сил.
Довольно с нас
Небесных всех светил –
Нам на земле
Устроить это проще.
И, самого себя
По шее гладя,
Я говорю:
«Настал наш срок,
Давай, Сергей,
За Маркса тихо сядем,
Чтоб разгадать
Премудрость скучных строк».

1924

Поэтам Грузии

Писали раньше
Ямбом и октавой.
Классическая форма
Умерла,
Но нынче, в век наш
Величавый,
Я вновь ей вздернул
Удила.

Земля далекая!
Чужая сторона!
Грузинские кремнистые дороги.
Вино янтарное
В глаза струит луна,
В глаза глубокие,
Как голубые роги.

Поэты Грузии!
Я ныне вспомнил вас.
Приятный вечер вам,
Хороший, добрый час!

Товарищи по чувствам,
По перу,
Словесных рек кипение
И шорох,
Я вас люблю,
Как шумную Куру,
Люблю в пирах и в разговорах.

Я – северный ваш друг
И брат!

Поэты – все единой крови.
И сам я тоже азиат
В поступках, в помыслах
И слове.

И потому в чужой
Стране
Вы близки
И приятны мне.

Века все смелют,
Дни пройдут,
Людская речь
В один язык сольется.
Историк, сочиняя труд,
Над нашей рознью улыбнется.

Он скажет:
В пропасти времен
Есть изысканья и приметы...
Дралися сонмища племен,
Зато не ссорились поэты.

Свидетельствует
Вещий знак:
Поэт поэту
Есть кунак.

Самодержавный
Русский гнет
Сжимал все лучшее за горло,
Его мы кончили –
И вот
Свобода крылья распростерла.

И каждый в племени своем,
Своим мотивом и наречьем,
Мы всяк
По-своему поем,
Поддавшись чувствам
Человечьим...

Свершился дивный
Рок судьбы:

Уже мы больше
Не рабы.

Поэты Грузии,
Я ныне вспомнил вас,
Приятный вечер вам,
Хороший, добрый час!..

Товарищи по чувствам,
По перу,
Словесных рек кипение
И шорох,
Я вас люблю,
Как шумную Куру,
Люблю в пирах и в разговорах.

1924

На Кавказе

Издревле русский наш Парнас
Тянуло к незнакомым странам,
И больше всех лишь ты, Кавказ,
Звенел загадочным туманом.

Здесь Пушкин в чувственном огне
Слагал душой своей опальной:
«Не пой, красавица, при мне
Ты песен Грузии печальной».

И Лермонтов, тоску леча,
Нам рассказал про Азамата,
Как он за лошадь Казбича
Давал сестру заместо злата.

За грусть и желчь в своем лице
Кипенья желтых рек достоин,
Он, как поэт и офицер,
Был пулей друга успокоен.

И Грибоедов здесь зарыт,
Как наша дань персидской хмари,
В подножии большой горы
Он спит под плач зурны и тари.

А ныне я в твою безгладь
Пришел, не ведая причины:
Родной ли прах здесь обрыдать
Иль подсмотреть свой час кончины!

Мне все равно! Я полон дум
О них, ушедших и великих.

Их исцелял гортанный шум
Твоих долин и речек диких.

Они бежали от врагов
И от друзей сюда бежали,
Чтоб только слышать звон шагов
Да видеть с гор глухие дали.

И я от тех же зол и бед
Бежал, навек простясь с богемой,
Зане созрел во мне поэт
С большой эпическою темой.

Мне мил стихов российский жар,
Есть Маяковский, есть и кроме,
Но он, их главный штабс-маляр,
Поет о пробках в Моссельпроме.

И Клюев, ладожский дьячок,
Его стихи как телогрейка,
Но я их вслух вчера прочел –
И в клетке сдохла канарейка.

Других уж нечего считать,
Они под хладным солнцем зреют.
Бумаги даже замарать
И то как надо не умеют.

Прости, Кавказ, что я о них
Тебе промолвил ненароком,
Ты научи мой русский стих
Кизиловым струиться соком.

Чтоб, воротясь опять в Москву,
Я мог прекраснейшей поэмой
Забыть ненужную тоску
И не дружить вовек с богемой.

И чтоб одно в моей стране
Я мог твердить в свой час прощальный:
«Не пой, красавица, при мне
Ты песен Грузии печальной».

Сентябрь 1924
Тифлис

Письмо матери

Ты жива еще, моя старушка?
Жив и я. Привет тебе, привет!
Пусть струится над твоей избушкой
Тот вечерний несказанный свет.

Пишут мне, что ты, тая тревогу,
Загрустила шибко обо мне,
Что ты часто ходишь на дорогу
В старомодном ветхом шушуне.

И тебе в вечернем синем мраке
Часто видится одно и то ж:
Будто кто-то мне в кабацкой драке
Саданул под сердце финский нож.

Ничего, родная! Успокойся.
Это только тягостная бредь.
Не такой уж горький я пропойца,
Чтоб, тебя не видя, умереть.

Я по-прежнему такой же нежный
И мечтаю только лишь о том,
Чтоб скорее от тоски мятежной
Воротиться в низенький наш дом.

Я вернусь, когда раскинет ветви
По-весеннему наш белый сад.
Только ты меня уж на рассвете
Не буди, как восемь лет назад.

Не буди того, что отмечталось,
Не волнуй того, что не сбылось, —

Слишком раннюю утрату и усталость
Испытать мне в жизни привелось.

И молиться не учи меня. Не надо!
К старому возврата больше нет.
Ты одна мне помощь и отрада,
Ты одна мне несказанный свет.

Так забудь же про свою тревогу,
Не грусти так шибко обо мне.
Не ходи так часто на дорогу
В старомодном ветхом шушуне.

<1924>

Письмо к женщине

Вы помните,
Вы всё, конечно, помните,
Как я стоял,
Приблизившись к стене,
Взволнованно ходили вы по комнате
И что-то резкое
В лицо бросали мне.

Вы говорили:
Нам пора расстаться,
Что вас измучила
Моя шальная жизнь,
Что вам пора за дело приниматься,
А мой удел —
Катиться дальше, вниз.

Любимая!
Меня вы не любили.
Не знали вы, что в сонмище людском
Я был, как лошадь, загнанная в мыле,
Пришпоренная смелым ездоком.

Не знали вы,
Что я в сплошном дыму,
В развороченном бурей быте
С того и мучаюсь, что не пойму —
Куда несет нас рок событий.

Лицом к лицу
Лица не увидать.
Большое видится на расстоянье.

Когда кипит морская гладь,
Корабль в плачевном состоянье.

Земля — корабль!
Но кто-то вдруг
За новой жизнью, новой славой
В прямую гущу бурь и вьюг
Ее направил величаво.

Ну кто ж из нас на палубе большой
Не падал, не блевал и не ругался?
Их мало, с опытной душой,
Кто крепким в качке оставался.

Тогда и я,
Под дикий шум,
Но зрело знающий работу,
Спустился в корабельный трюм,
Чтоб не смотреть людскую рвоту.

Тот трюм был —
Русским кабаком.
И я склонился над стаканом,
Чтоб, не страдая ни о ком,
Себя сгубить
В угаре пьяном.

Любимая!
Я мучил вас,
У вас была тоска
В глазах усталых:
Что я пред вами напоказ
Себя растрачивал в скандалах.

Но вы не знали,
Что в сплошном дыму,
В развороченном бурей быте
С того и мучаюсь,
Что не пойму,
Куда несет нас рок событий...

. . . .

Теперь года прошли.
Я в возрасте ином.

И чувствую и мыслю по-иному.
И говорю за праздничным вином:
Хвала и слава рулевому!

Сегодня я
В ударе нежных чувств.
Я вспомнил вашу грустную усталость.
И вот теперь
Я сообщить вам мчусь,
Каков я был
И что со мною сталось!

Любимая!
Сказать приятно мне:
Я избежал паденья с кручи.
Теперь в Советской стороне
Я самый яростный попутчик.

Я стал не тем,
Кем был тогда.
Не мучил бы я вас,
Как это было раньше.
За знамя вольности
И светлого труда
Готов идти хоть до Ла-Манша.

Простите мне...
Я знаю: вы не та —
Живете вы
С серьезным, умным мужем;
Что не нужна вам наша маета,
И сам я вам
Ни капельки не нужен.

Живите так,
Как вас ведет звезда,
Под кущей обновленной сени.
С приветствием,
Вас помнящий всегда
Знакомый ваш
Сергей Есенин.

<1924>

* * *

Мы теперь уходим понемногу
В ту страну, где тишь и благодать.
Может быть, и скоро мне в дорогу
Бренные пожитки собирать.

Милые березовые чащи!
Ты, земля! И вы, равнин пески!
Перед этим сонмом уходящих
Я не в силах скрыть моей тоски.

Слишком я любил на этом свете
Все, что душу облекает в плоть.
Мир осинам, что, раскинув ветви,
Загляделись в розовую водь!

Много дум я в тишине продумал,
Много песен про себя сложил,
И на этой на земле угрюмой
Счастлив тем, что я дышал и жил.

Счастлив тем, что целовал я женщин,
Мял цветы, валялся на траве
И зверье, как братьев наших меньших,
Никогда не бил по голове.

Знаю я, что не цветут там чащи,
Не звенит лебяжьей шеей рожь.
Оттого пред сонмом уходящих
Я всегда испытываю дрожь.

Знаю я, что в той стране не будет
Этих нив, златящихся во мгле...
Оттого и дороги мне люди,
Что живут со мною на земле.

1924

* * *

Годы молодые с забубенной славой,
Отравил я сам вас горькою отравой.

Я не знаю: мой конец близок ли, далек ли,
Были синие глаза, да теперь поблекли.

Где ты, радость? Темь и жуть, грустно и обидно.
В поле, что ли? В кабаке? Ничего не видно.

Руки вытяну и вот – слушаю на ощупь:
Едем... кони... сани... снег... проезжаем рощу.

«Эй, ямщик, неси вовсю! Чай, рожден не слабым!
Душу вытрясти не жаль по таким ухабам».

А ямщик в ответ одно: «По такой метели
Очень страшно, чтоб в пути лошади вспотели».

«Ты, ямщик, я вижу, трус. Это не с руки нам!»
Взял я кнут и ну стегать по лошажьим спинам.

Бью, а кони, как метель, снег разносят в хлопья.
Вдруг толчок... и из саней прямо на сугроб я.

Встал и вижу: что за черт – вместо бойкой тройки...
Забинтованный лежу на больничной койке.

И заместо лошадей по дороге тряской
Бью я жесткую кровать мокрою повязкой.

На лице часов в усы закрутились стрелки.
Наклонились надо мной сонные сиделки.

Наклонились и хрипят: «Эх ты, златоглавый,
Отравил ты сам себя горькою отравой.

Мы не знаем: твой конец близок ли, далек ли.
Синие твои глаза в кабаках промокли».

1924

* * *

Отговорила роща золотая
Березовым, веселым языком,
И журавли, печально пролетая,
Уж не жалеют больше ни о ком.

Кого жалеть? Ведь каждый в мире
странник —
Пройдет, зайдет и вновь оставит дом.
О всех ушедших грезит конопляник
С широким месяцем
над голубым прудом.

Стою один среди равнины голой,
А журавлей относит ветер в даль,
Я полон дум о юности веселой,
Но ничего в прошедшем мне не жаль.

Не жаль мне лет, растраченных
напрасно,
Не жаль души сиреневую цветь.
В саду горит костер рябины красной,
Но никого не может он согреть.

Не обгорят рябиновые кисти,
От желтизны не пропадет трава.
Как дерево роняет тихо листья,
Так я роняю грустные слова.

И если время, ветром разметая,
Сгребет их все в один ненужный ком...
Скажите так... что роща золотая
Отговорила милым языком.

1924

Персидские мотивы

* * *

Улеглась моя былая рана,
Пьяный бред не гложет сердце мне.
Синими цветами Тегерана
Я лечу их нынче в чайхане.

Сам чайханщик с круглыми плечами,
Чтобы славилась пред русским чайхана,
Угощает меня красным чаем
Вместо крепкой водки и вина.

Угощай, хозяин, да не очень.
Много роз цветет в твоем саду.
Незадаром мне мигнули очи,
Приоткинув черную чадру.

Мы в России девушек весенних
На цепи не держим, как собак,
Поцелуям учимся без денег,
Без кинжальных хитростей и драк.

Ну а этой за движенья стана,
Что лицом похожа на зарю,
Подарю я шаль из Хороссана
И ковер ширазский подарю.

Наливай, хозяин, крепче чаю,
Я тебе вовеки не солгу.
За себя я нынче отвечаю,
За тебя ответить не могу.

И на дверь ты взглядывай не очень,
Все равно калитка есть в саду...
Незадаром мне мигнули очи,
Приоткинув черную чадру.

1924

* * *

Я спросил сегодня у менялы,
Что дает за полтумана по рублю,
Как сказать мне для прекрасной Лалы
По-персидски нежное «люблю»?

Я спросил сегодня у менялы
Легче ветра, тише Ванских струй,
Как назвать мне для прекрасной Лалы
Слово ласковое «поцелуй»?

И еще спросил я у менялы,
В сердце робость глубже притая,
Как сказать мне для прекрасной Лалы,
Как сказать ей, что она «моя»?

И ответил мне меняла кратко:
О любви в словах не говорят,
О любви вздыхают лишь украдкой,
Да глаза, как яхонты, горят.

Поцелуй названья не имеет,
Поцелуй не надпись на гробах.
Красной розой поцелуи веют,
Лепестками тая на губах.

От любви не требуют поруки,
С нею знают радость и беду.
«Ты моя» сказать лишь могут руки,
Что срывали черную чадру.

1924

* * *

Шаганэ ты моя, Шаганэ!
Потому, что я с севера, что ли,
Я готов рассказать тебе поле,
Про волнистую рожь при луне.
Шаганэ ты моя, Шаганэ.

Потому, что я с севера, что ли,
Что луна там огромней в сто раз,
Как бы ни был красив Шираз,
Он не лучше рязанских раздолий.
Потому, что я с севера, что ли?

Я готов рассказать тебе поле,
Эти волосы взял я у ржи,
Если хочешь, на палец вяжи –
Я нисколько не чувствую боли.
Я готов рассказать тебе поле.

Про волнистую рожь при луне
По кудрям ты моим догадайся.
Дорогая, шути, улыбайся,
Не буди только память во мне
Про волнистую рожь при луне.

Шаганэ ты моя, Шаганэ!
Там, на севере, девушка тоже,
На тебя она страшно похожа,
Может, думает обо мне...
Шаганэ ты моя, Шаганэ!

1924

* * *

Ты сказала, что Саади
Целовал лишь только в грудь.
Подожди ты, Бога ради,
Обучусь когда-нибудь!

Ты пропела: «За Ефратом
Розы лучше смертных дев».
Если был бы я богатым,
То другой сложил напев.

Я б порезал розы эти,
Ведь одна отрада мне –
Чтобы не было на свете
Лучше милой Шаганэ.

И не мучь меня заветом,
У меня заветов нет.
Коль родился я поэтом,
То целуюсь, как поэт.

19 декабря 1924

* * *

Никогда я не был на Босфоре,
Ты меня не спрашивай о нем.
Я в твоих глазах увидел море,
Полыхающее голубым огнем.

Не ходил в Багдад я с караваном,
Не возил я шелк туда и хну.
Наклонись своим красивым станом,
На коленях дай мне отдохнуть.

Или снова, сколько ни проси я,
Для тебя навеки дела нет,
Что в далеком имени – Россия –
Я известный, признанный поэт.

У меня в душе звенит тальянка,
При луне собачий слышу лай.
Разве ты не хочешь, персиянка,
Увидать далекий, синий край?

Я сюда приехал не от скуки –
Ты меня, незримая, звала.
И меня твои лебяжьи руки
Обвивали, словно два крыла.

Я давно ищу в судьбе покоя,
И хоть прошлой жизни не кляну,
Расскажи мне что-нибудь такое
Про твою веселую страну.

Заглуши в душе тоску тальянки,
Напои дыханьем свежих чар,

Чтобы я о дальней северянке
Не вздыхал, не думал, не скучал.

И хотя я не был на Босфоре –
Я тебе придумаю о нем.
Все равно – глаза твои, как море,
Голубым колышутся огнем.

21 декабря 1924

* * *

Свет вечерний шафранного края,
Тихо розы бегут по полям.
Спой мне песню, моя дорогая,
Ту, которую пел Хаям.
Тихо розы бегут по полям.

Лунным светом Шираз осиянен,
Кружит звезд мотыльковый рой.
Мне не нравится, что персияне
Держат женщин и дев под чадрой.
Лунным светом Шираз осиянен.

Иль они от тепла застыли,
Закрывая телесную медь?
Или, чтобы их больше любили,
Не желают лицом загореть,
Закрывая телесную медь?

Дорогая, с чадрой не дружись,
Заучи эту заповедь вкратце,
Ведь и так коротка наша жизнь,
Мало счастьем дано любоваться.
Заучи эту заповедь вкратце.

Даже все некрасивое в роке
Осеняет своя благодать.
Потому и прекрасные щеки
Перед миром грешно закрывать,
Коль дала их природа-мать.

Тихо розы бегут по полям.
Сердцу снится страна другая.
Я спою тебе сам, дорогая,
То, что сроду не пел Хаям...
Тихо розы бегут по полям.

1924

* * *

Воздух прозрачный и синий,
Выйду в цветочные чащи.
Путник, в лазурь уходящий,
Ты не дойдешь до пустыни.
Воздух прозрачный и синий.

Лугом пройдешь, как садом,
Садом в цветенье диком,
Ты не удержишься взглядом,
Чтоб не припасть к гвоздикам.
Лугом пройдешь, как садом.

Шепот ли, шорох иль шелест –
Нежность, как песни Саади.
Вмиг отразится во взгляде
Месяца желтая прелесть,
Нежность, как песни Саади.

Голос раздастся пери,
Тихий, как флейта Гассана.
В крепких объятиях стана
Нет ни тревог, ни потери,
Только лишь флейта Гассана.

Вот он, удел желанный
Всех, кто в пути устали.
Ветер благоуханный
Пью я сухими устами,
Ветер благоуханный.

<1925>

* * *

Золото холодное луны,
Запах олеандра и левкоя.
Хорошо бродить среди покоя
Голубой и ласковой страны.

Далеко-далече там Багдад,
Где жила и пела Шахразада.
Но теперь ей ничего не надо.
Отзвенел давно звеневший сад.

Призраки далекие земли
Поросли кладбищенской травою.
Ты же, путник, мертвым не внемли,
Не склоняйся к плитам головою.

Оглянись, как хорошо кругом:
Губы к розам так и тянет, тянет.
Помирись лишь в сердце со врагом –
И тебя блаженством ошафранит.

Жить – так жить, любить – так уж
влюбляться.
В лунном золоте целуйся и гуляй,
Если ж хочешь мертвым
поклоняться,
То живых тем сном не отравляй.

Это пела даже Шахразада, –
Так вторично скажет листьев медь.
Тех, которым ничего не надо,
Только можно в мире пожалеть.

<1925>

* * *

В Хороссане есть такие двери,
Где обсыпан розами порог.
Там живет задумчивая пери.
В Хороссане есть такие двери,
Но открыть те двери я не мог.

У меня в руках довольно силы,
В волосах есть золото и медь.
Голос пери нежный и красивый.
У меня в руках довольно силы,
Но дверей не смог я отпереть.

Ни к чему в любви моей отвага.
И зачем? Кому мне песни петь? –
Если стала неревнивой Шага,
Коль дверей не смог я отпереть,
Ни к чему в любви моей отвага.

Мне пора обратно ехать в Русь.
Персия! Тебя ли покидаю?
Навсегда ль с тобою расстаюсь
Из любви к родимому мне краю?
Мне пора обратно ехать в Русь.

До свиданья, пери, до свиданья.
Пусть не смог я двери отпереть,
Ты дала красивое страданье,
Про тебя на родине мне петь.
До свиданья, пери, до свиданья.

Март 1925

* * *

Голубая родина Фирдуси,
Ты не можешь, памятью простыв,
Позабыть о ласковом урусе
И глазах задумчиво простых,
Голубая родина Фирдуси.

Хороша ты, Персия, я знаю,
Розы, как светильники, горят
И опять мне о далеком крае
Свежестью упругой говорят.
Хороша ты, Персия, я знаю.

Я сегодня пью в последний раз
Ароматы, что хмельны, как брага.
И твой голос, дорогая Шага,
В этот трудный расставанья час
Слушаю в последний раз.

Но тебя я разве позабуду?
И в моей скитальческой судьбе
Близкому и дальнему мне люду
Буду говорить я о тебе –
И тебя навеки не забуду.

Я твоих несчастий не боюсь,
Но на всякий случай твой угрюмый
Оставляю песенку про Русь:
Запевая, обо мне подумай,
И тебе я в песне отзовусь...

Март 1925

* * *

Быть поэтом – это значит то же,
Если правды жизни не нарушить,
Рубцевать себя по нежной коже,
Кровью чувств ласкать чужие души.

Быть поэтом – значит петь раздольно,
Чтобы было для тебя известней.
Соловей поет – ему не больно,
У него одна и та же песня.

Канарейка с голоса чужого –
Жалкая, смешная побрякушка.
Миру нужно песенное слово
Петь по-свойски, даже как лягушка.

Магомет перехитрил в Коране,
Запрещая крепкие напитки,
Потому поэт не перестанет
Пить вино, когда идет на пытки.

И когда поэт идет к любимой,
А любимая с другим лежит на ложе,
Влагою живительной хранимый,
Он ей в сердце не запустит ножик.

Но, горя ревнивою отвагой,
Будет вслух насвистывать до дома:
«Ну и что ж, помру себе бродягой.
На земле и это нам знакомо».

Август 1925

* * *

Руки милой — пара лебедей —
В золоте волос моих ныряют.
Все на этом свете из людей
Песнь любви поют и повторяют.

Пел и я когда-то далеко
И теперь пою про то же снова,
Потому и дышит глубоко
Нежностью пропитанное слово.

Если душу вылюбить до дна,
Сердце станет глыбой золотою,
Только тегеранская луна
Не согреет песни теплотою.

Я не знаю, как мне жизнь прожить:
Догореть ли в ласках милой Шаги
Иль под старость трепетно тужить
О прошедшей песенной отваге?

У всего своя походка есть:
Что приятно уху, что — для глаза.
Если перс слагает плохо песнь,
Значит, он вовек не из Шираза.

Про меня же и за эти песни
Говорите так среди людей:
Он бы пел нежнее и чудесней,
Да сгубила пара лебедей.

<1925>

* * *

«Отчего луна так светит тускло
На сады и стены Хороссана?
Словно я хожу равниной русской
Под шуршащим пологом тумана», –

Так спросил я, дорогая Лала,
У молчащих ночью кипарисов,
Но их рать ни слова не сказала,
К небу гордо головы завысив.

«Отчего луна так светит грустно?» –
У цветов спросил я в тихой чаще,
И цветы сказали: «Ты почувствуй
По печали розы шелестящей».

Лепестками роза расплескалась,
Лепестками тайно мне сказала:
«Шаганэ твоя с другим ласкалась,
Шаганэ другого целовала.

Говорила: «Русский не заметит...»
Сердцу – песнь, а песне – жизнь и тело...
Оттого луна так тускло светит,
Оттого печально побледнела».

Слишком много виделось измены,
Слез и мук, кто ждал их, кто не хочет.
. . . .
Но и все ж вовек благословенны
На земле сиреневые ночи.

Август 1925

* * *

Глупое сердце, не бейся!
Все мы обмануты счастьем,
Нищий лишь просит участья...
Глупое сердце, не бейся.

Месяца желтые чары
Льют по каштанам в пролесь.
Лале склонясь на шальвары,
Я под чадрою укроюсь.
Глупое сердце, не бейся.

Все мы порою, как дети,
Часто смеемся и плачем:
Выпали нам на свете
Радости и неудачи.
Глупое сердце, не бейся.

Многие видел я страны,
Счастья искал повсюду.
Только удел желанный
Больше искать не буду.
Глупое сердце, не бейся.

Жизнь не совсем обманула.
Новой нальемся силой.
Сердце, ты хоть бы заснуло
Здесь, на коленях у милой.
Жизнь не совсем обманула.

Может, и нас отметит
Рок, что течет лавиной,
И на любовь ответит
Песнею соловьиной.
Глупое сердце, не бейся.

Август 1925

* * *

Голубая да веселая страна.
Честь моя за песню продана.
Ветер с моря, тише дуй и вей —
Слышишь, розу кличет соловей?

Слышишь, роза клонится и гнется —
Эта песня в сердце отзовется.
Ветер с моря, тише дуй и вей —
Слышишь, розу кличет соловей?

Ты ребенок, в этом спора нет,
Да и я ведь разве не поэт?
Ветер с моря, тише дуй и вей —
Слышишь, розу кличет соловей?

Дорогая Гелия, прости.
Много роз бывает на пути,
Много роз склоняется и гнется,
Но одна лишь сердцем улыбнется.

Улыбнемся вместе, ты и я,
За такие милые края.
Ветер с моря, тише дуй и вей —
Слышишь, розу кличет соловей?

Голубая да веселая страна.
Пусть вся жизнь моя за песню продана,
Но за Гелию в тенях ветвей
Обнимает розу соловей.

1925

* * *

Море голосов воробьиных,
Ночь, а как будто ясно.
Так ведь всегда прекрасно.
Ночь, а как будто ясно,
И на устах невинных
Море голосов воробьиных.

Ах, у луны такое
Светит – хоть кинься в воду.
Я не хочу покоя
В синюю эту погоду.
Ах, у луны такое
Светит – хоть кинься в воду.

Милая, ты ли? та ли?
Эти уста не устали.
Эти уста, как в струях,
Жизнь утолят в поцелуях.
Милая, ты ли? та ли?
Розы ль мне то нашептали?

Сам я не знаю, что будет.
Близко, а может, гдей-то
Плачет веселая флейта.
В тихом вечернем гуде
Чту я за лилии груди.
Плачет веселая флейта,
Сам я не знаю, что будет.

1925

Стихотворения двадцать пятого года

* * *

Несказанное, синее, нежное...
Тих мой край после бурь, после гроз,
И душа моя — поле безбрежное —
Дышит запахом меда и роз.

Я утих. Годы сделали дело,
Но того, что прошло, не кляну.
Словно тройка коней оголтелая
Прокатилась во всю страну.

Напылили кругом. Накопытили.
И пропали под дьявольский свист.
А теперь вот в лесной обители
Даже слышно, как падает лист.

Колокольчик ли? Дальнее эхо ли?
Все спокойно впивает грудь.
Стой, душа! Мы с тобой проехали
Через бурный положенный путь.

Разберемся во всем, что видели,
Что случилось, что сталось в стране,
И простим, где нас горько обидели
По чужой и по нашей вине.

Принимаю, что было и не было,
Только жаль на тридцатом году —
Слишком мало я в юности требовал,
Забываясь в кабацком чаду.

Но ведь дуб молодой, не разжелудясь,
Так же гнется, как в поле трава...
Эх ты, молодость, буйная молодость,
Золотая сорвиголова!

1925

* * *

Заря окликает другую,
Дымится овсяная гладь...
Я вспомнил тебя, дорогую,
Моя одряхлевшая мать.

Как прежде ходя на пригорок,
Костыль свой сжимая в руке,
Ты смотришь на лунный опорок,
Плывущий по сонной реке.

И думаешь горько, я знаю,
С тревогой и грустью большой,
Что сын твой по отчему краю
Совсем не болеет душой.

Потом ты идешь до погоста
И, в камень уставясь в упор,
Вздыхаешь так нежно и просто
За братьев моих и сестер.

Пускай мы росли ножевые,
А сестры росли, как май,
Ты все же глаза живые
Печально не подымай.

Довольно скорбеть! Довольно!
И время тебе подсмотреть,
Что яблоне тоже больно
Терять своих листьев медь.

Ведь радость бывает редко,
Как вешняя звень поутру,
И мне — чем сгнивать на ветках —
Уж лучше сгореть на ветру.

<1925>

* * *

Синий май. Заревая теплынь.
Не прозвякнет кольцо у калитки.
Липким запахом веет полынь.
Спит черемуха в белой накидке.

В деревянные крылья окна
Вместе с рамами в тонкие шторы
Вяжет взбалмошная луна
На полу кружевные узоры.

Наша горница хоть и мала,
Но чиста. Я с собой на досуге...
В этот вечер вся жизнь мне мила,
Как приятная память о друге.

Сад полышет, как пенный пожар,
И луна, напрягая все силы,
Хочет так, чтобы каждый дрожал
От щемящего слова «милый».

Только я в эту цветь, в эту гладь,
Под тальянку веселого мая,
Ничего не могу пожелать,
Все, как есть, без конца принимая.

Принимаю – приди и явись,
Все явись, в чем есть боль и отрада...
Мир тебе, отшумевшая жизнь,
Мир тебе, голубая прохлада.

1925

* * *

Не вернусь я в отчий дом,
Вечно странствующий странник.
Об ушедшем над прудом
Пусть тоскует конопляник.

Пусть неровные луга
Обо мне поют крапивой, –
Брызжет полночью дуга,
Колокольчик говорливый.

Высоко стоит луна,
Даже шапки не докинуть.
Песне тайна не дана,
Где ей жить и где погинуть.

Но на склоне наших лет
В отчий дом ведут дороги.
Повезут глухие дроги
Полутруп, полускелет.

Ведь недаром с давних пор
Поговорка есть в народе:
Даже пес в хозяйский двор
Издыхать всегда приходит.

Ворочусь я в отчий дом,
Жил и нé жил бедный странник...
. . . .
В синий вечер над прудом
Прослезится конопляник.

1925

* * *

Прощай, Баку! Тебя я не увижу.
Теперь в душе печаль, теперь в душе испуг.
И сердце под рукой теперь больней и ближе,
И чувствую сильней простое слово: друг.

Прощай, Баку! Синь тюркская, прощай!
Хладеет кровь, ослабевают силы.
Но донесу, как счастье, до могилы
И волны Каспия, и балаханский май.

Прощай, Баку! Прощай, как песнь простая!
В последний раз я друга обниму...
Чтоб голова его, как роза золотая,
Кивала нежно мне в сиреневом дыму.

Май 1925

* * *

Спит ковыль. Равнина дорогая
И свинцовой свежести полынь.
Никакая родина другая
Не вольет мне в грудь мою теплынь.

Знать, у всех у нас такая участь.
И, пожалуй, всякого спроси —
Радуясь, свирепствуя и мучась,
Хорошо живется на Руси.

Свет луны таинственный и длинный,
Плачут вербы, шепчут тополя.
Но никто под окрик журавлиный
Не разлюбит отчие поля.

И теперь, когда вот новым светом
И моей коснулась жизнь судьбы,
Все равно остался я поэтом
Золотой бревёнчатой избы.

По ночам, прижавшись к изголовью,
Вижу я, как сильного врага,
Как чужая юность брызжет новью
На мои поляны и луга.

Но и все же, новью той теснимый,
Я могу прочувственно пропеть:
Дайте мне на родине любимой,
Все любя, спокойно умереть!

Июль 1925

* * *

Вижу сон. Дорога черная.
Белый конь. Стопа упорная.
И на этом на коне
Едет милая ко мне.
Едет, едет милая,
Только нелюбимая.

Эх, береза русская!
Путь-дорога узкая.
Эту милую, как сон,
Лишь для той, в кого влюблен,
Удержи ты ветками,
Как руками меткими.

Светит месяц. Синь и сонь.
Хорошо копытит конь.
Свет такой таинственный,
Словно для Единственной –
Той, в которой тот же свет
И которой в мире нет.

Хулиган я, хулиган.
От стихов дурак и пьян.
Но и все ж за эту прыть,
Чтобы сердцем не остыть,
За березовую Русь
С нелюбимой помирюсь.

2 июля 1925

* * *

Каждый труд благослови, удача!
Рыбаку – чтоб с рыбой невода,
Пахарю – чтоб плуг его и кляча
Доставали хлеба на года.

Воду пьют из кружек и стаканов,
Из кувшинок также можно пить,
Там, где омут розовых туманов
Не устанет берег золотить.

Хорошо лежать в траве зеленой
И, впиваясь в призрачную гладь,
Чей-то взгляд, ревнивый и влюбленный,
На себе, уставшем, вспоминать.

Коростели свищут... коростели.
Потому так и светлы всегда
Те, что в жизни сердцем опростели
Под веселой ношею труда.

Только я забыл, что я крестьянин,
И теперь рассказываю сам,
Соглядатай праздный, я ль не странен
Дорогим мне пашням и лесам.

Словно жаль кому-то и кого-то,
Словно кто-то к родине отвык,
И с того, поднявшись над болотом,
В душу плачут чибис и кулик.

12 июля 1925

* * *

Видно, так заведено навеки —
К тридцати годам перебесясь,
Все сильней, прожженные калеки,
С жизнью мы удерживаем связь.

Милая, мне скоро стукнет тридцать,
И земля милей мне с каждым днем.
Оттого и сердцу стало сниться,
Что горю я розовым огнем.

Коль гореть, так уж гореть сгорая,
И недаром в липовую цветь
Вынул я кольцо у попугая —
Знак того, что вместе нам сгореть.

То кольцо надела мне цыганка.
Сняв с руки, я дал его тебе,
И теперь, когда грустит шарманка,
Не могу не думать, не робеть.

В голове болотный бродит омут,
И на сердце изморозь и мгла:
Может быть, кому-нибудь другому
Ты его со смехом отдала?

Может быть, целуясь до рассвета,
Он тебя расспрашивает сам,
Как смешного глупого поэта
Привела ты к чувственным стихам.

Ну и что ж! Пройдет и эта рана.
Только горько видеть жизни край.
В первый раз такого хулигана
Обманул проклятый попугай.

14 июля 1925

* * *

Я иду долиной. На затылке кепи,
В лайковой перчатке смуглая рука.
Далеко сияют розовые степи,
Широко синеет тихая река.

Я – беспечный парень. Ничего не надо.
Только б слушать песни – сердцем подпевать,
Только бы струилась легкая прохлада,
Только б не сгибалась молодая стать.

Выйду за дорогу, выйду под откосы –
Сколько там нарядных мужиков и баб!
Что-то шепчут грабли, что-то свищут косы...
«Эй, поэт, послушай, слаб ты иль не слаб?

На земле милее. Полно плавать в небо.
Как ты любишь долы, так бы труд любил.
Ты ли деревенским, ты ль крестьянским не был?
Размахнись косою, покажи свой пыл».

Ах, перо – не грабли, ах, коса – не ручка –
Но косой выводят строчки хоть куда.
Под весенним солнцем, под весенней тучкой
Их читают люди всякие года.

К черту я снимаю свой костюм английский.
Что же, дайте косу, я вам покажу –
Я ли вам не свойский, я ли вам не близкий,
Памятью деревни я ль не дорожу?

Нипочем мне ямы, нипочем мне кочки.
Хорошо косою в утренний туман

Выводить по долам травяные строчки,
Чтобы их читали лошадь и баран.

В этих строчках – песня, в этих строчках – слово.
Потому и рад я в думах ни о ком,
Что читать их может каждая корова,
Отдавая плату теплым молоком.

18 июля 1925

* * *

Гори, звезда моя, не падай.
Роняй холодные лучи.
Ведь за кладбищенской оградой
Живое сердце не стучит.

Ты светишь августом и рожью
И наполняешь тишь полей
Такой рыдалистою дрожью
Неотлетевших журавлей.

И, голову вздымая выше,
Не то за рощей — за холмом
Я снова чью-то песню слышу
Про отчий край и отчий дом.

И золотеющая осень,
В березах убавляя сок,
За всех, кого любил и бросил,
Листвою плачет на песок.

Я знаю, знаю. Скоро, скоро
Ни по моей, ни чьей вине
Под низким траурным забором
Лежать придется так же мне.

Погаснет ласковое пламя,
И сердце превратится в прах.
Друзья поставят серый камень
С веселой надписью в стихах.

Но, погребальной грусти внемля,
Я для себя сложил бы так:
Любил он родину и землю,
Как любит пьяница кабак.

17 августа 1925

* * *

Жизнь – обман с чарующей тоскою,
Оттого так и сильна она,
Что своею грубою рукою
Роковые пишет письмена.

Я всегда, когда глаза закрою,
Говорю: «Лишь сердце потревожь,
Жизнь – обман, но и она порою
Украшает радостями ложь.

Обратись лицом к седому небу,
По луне гадая о судьбе,
Успокойся, смертный, и не требуй
Правды той, что не нужна тебе».

Хорошо в черемуховой вьюге
Думать так, что эта жизнь – стезя.
Пусть обманут легкие подруги,
Пусть изменят легкие друзья.

Пусть меня ласкают нежным словом,
Пусть острее бритвы злой язык, –
Я живу давно на все готовым,
Ко всему безжалостно привык.

Холодят мне душу эти выси,
Нет тепла от звездного огня.
Те, кого любил я, отреклися,
Кем я жил – забыли про меня.

Но и все ж, теснимый и гонимый,
Я, смотря с улыбкой на зарю,
На земле, мне близкой и любимой,
Эту жизнь за все благодарю.

17 августа 1925

* * *

Листья падают, листья падают.
Стонет ветер,
Протяжен и глух.
Кто же сердце порадует?
Кто его успокоит, мой друг?

С отягченными веками
Я смотрю и смотрю на луну.
Вот опять петухи кукарекнули
В обосененную тишину.

Предрассветное. Синее. Раннее.
И летающих звезд благодать.
Загадать бы какое желание,
Да не знаю, чего пожелать.

Что желать под житейскою ношею,
Проклиная удел свой и дом?
Я хотел бы теперь хорошую
Видеть девушку под окном.

Чтоб с глазами она васильковыми
Только мне –
Не кому-нибудь –
И словами и чувствами новыми
Успокоила сердце и грудь.

Чтоб под этою белою лунностью,
Принимая счастливый удел,
Я над песней не таял, не млел
И с чужою веселою юностью
О своей никогда не жалел.

Август 1925

* * *

Над окошком месяц. Под окошком ветер.
Облетевший тополь серебрист и светел.

Дальний плач тальянки, голос одинокий –
И такой родимый, и такой далекий.

Плачет и смеется песня лиховая.
Где ты, моя липа? Липа вековая?

Я и сам когда-то в праздник спозаранку
Выходил к любимой, развернув тальянку.

А теперь я милой ничего не значу.
Под чужую песню и смеюсь и плачу.

Август 1925

* * *

Сыпь, тальянка, звонко, сыпь, тальянка, смело!
Вспомнить, что ли, юность, ту, что пролетела?
Не шуми, осина, не пыли, дорога.
Пусть несется песня к милой до порога.

Пусть она услышит, пусть она поплачет,
Ей чужая юность ничего не значит.
Ну а если значит – проживет не мучась.
Где ты, моя радость? Где ты, моя участь?

Лейся, песня, пуще, лейся, песня, звяньше.
Все равно не будет то, что было раньше.
За былую силу, гордость и осанку
Только и осталась песня под тальянку.

8 сентября 1925

* * *

Сестре Шуре

Я красивых таких не видел,
Только, знаешь, в душе затаю
Не в плохой, а в хорошей обиде –
Повторяешь ты юность мою.

Ты мое васильковое слово,
Я навеки люблю тебя.
Как живет теперь наша корова,
Грусть соломенную теребя?

Запоешь ты, а мне любимо,
Исцеляй меня детским сном.
Отгорела ли наша рябина,
Осыпаясь под белым окном?

Что поет теперь мать за куделью?
Я навеки покинул село,
Только знаю – багряной метелью
Нам листвы на крыльцо намело.

Знаю то, что о нас с тобой вместе
Вместо ласки и вместо слез
У ворот, как о сгибшей невесте,
Тихо воет покинутый пес.

Но и все ж возвращаться не надо,
Потому и достался не в срок,
Как любовь, как печаль и отрада,
Твой красивый рязанский платок.

13 сентября 1925

* * *

Сестре Шуре

Ах, как много на свете кошек,
Нам с тобой их не счесть никогда.
Сердцу снится душистый горошек,
И звенит голубая звезда.

Наяву ли, в бреду иль спросонок,
Только помню с далекого дня –
На лежанке мурлыкал котенок,
Безразлично смотря на меня.

Я еще тогда был ребенок,
Но под бабкину песню вскок
Он бросался, как юный тигренок,
На оброненный ею клубок.

Все прошло. Потерял я бабку,
А еще через несколько лет
Из кота того сделали шапку,
А ее износил наш дед.

13 сентября 1925

* * *

Сестре Шуре

В этом мире я только прохожий,
Ты махни мне веселой рукой.
У осеннего месяца тоже
Свет ласкающий, тихий такой.

В первый раз я от месяца греюсь,
В первый раз от прохлады согрет,
И опять и живу и надеюсь
На любовь, которой уж нет.

Это сделала наша равнинность,
Посоленная белью песка,
И измятая чья-то невинность,
И кому-то родная тоска.

Потому и навеки не скрою,
Что любить не отдельно, не врозь –
Нам одною любовью с тобою
Эту родину привелось.

13 сентября 1925

* * *

Сестре Шуре

Ты запой мне ту песню, что прежде
Напевала нам старая мать,
Не жалея о сгибшей надежде,
Я сумею тебе подпевать.

Я ведь знаю, и мне знакомо,
Потому и волнуй и тревожь,
Будто я из родимого дома
Слышу в голосе нежную дрожь.

Ты мне пой, ну, а я с такою,
Вот с такою же песней, как ты,
Лишь немного глаза прикрою,
Вижу вновь дорогие черты.

Ты мне пой, ведь моя отрада –
Что вовек я любил не один
И калитку осеннего сада,
И опавшие листья с рябин.

Ты мне пой, ну, а я припомню
И не буду забывчиво хмур:
Так приятно и так легко мне
Видеть мать и тоскующих кур.

Я навек за туманы и росы
Полюбил у березки стан,
И ее золотистые косы,
И холщовый ее сарафан.

Потому так и сердцу не жестко –
Мне за песнею и за вином
Показалась ты той березкой,
Что стоит под родимым окном.

13 сентября 1925

* * *

Эх вы, сани! А кони, кони!
Видно, черт их на землю принес.
В залихватском степном разгоне
Колокольчик хохочет до слез.

Ни луны, ни собачьего лая
В далеке, в стороне, в пустыре.
Поддержись, моя жизнь удалая,
Я еще не навек постарел.

Пой, ямщик, вперекор этой ночи,
Хочешь, сам я тебе подпою
Про лукавые девичьи очи,
Про веселую юность мою.

Эх, бывало, заломишь шапку,
Да заложишь в оглобли коня,
Да приляжешь на сена охапку, –
Вспоминай лишь, как звали меня.

И откуда бралась осанка,
А в полуночную тишину
Разговорчивая тальянка
Уговаривала не одну.

Все прошло. Поредел мой волос.
Конь издох, опустел наш двор.
Потеряла тальянка голос,
Разучившись вести разговор.

Но и все же душа не остыла,
Так приятны мне снег и мороз,
Потому что над всем, что было,
Колокольчик хохочет до слез.

19 сентября 1925

* * *

Мелколесье. Степь и дали.
Свет луны во все концы.
Вот опять вдруг зарыдали
Разливные бубенцы.

Непроглядная дорога,
Да любимая навек,
По которой ездил много
Всякий русский человек.

Эх вы, сани! Что за сани!
Звоны мерзлые осин.
У меня отец – крестьянин,
Ну, а я крестьянский сын.

Наплевать мне на известность
И на то, что я поэт.
Эту чахленькую местность
Не видал я много лет.

Тот, кто видел хоть однажды
Этот край и эту гладь,
Тот почти березке каждой
Ножку рад поцеловать.

Как же мне не прослезиться,
Если с венкой в стынь и звень
Будет рядом веселиться
Юность русских деревень.

Эх, гармошка, смерть-отрава,
Знать, с того под этот вой
Не одна лихая слава
Пропадала трын-травой.

21/22 октября 1925

* * *

Снежная замять дробится и колется,
Сверху озябшая светит луна.
Снова я вижу родную околицу,
Через метель огонек у окна.

Все мы бездомники, много ли нужно нам.
То, что далось мне, про то и пою.
Вот я опять за родительским ужином,
Снова я вижу старушку мою.

Смотрит, а очи слезятся, слезятся,
Тихо, безмолвно, как будто без мук.
Хочет за чайную чашку взяться –
Чайная чашка скользит из рук.

Милая, добрая, старая, нежная,
С думами грустными ты не дружись,
Слушай, под эту гармонику снежную
Я расскажу про свою тебе жизнь.

Много я видел, и много я странствовал,
Много любил я и много страдал,
И оттого хулиганил и пьянствовал,
Что лучше тебя никого не видал.

Вот и опять у лежанки я греюсь,
Сбросил ботинки, пиджак свой раздел.
Снова я ожил и снова надеюсь
Так же, как в детстве, на лучший удел.

А за окном под метельные всхлипы,
В диком и шумном метельном чаду,
Кажется мне — осыпаются липы,
Белые липы в нашем саду.

20 сентября 1925

* * *

Синий туман. Снеговое раздолье,
Тонкий лимонный лунный свет.
Сердцу приятно с тихою болью
Что-нибудь вспомнить из ранних лет.

Снег у крыльца как песок зыбучий.
Вот при такой же луне без слов,
Шапку из кошки на лоб нахлобучив,
Тайно покинул я отчий кров.

Снова вернулся я в край родимый.
Кто меня помнит? Кто позабыл?
Грустно стою я, как странник гонимый,
Старый хозяин своей избы.

Молча я комкаю новую шапку,
Не по душе мне соболий мех.
Вспомнил я дедушку, вспомнил я бабку,
Вспомнил кладбищенский рыхлый снег.

Все успокоились, все там будем,
Как в этой жизни радей не радей, –
Вот почему так тянусь я к людям,
Вот почему так люблю людей.

Вот отчего я чуть-чуть не заплакал
И, улыбаясь, душой погас, –
Эту избу на крыльце с собакой
Словно я вижу в последний раз.

24 сентября 1925

Песня

Есть одна хорошая песня у соловушки —
Песня панихидная по моей головушке.

Цвела — забубенная, росла — ножевая,
А теперь вдруг свесилась, словно неживая.

Думы мои, думы! Боль в висках и темени.
Промотал я молодость без поры, без времени.

Как случилось-сталось, сам не понимаю,
Ночью жесткую подушку к сердцу прижимаю.

Лейся, песня звонкая, вылей трель унылую,
В темноте мне кажется — обнимаю милую.

За окном гармоника и сиянье месяца.
Только знаю — милая никогда не встретится.

Эх, любовь-калинушка, кровь — заря вишневая,
Как гитара старая и как песня новая.

С теми же улыбками, радостью и муками,
Что певалось дедами, то поется внуками.

Пейте, пойте в юности, бейте в жизнь без промаха —
Все равно любимая отцветет черемухой.

Я отцвел, не знаю где. В пьянстве, что ли?
В славе ли?
В молодости нравился, а теперь оставили.

Потому хорошая песня у соловушки,
Песня панихидная по моей головушке.

Цвела – забубенная, была – ножевая,
А теперь вдруг свесилась, словно неживая.

1925

* * *

Я помню, любимая, помню,
Сиянье твоих волос...
Не радостно и не легко мне
Покинуть тебя привелось.

Я помню осенние ночи,
Березовый шорох теней...
Пусть дни тогда были короче,
Луна нам светила длинней.

Я помню, ты мне говорила:
«Пройдут голубые года,
И ты позабудешь, мой милый,
С другою меня навсегда».

Сегодня цветущая липа
Напомнила чувствам опять,
Как нежно тогда я сыпал
Цветы на кудрявую прядь.

И сердце, остыть не готовясь
И грустно другую любя,
Как будто любимую повесть
С другой вспоминает тебя.

<1925>

Собаке Качалова

Дай, Джим, на счастье лапу мне,
Такую лапу не видал я сроду.
Давай с тобой полаем при луне
На тихую, бесшумную погоду.
Дай, Джим, на счастье лапу мне.

Пожалуйста, голубчик, не лижись.
Пойми со мной хоть самое простое.
Ведь ты не знаешь, что такое жизнь,
Не знаешь ты, что жить на свете стоит.

Хозяин твой и мил и знаменит,
И у него гостей бывает в доме много,
И каждый, улыбаясь, норовит
Тебя по шерсти бархатной потрогать.

Ты по-собачьи дьявольски красив,
С такою милою доверчивой приятцей.
И, никого ни капли не спросив,
Как пьяный друг, ты лезешь целоваться.

Мой милый Джим, среди твоих гостей
Так много всяких и невсяких было.
Но та, что всех безмолвней и грустней,
Сюда случайно вдруг не заходила?

Она придет, даю тебе поруку.
И без меня, в ее уставясь взгляд,
Ты за меня лизни ей нежно руку
За все, в чем был и не был виноват.

1925

* * *

Ну, целуй меня, целуй,
Хоть до крови, хоть до боли,
Не в ладу с холодной волей
Кипяток сердечных струй.

Опрокинутая кружка
Средь веселых не для нас.
Понимай, моя подружка,
На земле живут лишь раз!

Оглядись спокойным взором,
Посмотри: во мгле сырой
Месяц, словно желтый ворон,
Кружит, вьется над землей.

Ну, целуй же! Так хочу я.
Песню тлен пропел и мне.
Видно, смерть мою почуял
Тот, кто вьется в вышине.

Увядающая сила!
Умирать так умирать!
До кончины губы милой
Я хотел бы целовать.

Чтоб все время в синих дремах,
Не стыдясь и не тая,
В нежном шелесте черемух
Раздавалось: «Я твоя».

И чтоб свет над полной кружкой
Легкой пеной не погас –
Пей и пой, моя подружка:
На земле живут лишь раз!

1925

* * *

Слышишь – мчатся сани, слышишь – сани мчатся.
Хорошо с любимой в поле затеряться.

Ветерок веселый робок и застенчив,
По равнине голой катится бубенчик.

Эх вы, сани, сани! Конь ты мой буланый!
Где-то на поляне клен танцует пьяный.

Мы к нему подъедем, спросим – что такое?
И станцуем вместе под тальянку трое.

3 октября 1925

* * *

Голубая кофта. Синие глаза.
Никакой я правды милой не сказал.

Милая спросила: «Крутит ли метель?
Затопить бы печку, постелить постель».

Я ответил милой: «Нынче с высоты
Кто-то осыпает белые цветы.

Затопи ты печку, постели постель,
У меня на сердце без тебя метель».

3 октября 1925

* * *

Снежная замять крутит бойко,
По полю мчится чужая тройка.

Мчится на тройке чужая младость.
Где мое счастье? Где моя радость?

Все укатилось под вихрем бойким
Вот на такой же бешеной тройке.

4/5 октября 1925

* * *

Плачет метель, как цыганская скрипка.
Милая девушка, злая улыбка,
Я ль не робею от синего взгляда?
Много мне нужно и много не надо.

Так мы далеки и так не схожи –
Ты молодая, а я все прожил.
Юношам счастье, а мне лишь память
Снежною ночью в лихую замять.

Я не заласкан – буря мне скрипка.
Сердце метелит твоя улыбка.

4/5 октября 1925

* * *

Вечером синим, вечером лунным
Был я когда-то красивым и юным.

Неудержимо, неповторимо
Все пролетело... далече... мимо...

Сердце остыло, выцвели очи...
Синее счастье! Лунные ночи!

4/5 октября 1925

* * *

Не криви улыбку, руки теребя, –
Я люблю другую, только не тебя.

Ты сама ведь знаешь, знаешь хорошо –
Не тебя я вижу, не к тебе пришел.

Проходил я мимо, сердцу все равно –
Просто захотелось заглянуть в окно.

4/5 октября 1925

* * *

Снежная равнина, белая луна,
Саваном покрыта наша сторона.
И березы в белом плачут по лесам.
Кто погиб здесь? Умер? Уж не я ли сам?

4/5 октября 1925

* * *

Сочинитель бедный, это ты ли
Сочиняешь песни о луне?
Уж давно глаза мои остыли
На любви, на картах и вине.

Ах, луна влезает через раму,
Свет такой, хоть выколи глаза...
Ставил я на пиковую даму,
А сыграл бубнового туза.

4/5 октября 1925

* * *

Свищет ветер, серебряный ветер,
В шелковом шелесте снежного шума.
В первый раз я в себе заметил,
Так я еще никогда не думал.

Пусть на окошках гнилая сырость,
Я не жалею, я не печален.
Мне все равно эта жизнь полюбилась,
Так полюбилась, как будто вначале.

Взглянет ли женщина с тихой улыбкой –
Я уж взволнован. Какие плечи!
Тройка ль проскачет дорогой зыбкой –
Я уже в ней и скачу далече.

О, мое счастье и все удачи!
Счастье людское землей любимо.
Тот, кто хоть раз на земле заплачет, –
Значит, удача промчалась мимо.

Жить нужно легче, жить нужно проще,
Все принимая, что есть на свете.
Вот почему, обалдев, над рощей
Свищет ветер, серебряный ветер.

14 октября 1925

* * *

Цветы мне говорят – прощай,
Головками склоняясь ниже,
Что я навеки не увижу
Ее лицо и отчий край.

Любимая, ну что ж! Ну что ж!
Я видел их и видел землю,
И эту гробовую дрожь
Как ласку новую приемлю.

И потому, что я постиг
Всю жизнь, пройдя с улыбкой мимо, –
Я говорю на каждый миг,
Что все на свете повторимо.

Не все ль равно – придет другой,
Печаль ушедшего не сгложет,
Оставленной и дорогой
Пришедший лучше песню сложит.

И, песне внемля в тишине,
Любимая с другим любимым,
Быть может, вспомнит обо мне
Как о цветке неповторимом.

27 октября 1925

* * *

Кто я? Что я? Только лишь мечтатель,
Перстень счастья ищущий во мгле,
Эту жизнь живу я словно кстати,
Заодно с другими на земле.

И с тобой целуюсь по привычке,
Потому что многих целовал,
И, как будто зажигая спички,
Говорю любовные слова.

«Дорогая», «милая», «навеки»,
А в уме всегда одно и то ж,
Если тронуть страсти в человеке,
То, конечно, правды не найдешь.

Оттого душе моей не жестко
Ни желать, ни требовать огня,
Ты, моя ходячая березка,
Создана для многих и меня.

Но, всегда ища себе родную
И томясь в неласковом плену,
Я тебя нисколько не ревную,
Я тебя нисколько не кляну.

Кто я? Что я? Только лишь мечтатель,
Синь очей утративший во мгле,
И тебя любил я только кстати,
Заодно с другими на земле.

<1925>

* * *

Клен ты мой опавший, клен заледенелый,
Что стоишь нагнувшись под метелью белой?

Или что увидел? Или что услышал?
Словно за деревню погулять ты вышел.

И, как пьяный сторож, выйдя на дорогу,
Утонул в сугробе, приморозил ногу.

Ах, и сам я нынче чтой-то стал нестойкий,
Не дойду до дома с дружеской попойки.

Там вон встретил вербу, там сосну приметил,
Распевал им песни под метель о лете.

Сам себе казался я таким же кленом,
Только не опавшим, а вовсю зеленым.

И, утратив скромность, одуревши в доску,
Как жену чужую, обнимал березку.

28 ноября 1925

* * *

Какая ночь! Я не могу...
Не спится мне. Такая лунность!
Еще как будто берегу
В душе утраченную юность.

Подруга охладевших лет,
Не называй игру любовью.
Пусть лучше этот лунный свет
Ко мне струится к изголовью.

Пусть искаженные черты
Он обрисовывает смело, —
Ведь разлюбить не сможешь ты,
Как полюбить ты не сумела.

Любить лишь можно только раз.
Вот оттого ты мне чужая,
Что липы тщетно манят нас,
В сугробы ноги погружая.

Ведь знаю я и знаешь ты,
Что в этот отсвет лунный, синий
На этих липах не цветы —
На этих липах снег да иней.

Что отлюбили мы давно,
Ты — не меня, а я — другую,
И нам обоим все равно
Играть в любовь недорогую.

Но все ж ласкай и обнимай
В лукавой страсти поцелуя,
Пусть сердцу вечно снится май
И та, что навсегда люблю я.

30 ноября 1925

* * *

Не гляди на меня с упреком,
Я презренья к тебе не таю,
Но люблю я твой взор с поволокой
И лукавую кротость твою.

Да, ты кажешься мне распростертой,
И, пожалуй, увидеть я рад,
Как лиса, притворившись мертвой,
Ловит воронов и воронят.

Ну и что же, лови, я не струшу,
Только как бы твой пыл не погас,
На мою охладевшую душу
Натыкались такие не раз.

Не тебя я люблю, дорогая,
Ты – лишь отзвук, лишь только тень.
Мне в лице твоем снится другая,
У которой глаза – голубень.

Пусть она и не выглядит кроткой
И, пожалуй, на вид холодна,
Но она величавой походкой
Всколыхнула мне душу до дна.

Вот такую едва ль отуманишь,
И не хочешь пойти, да пойдешь,
Ну, а ты даже в сердце не вранишь
Напоенную ласкою ложь.

Но и все же, тебя презирая,
Я смущенно откроюсь навек:
Если б не было ада и рая,
Их бы выдумал сам человек.

1 декабря 1925

* * *

Ты меня не любишь, не жалеешь,
Разве я немного не красив?
Не смотря в лицо, от страсти млеешь,
Мне на плечи руки опустив.

Молодая, с чувственным оскалом,
Я с тобой не нежен и не груб.
Расскажи мне, скольких ты ласкала?
Сколько рук ты помнишь? Сколько губ?

Знаю я – они прошли, как тени,
Не коснувшись твоего огня,
Многим ты садилась на колени,
А теперь сидишь вот у меня.

Пусть твои полузакрыты очи,
И ты думаешь о ком-нибудь другом,
Я ведь сам люблю тебя не очень,
Утопая в дальнем дорогом.

Этот пыл не называй судьбою,
Легкодумна вспыльчивая связь, –
Как случайно встретился с тобою,
Улыбнусь, спокойно разойдясь.

Да и ты пойдешь своей дорогой
Распылять безрадостные дни,
Только нецелованных не трогай,
Только негоревших не мани.

И когда с другим по переулку
Ты пройдешь, болтая про любовь,

Может быть, я выйду на прогулку,
И с тобою встретимся мы вновь.

Отвернув к другому ближе плечи
И немного наклонившись вниз,
Ты мне скажешь тихо: «Добрый вечер...»
Я отвечу: «Добрый вечер, miss».

И ничто души не потревожит,
И ничто ее не бросит в дрожь, —
Кто любил, уж тот любить не может,
Кто сгорел, того не подожжешь.

4 декабря 1925

* * *

Может, поздно, может, слишком рано,
И о чем не думал много лет,
Походить я стал на Дон-Жуана,
Как заправский ветреный поэт.

Что случилось? Что со мною сталось?
Каждый день я у других колен.
Каждый день к себе теряю жалость,
Не смиряясь с горечью измен.

Я всегда хотел, чтоб сердце меньше
Билось в чувствах нежных и простых,
Что ж ищу в очах я этих женщин –
Легкодумных, лживых и пустых?

Удержи меня, мое презренье,
Я всегда отмечен был тобой.
На душе холодное кипенье
И сирени шелест голубой.

На душе – лимонный свет заката,
И все то же слышно сквозь туман, –
За свободу в чувствах есть расплата,
Принимай же вызов, Дон-Жуан!

И, спокойно вызов принимая,
Вижу я, что мне одно и то ж –
Чтить метель за синий цветень мая,
Звать любовью чувственную дрожь.

Так случилось, так со мною сталось,
И с того у многих я колен,
Чтобы вечно счастье улыбалось,
Не смиряясь с горечью измен.

13 декабря 1925

* * *

До свиданья, друг мой, до свиданья.
Милый мой, ты у меня в груди.
Предназначенное расставанье
Обещает встречу впереди.

До свиданья, друг мой, без руки, без слова,
Не грусти и не печаль бровей, –
В этой жизни умирать не ново,
Но и жить, конечно, не новей.

1925

Стихотворения 1910–1925, не включенные С.А. Есениным в основное собрание

Поэт

Он бледен. Мыслит страшный путь.
В его душе живут виденья.
Ударом жизни вбита грудь,
А щеки выпили сомненья.

Клоками сбиты волоса,
Чело высокое в морщинах,
Но ясных грез его краса
Горит в продуманных картинах.

Сидит он в тесном чердаке,
Огарок свечки режет взоры,
А карандаш в его руке
Ведет с ним тайно разговоры.

Он пишет песню грустных дум,
Он ловит сердцем тень былого.
И этот шум, душевный шум...
Снесет он завтра за целковый.

<1910–1912>

И.Д. Рудинскому

Солнца луч золотой
Бросил искру свою
И своей теплотой
Согрел душу мою.

И надежда в груди
Затаилась моей;
Что-то жду впереди
От грядущих я дней.

Оживило тепло,
Озарил меня свет.
Я забыл, что прошло
И чего во мне нет.

Загорелася кровь
Жарче дня и огня.
И светло и тепло
На душе у меня.

Чувства полны добра.
Сердце бьется сильней.
Оживил меня луч
Теплотою своей.

Я с любовью иду
На указанный путь,
И от мук и тревог
Не волнуется грудь.

<1911>

Звезды

Звездочки ясные, звезды высокие!
Что вы храните в себе, что скрываете?
Звезды, таящие мысли глубокие,
Силой какою вы душу пленяете?

Частые звездочки, звездочки тесные!
Что в вас прекрасного, что в вас могучего?
Чем увлекаете, звезды небесные,
Силу великую знания жгучего?

И почему так, когда вы сияете,
Маните в небо, в объятья широкие?
Смотрите нежно так, сердце ласкаете,
Звезды небесные, звезды далекие!

<1911–1912>

Воспоминание

За окном, у ворот
Вьюга завывает,
А на печке старик
Юность вспоминает.

«Эх, была-де пора,
Жил, тоски не зная,
Лишь кутил да гулял,
Песни распевая.

А теперь, что за жизнь?
В тоске изнываю
И порой о тех днях
С грустью вспоминаю.

Погулял на веку,
Говорят, довольно.
Размахнуть старину
Не дают раздолья.

Полно, дескать, старик,
Не дури ты много,
Твой конец не велик,
Жизнь твоя у гроба.

Ну и что ж, покорюсь, –
Видно, моя доля.
Придет им тоже час
Старческого горя».

За окном, у ворот
Вьюга завывает,
А на печке старик
С грустью засыпает.

<1911–1912>

Моя жизнь

Будто жизнь на страданья моя обречёна;
Горе вместе с тоской заградили мне путь;
Будто с радостью жизнь навсегда разлучёна,
От тоски и от ран истомилася грудь.

Будто в жизни мне выпал страданья удел;
Незавидная мне в жизни выпала доля.
Уж и так в жизни много всего я терпел,
Изнывает душа от тоски и от горя.

Даль туманная радость и счастье сулит,
А дойду – только слышатся вздохи да слезы,
Вдруг наступит гроза, сильный гром загремит
И разрушит волшебные, сладкие грезы.

Догадался и понял я жизни обман,
Не ропщу на свою незавидную долю.
Не страдает душа от тоски и от ран,
Не поможет никто ни страданьям, ни горю.

<1911–1912>

Что прошло – не вернуть

Не вернуть мне ту точку прохладную,
Не видать мне подруги своей,
Не слыхать мне ту песню отрадную,
Что в саду распевал соловей!

Унеслася та ночка весенняя,
Ей не скажешь: «Вернись, подожди».
Наступила погода осенняя,
Бесконечные льются дожди.

Крепким сном спит в могиле подруга,
Схороня в своем сердце любовь.
Не разбудит осенняя вьюга
Крепкий сон, не взволнует и кровь.

И замолкла та песнь соловьиная,
За моря соловей улетел,
Не звучит уже более, сильная,
Что он ночкой прохладною пел.

Пролетели и радости милые,
Что испытывал в жизни тогда.
На душе уже чувства остылые.
Что прошло – не вернуть никогда.

<1911–1912>

Ночь

Тихо дремлет река.
Темный бор не шумит.
Соловей не поет,
И дергач не кричит.

Ночь. Вокруг тишина.
Ручеек лишь журчит.
Своим блеском луна
Все вокруг серебрит.

Серебрится река.
Серебрится ручей.
Серебрится трава
Орошенных степей.

Ночь. Вокруг тишина.
В природе все спит.
Своим блеском луна
Все вокруг серебрит.

<1911–1912>

Восход солнца

Загорелась зорька красная
В небе темно-голубом,
Полоса явилась ясная
В своем блеске золотом.

Лучи солнышка высоко
Отразили в небе свет.
И рассыпались далеко
От них новые в ответ.

Лучи ярко-золотые
Осветили землю вдруг.
Небеса уж голубые
Расстилаются вокруг.

<1911–1912>

К покойнику

Уж крышку туго закрывают,
Чтоб ты не мог навеки встать,
Землей холодной зарывают,
Где лишь бесчувственные спят.

Ты будешь нем на зов наш зычный,
Когда сюда к тебе придем.
И вместе с тем рукой привычной
Тебе венков мы накладем.

Венки те красотою будут,
Могила будет в них сиять.
Друзья тебя не позабудут
И будут часто вспоминать.

Покойся с миром, друг наш милый,
И ожидай ты нас к себе.
Мы перетерпим горе с силой,
Быть может, скоро и придем к тебе.

<1911–1912>

Зима

Вот уж осень улетела,
И примчалася зима.
Как на крыльях, прилетела
Невидимо вдруг она.

Вот морозы затрещали
И сковали все пруды.
И мальчишки закричали
Ей «спасибо» за труды.

Вот появилися узоры
На стеклах дивной красоты.
Все устремили свои взоры,
Глядя на это. С высоты

Снег падает, мелькает, вьется,
Ложится белой пеленой.
Вот солнце в облаках мигает,
И иней на снегу сверкает.

<1911–1912>

Песня старика разбойника

Угасла молодость моя,
Краса в лице завяла,
И удали уж прежней нет,
И силы – не бывало.

Бывало, пятерых сшибал
Я с ног своей дубиной,
Теперь же хил и стар я стал
И плачуся судьбиной.

Бывало, песни распевал
С утра до темной ночи,
Теперь тоска меня сосет
И грусть мне сердце точит.

Когда-то я ведь был удал,
Разбойничал и грабил,
Теперь же хил и стар я стал.
Все прежнее оставил.

<1911–1912>

Больные думы

* * *

Нет сил ни петь и ни рыдать,
Минуты горькие бывают,
Готов все чувства изливать,
И звуки сами набегают.

* * *

Я ль виноват, что я поэт
Тяжелых мук и горькой доли,
Не по своей же стал я воле –
Таким уж родился на свет.

Я ль виноват, что жизнь мне не мила,
И что я всех люблю и вместе ненавижу,
И знаю о себе, чего еще не вижу,
Ведь этот дар мне муза принесла.

Я знаю – в жизни счастья нет,
Она есть бред, мечта души больной.
И знаю – скучен всем напев унылый мой,
Но я не виноват – такой уж я поэт.

Думы

Думы печальные, думы глубокие,
Горькие думы, думы тяжелые,
Думы от счастия вечно далекие,
Спутники жизни моей невеселые!

Думы — родители звуков мучения,
Думы несчастные, думы холодные,
Думы — источники слез огорчения,
Вольные думы, думы свободные!

Что вы терзаете грудь истомленную,
Что заграждаете путь вы мне мой?
Что возбуждаете силу сломленную
Вновь на борьбу с непроглядною тьмой?

Не поддержать вам костра догоревшего,
Искры потухшие... Поздно, бесплодные,
Не исцелить сердца вам наболевшего,
Думы больные, без жизни, холодные!

Звуки печали

Скучные песни, грустные звуки,
Дайте свободно вздохнуть.
Вы мне приносите тяжкие муки,
Больно терзаете грудь.

Дайте отрады, дайте покоя,
Дайте мне крепко заснуть.
Думы за думами смутного роя,
Вы мне разбили мой путь.

Смолкните, звуки – вестники горя,
Слезы уж льются из глаз.
Пусть успокоится горькая доля,
Звуки! Мне грустно от вас!

Звуки печали, скорбные звуки,
Долго ль меня вам томить?
Скоро ли кончатся тяжкие муки,
Скоро ль спокойно мне жить?

Слезы

Слезы... опять эти горькие слезы,
Безотрадная грусть и печаль;
Снова мрак... и разбитые грезы
Унеслись в бесконечную даль.

Что же дальше... Опять эти муки?
Нет, довольно... Пора отдохнуть
И забыть эти грустные звуки,
Уж и так истомилася грудь.

Кто поет там под сенью березы?
Звуки будто знакомые мне —
Это слезы опять... Это слезы
И тоска по родной стороне.

Но ведь я же на родине милой,
А в слезах истомил свою грудь.
Эх... лишь, видно, в холодной могиле
Я забыться могу и заснуть.

* * *

Не видать за туманною далью,
Что там будет со мной впереди,
Что там... счастье, иль веет печалью,
Или отдых для бедной груди.

Или это седые туманы
Снова будут печалить меня,
Наносить сердцу скорбные раны
И опять снова жечь без огня.

Но сквозь сумрак в туманной дали
Загорается, вижу, заря –
Это смерть для печальной земли,
Это смерть, но покой для меня.

Вьюга на 26 апреля 1912 г.

Что тебе надобно, вьюга,
Ты у окна завываешь,
Сердце больное тревожишь,
Грусть и печаль вызываешь.

Прочь уходи поскорее,
Дай мне забыться немного,
Или не слышишь – я плачу,
Каюсь в грехах перед Богом.

Дай мне с горячей молитвой
Слиться душою и силой.
Ведь я истратился духом,
Скоро сокроюсь могилой.

Пой ты тогда надо мною,
Только сейчас удалися,
Или за грешную душу
Вместе со мной помолися.

Пребывание в школе

Душно мне в этих холодных стенах,
Сырость и мрак без просвета.
Плесенью пахнет в печальных углах –
Вот она, доля поэта.

Видно, навек осужден я влачить
Эти судьбы приговоры,
Горькие слезы безропотно лить,
Ими томить свои взоры.

Нет, уж лучше тогда поскорей
Пусть я иду до могилы,
Только там я могу, и лишь в ней,
Залечить все разбитые силы.

Только там я могу отдохнуть,
Позабыть эти тяжкие муки,
Только лишь там не волнуется грудь
И не слышны печальные звуки.

Далекая веселая песня

Далеко-далеко от меня
Кто-то весело песню поет.
И хотел бы провтóрить ей я,
Да разбитая грудь не дает.

Тщетно рвется душа до нее,
Ищет звуков подобных в груди,
Потому что вся сила моя
Истощилась еще впереди.

Слишком рано я начал летать
За мечтой идеала земли,
Рано начал на счастье роптать,
Разбираясь в прожитой дали.

Рано пылкой душою своей
Я искал себе мрачного дня
И теперь не могу вторить ей,
Потому что нет сил у меня.

Мои мечты

Мои мечты стремятся вдаль,
Где слышны вопли и рыданья,
Чужую разделить печаль
И муки тяжкого страданья.

Я там могу найти себе
Отраду в жизни, упоенья,
И там, наперекор судьбе,
Искать я буду вдохновенья.

Брату человеку

Тяжело и прискорбно мне видеть,
Как мой брат погибает родной.
И стараюсь я всех ненавидеть,
Кто враждует с его тишиной.

Посмотри, как он трудится в поле,
Пашет твердую землю сохой,
И послушай ты песни про горе,
Что поет он, идя бороздой.

Или нет в тебе жалости нежной
Ко страдальцу сохи с бороной?
Видишь гибель ты сам неизбежной,
А проходишь его стороной.

Помоги же бороться с неволей,
Залитою вином, и с нуждой!
Иль не слышишь, он плачется долей
В своей песне, идя бороздой?

* * *

Я зажег свой костер,
Пламя вспыхнуло вдруг
И широкой волной
Разлилося вокруг.

И рассыпалась мгла
В беспредельную даль,
С отягченной груди
Отгоняя печаль.

Безнадежная грусть
В тихом треске углей
У костра моего
Стала песней моей.

И я весело так
На костер свой смотрел,
Вспоминаючи грусть,
Тихо песню запел.

Я опять подо мглой.
Мой костер догорел,
В нем лишь пепел с золой
От углей уцелел.

Снова грусть и тоска
Мою грудь облегли,
И печалью слегка
Веет вновь издали.

Чую — будет гроза,
Грудь заныла сильней,
И скатилась слеза
На остаток углей.

Деревенская избенка

Ветхая избенка
Горя и забот,
Часто плачет вьюга
У твоих ворот.

Часто раздаются
За твоей стеной
Жалобы на бедность,
Песни звук глухой.

Всё поют про горе,
Про тяжелый гнет,
Про нужду лихую
И голодный год.

Нет веселых песен
Во стенах твоих,
Потому что горе
Заглушает их.

Отойди от окна

Не ходи ты ко мне под окно
И зеленой травы не топчи,
Я тебя разлюбила давно,
Но не плачь, а спокойно молчи.

Я жалею тебя всей душою,
Что тебе до моей красоты?
Почему не даешь мне покою
И зачем так терзаешься ты?

Все равно я не буду твоею,
Я теперь не люблю никого,
Не люблю, но тебя я жалею,
Отойди от окна моего!

Позабудь, что была я твоею,
Что безумно любила тебя,
Я теперь не люблю, а жалею –
Отойди и не мучай себя.

Весенний вечер

Тихо струится река серебристая
В царстве вечернем зеленой весны.
Солнце садится за горы лесистые,
Рог золотой выплывает луны.

Запад подернулся лентою розовой,
Пахарь вернулся в избушку с полей,
И за дорогою в чаще березовой
Песню любви затянул соловей.

Слушает ласково песни глубокие
С запада розовой лентой заря.
С нежностью смотрит на звезды далекие
И улыбается небу земля.

* * *

И надо мной звезда горит,
Но тускло светится в тумане,
И мне широкий путь лежит,
Но он заросший весь в бурьяне.

И мне весь свет улыбки шлет,
Но только полные презренья,
И мне судьба привет несет,
Но слезы вместо утешенья.

<1912>

Ночь

Усталый день склонился к ночи,
Затихла шумная волна,
Погасло солнце, и над миром
Плывет задумчиво луна.
Долина тихая внимает
Журчанью мирного ручья.
И темный лес, склоняясь, дремлет
Под звуки песни соловья.
Внимая песням, с берегами,
Ласкаясь, шепчется река.
И тихо слышится над нею
Веселый шелест тростника.

<1910–1912>

Поэт

Горячо любимому другу Грише

Тот поэт, врагов кто губит,
Чья родная правда мать,
Кто людей, как братьев, любит
И готов за них страдать.
Он все сделает свободно,
Что другие не могли.
Он поэт, поэт народный,
Он поэт родной земли!

<1912>

Капли

Капли жемчужные, капли прекрасные,
Как хороши вы в лучах золотых,
И как печальны вы, капли ненастные,
Осенью черной на окнах сырых.

Люди, веселые в жизни забвения,
Как велики вы в глазах у других
И как вы жалки во мраке падения,
Нет утешенья вам в мире живых.

Капли осенние, сколько наводите
На душу грусти вы чувства тяжелого.
Тихо скользите по стеклам и бродите,
Точно как ищете что-то веселого.

Люди несчастные, жизнью убитые,
С болью в душе вы свой век доживаете.
Милое прошлое, вам не забытое,
Часто назад вы его призываете.

<1912>

* * *

Ты плакала в вечерней тишине,
И слезы горькие на землю упадали,
И было тяжело и так печально мне,
И все же мы друг друга не поняли.
Умчалась ты в далекие края,
И все мечты увянули без цвета,
И вновь опять один остался я
Страдать душой без ласки и привета.
И часто я вечернею порой
Хожу к местам заветного свиданья,
И вижу я в мечтах мне милый образ твой,
И слышу в тишине тоскливые рыданья.

<1912–1913>

* * *

Грустно... Душевные муки
Сердце терзают и рвут.
Времени скучные звуки
Мне и вздохнуть не дают.
Ляжешь, а горькая дума
Так и не сходит с ума,
Голову кружит от шума...
Как же мне быть? И сама
Моя изнывает душа.
Нет утешенья ни в ком.
Ходишь едва-то дыша.
Мрачно и дико кругом.
Доля, зачем ты дана?
Голову негде склонить.
Жизнь и горька и бедна.
Тяжко без счастия жить.

<1913>

У могилы

На память объ усопшем

В этой могиле под скромными ивами
Спит он, зарытый землей,
С чистой душой, со святыми порывами,
С верой зари огневой.
Тихо погасли огни благодатные
В сердце страдальца земли,
И на чело, никому не понятные,
Мрачные тени легли.
Спит он, а ивы над ним наклонилися,
Свесили ветви кругом,
Точно в раздумье они погрузилися,
Думают думы о нем.
Тихо от ветра, тоски напустившего,
Плачет, нахмурившись, даль.
Точно им всем безо времени сгибшего
Бедного юношу жаль.

<1913>

Село

(Из Тараса Шевченко)

Село! В душе моей покой.
Село в Украйне дорогой,
И, полный сказок и чудес,
Кругом села зеленый лес.
Цветут сады, белеют хаты,
А на горе стоят палаты,
И перед крашеным окном
В шелковых листьях тополя,
А там всё лес, и всё поля,
И степь, и горы за Днепром...
И в небе темно-голубом
Сам Бог витает над селом.

<1914>

* * *

Колокол дремавший
Разбудил поля,
Улыбнулась солнцу
Сонная земля.

Понеслись удары
К синим небесам,
Звонко раздается
Голос по лесам.

Скрылась за рекою
Белая луна,
Звонко побежала
Резвая волна.

Тихая долина
Отгоняет сон,
Где-то за дорогой
Замирает звон.

<1914>

Кузнец

Душно в кузнице угрюмой,
И тяжел несносный жар,
И от визга и от шума
В голове стоит угар.
К наковальне наклоняясь,
Машут руки кузнеца,
Сетью красной рассыпаясь,
Вьются искры у лица.
Взор отважный и суровый
Блещет радугой огней,
Словно взмах орла, готовый
Унестись за даль морей...
Куй, кузнец, рази ударом,
Пусть с лица струится пот.
Зажигай сердца пожаром,
Прочь от горя и невзгод!
Закали свои порывы,
Преврати порывы в сталь
И лети мечтой игривой
Ты в заоблачную даль.
Там вдали, за черной тучей,
За порогом хмурых дней,
Реет солнца блеск могучий
Над равнинами полей.
Тонут пастбища и нивы
В голубом сиянье дня,
И над пашнею счастливо
Созревают зеленя.

Взвейся к солнцу с новой силой,
Загорись в его лучах.
Прочь от робости постылой,
Сбрось скорей постыдный страх.

<1914>

Егорий

В синих далях плоскогорий,
В лентах облаков
Собирал святой Егорий
Белых волков.

«Ой ли, светы, <ратовой уж>
Слухайте мой сказ.
У меня в лихом изгой уж
Есть поклон до вас.

Все волчицы строят гнезда
В муромских лесах.
В их глазах застыли звезды
На ребячий страх.

И от тех ли серолобых
Ваш могучий род,
Как и вы, сгорает в злобах
Чужевой оплот.

Но недавно помирились
С русским мужиком.
Долго злились, долго бились
В пуще вы тайком.

Там с закатных поднебесий
Скачет враг – силен,
Как на эти ли полесья
Затаил полон.

Чую, выйдет лохманида –
Не ужиться вам,

Но уж черная планида
Машет по горам».

Громовень подняли волки:
«Мы ль трусовики!
Когти остры, зубы колки –
Разорвем в клоки!»

Собирались все огулом
Вырядить свой суд.
Грозным криком, дальним гулом
Замирал их гуд.

Как почуяли облаву,
Вышли на бугор.
«Ты веди нас на расправу,
Храбрый наш Егор!»

«Ладно, – молвил им Егорий, –
Я вас поведу
Меж далеких плоскогорий,
Укрочу беду».

Скачет всадник с длинной пикой,
Распугал всех сов.
И дрожит земля от крика
Волчьих голосов.

<1914>

Молитва матери

На краю деревни старая избушка,
Там перед иконой молится старушка.

Молитва старушки сына поминает,
Сын в краю далеком родину спасает.

Молится старушка, утирает слезы,
А в глазах усталых расцветают грезы.

Видит она поле, поле перед боем,
Где лежит убитым сын ее героем.

На груди широкой брызжет кровь, что пламя,
А в руках застывших вражеское знамя.

И от счастья с горем вся она застыла,
Голову седую на руки склонила.

И закрыли брови редкие сединки,
А из глаз, как бисер, сыплются слезинки.

Богатырский посвист

Грянул гром. Чашка неба расколота.
Разорвалися тучи тесные.
На подвесках из легкого золота
Закачались лампадки небесные.
Отворили ангелы окно высокое,
Видят – умирает тучка безглавая,
А с запада, как лента широкая,
Подымается заря кровавая.
Догадалися слуги божии,
Что недаром земля просыпается,
Видно, мол, немцы негожие
Войной на мужика подымаются.
Сказали ангелы солнышку:
«Разбуди поди мужика, красное,
Потрепи его за головушку,
Дескать, беда для тебя опасная».
Встал мужик, из ковша умывается,
Ласково беседует с домашней птицею,
Умывшись, в лапти наряжается
И достает сошники с палицею.
Думает мужик дорогой в кузницу:
«Проучу я харю поганую».
И на ходу со злобы тужится,
Скидает с плеч сермягу рваную.
Сделал кузнец мужику пику вострую,
И уселся мужик на клячу брыкучую.
Едет он дорогой пестрою,
Насвистывает песню могучую.
Выбирает мужик дорожку приметнее,
Едет, свистит, ухмыляется,

Видят немцы – задрожали дубы столетние,
На дубах от свиста листья валятся.
Побросали немцы шапки медные,
Испугались посвисту богатырского...
Правит Русь праздники победные,
Гудит земля от звона монастырского.

<1914>

Сиротка

(Русская сказка)

Маша – круглая сиротка.
Плохо, плохо Маше жить,
Злая мачеха сердито
Без вины ее бранит.

Неродимая сестрица
Маше место не дает,
Плачет Маша втихомолку
И украдкой слезы льет.

Не перечит Маша брани,
Не теряет дерзких слов,
А коварная сестрица
Отбивает женихов.

Злая мачеха у Маши
Отняла ее наряд,
Ходит Маша без наряда,
И ребята не глядят.

Ходит Маша в сарафане,
Сарафан весь из заплат,
А на мачехиной дочке
Бусы с серьгами гремят.

Сшила Маша на подачки
Сарафан себе другой
И на голову надела
Полушалок голубой.

Хочет Маша понарядней
В церковь божию ходить

И у мачехи сердитой
Просит бусы ей купить.

Злая мачеха на Машу
Засучила рукава,
На устах у бедной Маши
Так и замерли слова.

Вышла Маша, зарыдала,
Только некуда идти,
Побежала б на кладбище,
Да могилки не найти.

Замела седая вьюга
Поле снежным полотном,
По дороженьке ухабы,
И сугробы под окном.

Вышла Маша на крылечко,
Стало больно ей невмочь.
А кругом лишь воет ветер,
А кругом лишь только ночь.

Плачет Маша у крылечка,
Притаившись за углом,
И заплаканные глазки
Утирает рукавом.

Плачет Маша, крепнет стужа,
Злится дедушка-мороз,
А из глаз ее, как жемчуг,
Вытекают капли слез.

Вышел месяц из-за тучек,
Ярким светом заиграл.
Видит Маша — на приступке
Кто-то бисер разметал.

От нечаянного счастья
Маша глазки подняла
И застывшими руками
Крупный жемчуг собрала.

Только Маша за колечко
Отворяет дверь рукой, —

А с высокого сугроба
К ней бежит старик седой:

«Эй, красавица, постой-ка,
Замела совсем пурга!
Где-то здесь вот на крылечке
Позабыл я жемчуга».

Маша с тайною тревогой
Робко глазки подняла
И сказала, запинаясь:
«Я их в фартук собрала».

И из фартука стыдливо,
Заслонив рукой лицо,
Маша высыпала жемчуг
На обмерзшее крыльцо.

«Стой, дитя, не сыпь, не надо, –
Говорит старик седой, –
Это бисер ведь на бусы,
Это жемчуг, Маша, твой».

Маша с радости смеется,
Закраснелася, стоит,
А старик, склонясь над нею,
Так ей нежно говорит:

«О дитя, я видел, видел,
Сколько слез ты пролила
И как мачеха лихая
Из избы тебя гнала.

А в избе твоя сестрица
Любовалася собой
И, расчесывая косы,
Хохотала над тобой.

Ты рыдала у крылечка,
А кругом мела пурга,
Я в награду твои слезы
Заморозил в жемчуга.

За тебя, моя родная,
Стало больно мне невмочь

И озлобленным дыханьем
Застудил я мать и дочь.

Вот и вся моя награда
За твои потоки слез...
Я ведь, Маша, очень добрый,
Я ведь дедушка-мороз».

И исчез мороз трескучий...
Маша жемчуг собрала
И, прислушиваясь к вьюге,
Постояла и ушла.

Утром Маша рано-рано
Шла могилушку копать,
В это время царедворцы
Шли красавицу искать.

Приказал король им строго
Обойти свою страну
И красавицу собою
Отыскать ему жену.

Увидали они Машу,
Стали Маше говорить,
Только Маша порешила
Прежде мертвых схоронить.

Тихо справили поминки,
На душе утихла боль,
И на Маше, на сиротке,
Повенчался сам король.

<1914>

Что это такое?

В этот лес завороженный,
По пушинкам серебра,
Я с винтовкой заряженной
На охоту шел вчера.
По дорожке чистой, гладкой
Я прошел, не наследил...
Кто ж катался здесь украдкой?
Кто здесь падал и ходил?
Подойду, взгляну поближе:
Хрупкий снег изломан весь.
Здесь вот когти, дальше – лыжи...
Кто-то странный бегал здесь.
Кабы твердо знал я тайну
Заколдованным речам,
Я узнал бы хоть случайно,
Кто здесь бродит по ночам.
Из-за елки бы высокой
Подсмотрел я на кругу:
Кто глубокий след далекий
Оставляет на снегу?..

<1914>

Узоры

Девушка в светлице вышивает ткани,
На канве в узорах копья и кресты.
Девушка рисует мертвых на поляне,
На груди у мертвых — красные цветы.

Нежный шелк выводит храброго героя,
Тот герой отважный — принц ее души.
Он лежит, сраженный в жаркой схватке боя,
И в узорах крови смяты камыши.

Кончены рисунки. Лампа догорает.
Девушка склонилась. Помутился взор.
Девушка тоскует. Девушка рыдает.
За окошком полночь чертит свой узор.

Траурные косы тучи разметали,
В пряди тонких локон впуталась луна.
В трепетном мерцанье, в белом покрывале
Девушка, как призрак, плачет у окна.

<1914>

Бельгия

Побеждена, но не рабыня,
Стоишь ты гордо без доспех,
Осквернена твоя святыня,
Зато душа чиста, как снег.
Кровавый пир в дыму пожара
Устроил грозный сатана,
И под мечом его удара
Разбита храбрая страна.
Но дух свободный, дух могучий
Великих сил не угасил,
Он, как орел, парит за тучей
Над цепью доблестных могил.
И жребий правды совершится:
Падет твой враг к твоим ногам
И будет с горестью молиться
Твоим разбитым алтарям.

<1914>

Ямщик

За ухабины степные
Мчусь я лентой пустырей.
Эй вы, соколы родные,
Выносите поскорей!

Низкорослая слободка
В повечерешнем дыму.
Заждалась меня красотка
В чародейном терему.

Светит в темень позолотой
Размалевана дуга.
Ой вы, санки-самолеты,
Пуховитые снега!

Звоны резки, звоны гулки,
Бубенцам в шлее не счет.
А как гаркну на прогулке,
Выбегает весь народ.

Выйдут парни, выйдут девки
Славить зимни вечера,
Голосатые запевки
Не смолкают до утра.

<1914>

* * *

На небесном синем блюде
Желтых туч медовый дым.
Грезит ночь. Уснули люди,
Только я тоской томим.

Облаками перекрещен,
Сладкий дым вдыхает бор.
За кольцо небесных трещин
Тянет пальцы косогор.

На болоте крячет цапля;
Четко хлюпает вода,
И из туч глядит, как капля,
Одинокая звезда.

Я хотел бы в мутном дыме
Той звезды поджечь леса
И погинуть вместе с ними,
Как зарница в небеса.

1913 или 1914

Буря

Дрогнули листочки, закачались клены,
С золотистых веток полетела пыль...
Зашумели ветры, охнул лес зеленый,
Зашептался с эхом высохший ковыль...

Плачет у окошка пасмурная буря,
Понагнулись ветлы к мутному стеклу,
И качают ветки, голову понуря,
И с тоской угрюмой смотрят в полумглу...

А вдали, чернея, выползают тучи,
И ревет сердито грозная река,
Подымают брызги водяные кручи,
Словно мечет землю сильная рука.

<1914–1915>

* * *

Ты ушла и ко мне не вернешься,
Позабыла ты мой уголок,
И теперь ты другому смеешься,
Укрываяся в белый платок.

Мне тоскливо, и скучно, и жалко,
Неуютно камин мой горит,
Но измятая в книжке фиалка
Все о счастье былом говорит.

<1914–1915>

Удалец

Ой, мне дома не сидится,
Размахнуться б на войне.
Полечу я быстрой птицей
На саврасом скакуне.

Не ревите, мать и тетка,
Слезы сушат удальца.
Подарила мне красотка
Два серебряных кольца.

Эх, достану я ей пикой
Душегрейку на меху,
Пусть от радости великой
Ходит ночью к жениху.

Ты гори, моя зарница,
Не страшен мне вражий стан.
Зацелует баловница,
Как куплю ей сарафан.

Отчего вам хныкать, бабы,
Домекнуться не могу.
Али руки эти слабы,
Что пешню согнут в дугу.

Буду весел я до гроба,
Удалая голова.
Провожай меня, зазноба,
Да держи свои слова.

<1915>

Сонет

Я плакал на заре, когда померкли дали,
Когда стелила ночь росистую постель,
И с шепотом волны рыданья замирали,
И где-то вдалеке им вторила свирель.

Сказала мне волна: «Напрасно мы тоскуем», –
И, сбросив свой покров, зарылась в берега,
А бледный серп луны холодным поцелуем
С улыбкой застудил мне слезы в жемчуга.

И я принес тебе, царевне ясноокой,
Кораллы слез моих печали одинокой
И нежную вуаль из пенности волны.

Но сердце хмельное любви моей не радо...
Отдай же мне за все, чего тебе не надо,
Отдай мне поцелуй за поцелуй луны.

<1915>

Чары

В цветах любви весна-царевна
По роще косы расплела,
И с хором птичьего молебна
Поют ей гимн колокола.
Пьяна под чарами веселья,
Она, как дым, скользит в лесах,
И золотое ожерелье
Блестит в косматых волосах.
А вслед ей пьяная русалка
Росою плещет на луну.
И я, как страстная фиалка,
Хочу любить, любить весну.

<1915>

Черемуха

Черемуха душистая
С весною расцвела
И ветки золотистые,
Что кудри, завила.
Кругом роса медвяная
Сползает по коре,
Под нею зелень пряная
Сияет в серебре.
А рядом, у проталинки,
В траве, между корней,
Бежит, струится маленький
Серебряный ручей.
Черемуха душистая,
Развесившись, стоит,
А зелень золотистая
На солнышке горит.
Ручей волной гремучею
Все ветки обдает
И вкрадчиво под кручею
Ей песенки поет.

<1915>

* * *

О дитя, я долго плакал над судьбой твоей,
С каждой ночью я тоскую все сильней, сильней...

Знаю, знаю, скоро, скоро, на закате дня,
Понесут с могильным пеньем хоронить меня...

Ты увидишь из окошка белый саван мой,
И сожмется твое сердце от тоски немой...

О дитя, я долго плакал с тайной теплых слов,
И застыли мои слезы в бисер жемчугов...

И связал я ожерелье для тебя из них,
Ты надень его на шею в память дней моих!

<1915>

Побирушка

Плачет девочка-малютка у окна больших хором,
А в хоромах смех веселый так и льется серебром.
Плачет девочка и стынет на ветру осенних гроз,
И ручонкою иззябшей вытирает капли слез.

Со слезами она просит хлеба черствого кусок,
От обиды и волненья замирает голосок.
Но в хоромах этот голос заглушает шум утех,
И стоит малютка, плачет под веселый, резвый смех.

<1915>

Польша

Над Польшей облако кровавое повисло,
И капли красные сжигают города.
Но светит в зареве былых веков звезда.
Под розовой волной, вздымаясь, плачет Висла.

В кольце времен с одним оттенком смысла
К весам войны подходят все года.
И победителю за стяг его труда
Сам враг кладет цветы на чашки коромысла.

О Польша, светлый сон в сырой тюрьме Костюшки,
Невольница в осколках ореола.
Я вижу: твой Мицкевич заряжает пушки.

Ты мощною рукой сеть плена распорола.
Пускай горят родных краев опушки,
Но слышен звон побед к молебствию костела.

<1915>

Греция

Могучий Ахиллес громил твердыни Трои,
Блистательный Патрокл сраженный умирал,
А Гектор меч о траву вытирал
И сыпал на врага цветущие левкои.

Над прахом горестно слетались с плачем сои,
И лунный серп сеть туник прорывал.
Усталый Ахиллес на землю припадал,
Он нес убитого в родимые покои.

Ах, Греция! мечта души моей!
Ты сказка нежная, но я к тебе нежней,
Нежней, чем к Гектору, герою, Андромаха.

Возьми свой меч. Будь Сербии сестрою,
Напомни миру сгибнувшую Трою.
И для вандалов пусть чернеют меч и плаха.

<1915>

Девичник

Я надену красное монисто,
Сарафан запетлю синей рюшкой.
Позовите, девки, гармониста,
Попрощайтесь с ласковой подружкой.

Мой жених, угрюмый и ревнивый,
Не велит заглядывать на парней.
Буду петь я птахой сиротливой,
Вы ж пляшите дробней и угарней.

Как печальны девичьи потери,
Грустно жить оплаканной невесте.
Уведет жених меня за двери,
Будет спрашивать о девической чести.

Ах, подружки, стыдно и неловко:
Сердце робкое охватывает стужа.
Тяжело беседовать с золовкой,
Лучше жить несчастной, да без мужа.

<1915>

* * *

На лазоревые ткани
Пролил пальцы багрянец.
В темной роще, по поляне,
Плачет смехом бубенец.

Затуманились лощины,
Серебром покрылся мох.
Через прясла и овины
Кажет месяц белый рог.

По дороге лихо, бойко,
Развевая пенный пот,
Скачет бешеная тройка
На поселок в хоровод.

Смотрят девушки лукаво
На красавца сквозь плетень.
Парень бравый, кучерявый
Ломит шапку набекрень.

Ярче розовой рубахи
Зори вешние горят.
Позолоченные бляхи
С бубенцами говорят.

<1915>

* * *

Я странник убогий.
С вечерней звездой
Пою я о Боге
Касаткой степной.

На шелковом блюде
Опада осин,
Послухайте, люди,
Ухлюпы трясин.

Ширком в луговины,
Целуя сосну.
Поют быстровины
Про рай и весну.

Я, странник убогий,
Молюсь в синеву.
На палой дороге
Ложуся в траву.

Покоюся сладко
Меж росновых бус.
На сердце лампадка,
А в сердце Исус.

<1915>

Бабушкины сказки

В зимний вечер по задворкам
Разухабистой гурьбой
По сугробам, по пригоркам
Мы идем, бредем домой.
Опостылеют салазки,
И садимся в два рядка
Слушать бабушкины сказки
Про Ивана-дурака.
И сидим мы, еле дышим.
Время к полночи идет.
Притворимся, что не слышим,
Если мама спать зовет.
Сказки все. Пора в постели...
Но а как теперь уж спать?
И опять мы загалдели,
Начинаем приставать.
Скажет бабушка несмело:
«Что ж, сидеть-то до зари?»
Ну, а нам какое дело, –
Говори да говори.

<1915>

Плясунья

Ты играй, гармонь, под трензель,
Отсыпай, плясунья, дробь!
На платке краснеет вензель,
Знай прищелкивай, не робь!

Парень бравый, синеглазый
Загляделся не на смех.
Веселы твои проказы,
Зарукавник – словно снег.

Улыбаются старушки,
Приседают старики.
Смотрят с завистью подружки
На шелковы косники.

Веселись, пляши угарней,
Развевай кайму фаты.
Завтра вечером от парней
Придут свахи и сваты.

<1915>

* * *

Тебе одной плету венок,
Цветами сыплю стежку серую.
О Русь, покойный уголок,
Тебя люблю, тебе и верую.
Гляжу в простор твоих полей,
Ты вся – далекая и близкая.
Сродни мне посвист журавлей
И не чужда тропинка склизкая.
Цветет болотная купель,
Куга зовет к вечерне длительной,
И по кустам звенит капель
Росы холодной и целительной.
И хоть сгоняет твой туман
Поток ветров, крылато дующих,
Но вся ты – смирна и ливан
Волхвов, потайственно волхвующих.

‹1915›

* * *

Занеслися залетною пташкой
Панихидные вести к нам.
Родина, черная монашка,
Читает псалмы по сынам.

Красные нити часослова
Кровью окропили слова.
Я знаю – ты умереть готова,
Но смерть твоя будет жива.

В церквушке за тихой обедней
Выну за тебя просфору,
Помолюся за вздох последний
И слезу со щеки утру.

А ты из светлого рая,
В ризах белее дня,
Покрестися, как умирая,
За то, что не любила меня.

<1915>

Колдунья

Косы растрепаны, страшная, белая,
Бегает, бегает, резвая, смелая.
Темная ночь молчаливо пугается,
Шалями тучек луна закрывается.
Ветер-певун с завываньем кликуш
Мчится в лесную дремучую глушь.
Роща грозится еловыми пиками,
Прячутся совы с пугливыми криками.
Машет колдунья руками костлявыми.
Звезды моргают из туч над дубравами.
Серьгами змеи под космы привешены,
Кружится с вьюгою страшно и бешено.
Пляшет колдунья под звон сосняка.
С черною дрожью плывут облака.

<1915>

Русалка под Новый год

Ты не любишь меня, милый голубь,
Не со мной ты воркуешь, с другою,
Ах, пойду я к реке под горою,
Кинусь с берега в черную прорубь.

Не отыщет никто мои кости,
Я русалкой вернуся весною.
Приведешь ты коня к водопою,
И коня напою я из горсти.

Запою я тебе втихомолку,
Как живу я царевной, тоскую,
Заману я тебя, заколдую,
Уведу коня в струи за холку!

Ой, как терем стоит под водою –
Там играют русалочки в жмурки, –
Изо льда он, а окна-конурки
В сизых рамах горят под слюдою.

На постель я травы натаскаю,
Положу я тебя с собой рядом.
Буду тешить тебя своим взглядом,
Зацелую тебя, заласкаю!

<1915>

Поминки

Заслонили ветры сиротливо
Косниками мертвые жилища.
Словно снег, белеется коливо –
На помин небесным птахам пища.

Тащат галки рис с могилок постный,
Вяжут нищие над сумками бечевки.
Причитают матери и крестны,
Голосят невесты и золовки.

По камням, над толстым слоем пыли,
Вьется хмель, запутанный и клейкий.
Длинный поп в худой епитрахили
Подбирает черные копейки.

Под черед за скромным подаяньем
Ищут странницы отпетую могилу.
И поет дьячок за поминаньем:
«Раб усопших, Господи, помилуй».

<1915>

Дед

Сухлым войлоком по стежкам
Разрыхлел в траве помет.
У гумен к репейным брошкам
Липнет мушиий хоровод.

Старый дед, согнувши спину,
Чистит вытоптанный ток
И подонную мякину
Загребает в уголок.

Щурясь к облачному глазу,
Подсекает он лопух,
Роет скрябкою по пазу
От дождей обходный круг.

Черепки в огне червонца.
Дед – как в жамковой слюде,
И играет зайчик солнца
В рыжеватой бороде.

<1915>

* * *

Белая свитка и алый кушак,
Рву я по грядкам зардевшийся мак.
Громко звенит за селом хоровод,
Там она, там она песни поет.

Помню, как крикнула, шигая в сруб:
«Что же, красив ты, да сердцу не люб.
Кольца кудрей твоих ветрами жжет,
Гребень мой вострый другой бережет».

Знаю, чем чужд ей и чем я не мил:
Меньше плясал я и меньше всех пил.
Кротко я с грустью стоял у стены,
Все они пели и были пьяны.

Счастье его, что в нем меньше стыда,
В шею ей лезла его борода.
Свившись с ним в жгучее пляски кольцо,
Брызнула смехом она мне в лицо.

Белая свитка и алый кушак,
Рву я по грядкам зардевшийся мак.
Маком влюбленное сердце цветет,
Только не мне она песни поет.

<1915>

* * *

Наша вера не погасла,
Святы песни и псалмы.
Льется солнечное масло
На зеленые холмы.

Верю, родина, я знаю,
Что легка твоя стопа,
Не одна ведет нас к раю
Богомольная тропа.

Все пути твои – в удаче,
Но в одном лишь счастья нет:
Он закован в белом плаче
Разгадавших новый свет.

Там настроены палаты
Из церковных кирпичей;
Те палаты – казематы
Да железный звон цепей.

Не ищи меня ты в боге,
Не зови любить и жить...
Я пойду по той дороге
Буйну голову сложить.

<1915>

* * *

Вечер, как сажа,
Льется в окно.
Белая пряжа
Ткет полотно.

Пляшет гасница,
Прыгает тень.
В окна стучится
Старый плетень.

Липнет к окошку
Черная гать.
Девочку-крошку
Байкает мать.

Взрыкает зыбка
Сонный тропарь:
«Спи, моя рыбка,
Спи, не гутарь».

<1916>

* * *

По лесу леший кричит на сову.
Прячутся мошки от птичек в траву.
Ау!

Спит медведиха, и чудится ей:
Колет охотник острогой детей.
Ау!

Плачет она и трясет головой:
– Детушки-дети, идите домой.
Ау!

Звонкое эхо кричит в синеву:
– Эй ты, откликнись, кого я зову!
Ау!

<1916>

* * *

За рекой горят огни,
Погорают мох и пни.
Ой, купало, ой, купало,
Погорают мох и пни.

Плачет леший у сосны —
Жалко летошней весны.
Ой, купало, ой, купало,
Жалко летошней весны.

А у наших у ворот
Пляшет девок корогод.
Ой, купало, ой, купало,
Пляшет девок корогод.

Кому горе, кому грех,
А нам радость, а нам смех.
Ой, купало, ой, купало,
А нам радость, а нам смех.

<1916>

Молотьба

Вышел зáраня дед
На гумно молотить:
«Выходи-ка, сосед,
Старику подсобить».

Положили гурьбой
Золотые снопы.
На гумне вперебой
Зазвенели цепы.

И ворочает дед
Немолоченый край:
«Постучи-ка, сосед,
Выбивай каравай».

И под сильной рукой
Вылетает зерно.
Тут и солод с мукой,
И на свадьбу вино.

За тяжелой сохой
Эта доля дана.
Тучен колос сухой —
Будет брага хмельна.

<1916>

* * *

Скупались звезды в невидимом бреде.
Жутко и страшно проснувшейся бредне.
Пьяно кружуся я в роще помятой,
Хочется звезды рукою помяти.
Блестятся гусли веселого лада,
В озере пенистом моется лада.
Груди упруги, как сочные дули,
Ластится к вихрям, чтоб в кости ей дули.
Тает, как радуга, зорька вечерня,
С тихою радостью в сердце вечерня.

<1916>

* * *

Не в моего ты бога верила,
Россия, родина моя!
Ты как колдунья дали мерила,
И был как пасынок твой я.
Боец забыл отвагу смелую,
Пророк одрях и стал слепой.
О, дай мне руку охладелую –
Идти единою тропой.
Пойдем, пойдем, царевна сонная,
К веселой вере и одной,
Где светит радость испоконная
Неопалимой купиной.
Не клонь главы на грудь могутную
И не пугайся вещим сном.
О, будь мне матерью напутною
В моем паденье роковом.

<1916>

* * *

Закружилась пряжа снежистого льна,
Панихидный вихорь плачет у окна.
Замело дорогу вьюжным рукавом,
С этой панихидой век свой весь живем.
Пойте и рыдайте ветры на тропу,
Нечем нам на помин заплатить попу.
Слушай мое сердце, бедный человек,
Нам за гробом грусти не слыхать вовек.
Как помрем без пенья под ветряный звон,
Понесут нас в церковь на мирской канон.
Некому поплакать, некому кадить,
Есть ли им охота даром приходить.
Только ветер резвый, озорник такой,
Запоет разлуку вместо упокой.

<1916>

Нищий с паперти

Глаза – как выцветший лопух,
В руках зажатые монеты.
Когда-то славный был пастух,
Теперь поет про многи лета.
А вон старушка из угла,
Что слезы льет перед иконой,
Она любовь его была
И пьяный сон в меже зеленой.
На свитках лет сухая пыль.
Былого нет в заре куканьшей.
И лишь обгрызанный костыль
В его руках звенит, как раньше.
Она чужда ему теперь,
Забыла звонную жалейку.
И как пойдет, спеша, за дверь,
Подаст в ладонь ему копейку.
Он не посмотрит ей в глаза,
При встрече глаз больнее станет,
Но, покрестясь на образа,
Рабу по имени помянет.

<1916>

* * *

Месяц рогом облако бодает,
В голубой купается пыли.
В эту ночь никто не отгадает,
Отчего кричали журавли.
В эту ночь к зеленому затону
Прибегла она из тростника.
Золотые космы по хитону
Разметала белая рука.
Прибегла, в ручей взглянула прыткий,
Опустилась с болью на пенек.
И в глазах завяли маргаритки,
Как болотный гаснет огонек.
На рассвете с вьющимся туманом
Уплыла и скрылася вдали...
И кивал ей месяц за курганом,
В голубой купаяся пыли.

<1916>

* * *

Еще не высох дождь вчерашний –
В траве зеленая вода!
Тоскуют брошенные пашни,
И вянет, вянет лебеда.

Брожу по улицам и лужам,
Осенний день пуглив и дик.
И в каждом встретившемся муже
Хочу постичь твой милый лик.

Ты все загадочней и краше
Глядишь в неясные края.
О, для тебя лишь счастье наше
И дружба верная моя.

И если смерть по божьей воле
Смежит глаза твои рукой,
Клянусь, что тенью в чистом поле
Пойду за смертью и тобой.

<1916>

* * *

В зеленой церкви за горой,
Где вербы четки уронили,
Я поминаю просфорой
Младой весны младые были.

А ты, склонившаяся ниц,
Передо мной стоишь незримо,
Шелка опущенных ресниц
Колышут крылья херувима.

Не омрачен твой белый рок
Твоей застывшею порою,
Все тот же розовый платок
Застегнут смуглою рукою.

Все тот же вздох упруго жмет
Твои надломленные плечи
О том, кто за морем живет
И кто от родины далече.

И все тягуче память дня
Перед пристойным ликом жизни.
О, помолись и за меня,
За бесприютного в отчизне!

<1916>

* * *

Небо сметаной обмазано,
Месяц как сырный кусок.
Только не с пищею связано
Сердце, больной уголок.

Хочется есть, да не этого,
Что так шуршит на зубу.
Жду я веселого, светлого,
Как молодую судьбу.

Жгуче желания множат
Душу больную мою,
Но и на гроб мне положат
С квасом крутую кутью.

9 июля 1916

Исус-младенец

Собрала пречистая
Журавлей с синицами
        В храме.

«Пойте, веселитеся
И за всех молитеся
        С нами!»

Молятся с поклонами,
За судьбу греховную,
        За нашу;

А маленький боженька,
Подобравши ноженьки,
        Ест кашу.

Подошла синица,
Бедовая птица,
        Попросила:

«Я тебе, боженька,
Притомив ноженьки,
        Молилась».

Журавль и скажи враз:
«Тебе и кормить нас,
        Коль создал».

А боженька наш
Поделил им кашу
        И отдал.

В золоченой хате
Смотрит божья мати
В небо.

А сыночек маленький
Просит на завалинке
Хлеба.

Позвала пречистая
Журавлей с синицами,
Сказала:

«Приносите, птицы,
Хлеба и пшеницы
Немало».

Замешкались птицы,
Журавли, синицы,
Дождь прочат.

А боженька в хате
Все теребит мати,
Есть хочет.

Вышла богородица
В поле, за околицу,
Кличет.

Только ветер по полю,
Словно кони, топает,
Свищет.

Боженька, маленький,
Плакал на завалинке
От горя.

Плакал, обливаясь...
Прилетел тут аист
Белоперый.

Взял он осторожненько
Красным клювом боженьку,
Умчался.

И господь на елочке,
В аистовом гнездышке,
Качался.

Ворочалась к хате
Пречистая мати,
Сына нету.

Собрала котомку
И пошла сторонкой
По свету.

Шла, несла немало,
Наконец сыскала
В лесочке:

На спине катается
У белого аиста
Сыночек.

Позвала пречистая
Журавлей с синицами,
Сказала:

«На вечное время
Собирайте семя
Немало.

А белому аисту,
Что с богом катается
Меж веток,

Носить на завалинки
Синеглазых маленьких
Деток».

<1916>

* * *

Без шапки, с лыковой котомкой,
Стирая пот свой, как елей,
Бреду дубравною сторонкой
Под тихий шелест тополей.

Иду, застегнутый веревкой,
Сажусь под копны на лужок.
На мне дырявая поддевка,
А поводырь мой — подожок.

Пою я стих о светлом рае,
Довольный мыслью, что живу,
И крохи сочные бросаю
Лесным камашкам на траву.

По лопуху промяты стежки,
Вдали озерный купорос,
Цепляюсь в клейкие сережки
Обвисших до земли берез.

И по кустам межи соседней,
Под возглашенья гулких сов,
Внимаю, словно за обедней,
Молебну птичьих голосов.

<1916>

Мечта

(Из книги «Стихи о любви»)

1

В темной роще на зеленых елях
Золотятся листья вялых ив.
Выхожу я на высокий берег,
Где покойно плещется залив.
Две луны, рога свои качая,
Замутили желтым дымом зыбь.
Гладь озер с травой не различая,
Тихо плачет на болоте выпь.
В этом голосе обкошенного луга
Слышу я знакомый сердцу зов.
Ты зовешь меня, моя подруга,
Погрустить у сонных берегов.
Много лет я не был здесь и много
Встреч веселых видел и разлук,
Но всегда хранил в себе я строго
Нежный сгиб твоих туманных рук.

2

Тихий отрок, чувствующий кротко,
Голубей целующий в уста, –
Тонкий стан с медлительной походкой
Я любил в тебе, моя мечта.
Я бродил по городам и селам,
И искал тебя, где ты живешь,

И со смехом, резвым и веселым,
Часто ты меня манила в рожь.
За оградой монастырской кроясь,
Я вошел однажды в белый храм:
Синею водою солнце моясь,
Свой орарь мне кинуло к ногам.
Я стоял, как инок, в блеске алом,
Вдруг сдавила горло тишина...
Ты вошла под черным покрывалом
И, поникнув, стала у окна.

3

С паперти под колокол гудящий
Ты сходила в благовенье свеч.
И не мог я, ласково дрожащий,
Не коснуться рук твоих и плеч.
Я хотел сказать тебе так много,
Что томило душу с ранних пор,
Но дымилась тихая дорога
В незакатном полыме озер.
Ты взглянула тихо на долины,
Где в траве ползла кудряво мгла...
И упали редкие седины
С твоего увядшего чела...
Чуть бледнели складки от одежды,
И, казалось, в русле темных вод, –
Уходя, жевал мои надежды
Твой беззубый, шамкающий рот.

4

Но недолго душу холод мучил.
Как крыло, прильнув к ее ногам,
Новый короб чувства я навьючил
И пошел по новым берегам.
Безо шва стянулась в сердце рана,
Страсть погасла, и любовь прошла.
Но опять пришла ты из тумана
И была красива и светла.

Ты шепнула, заслонясь рукою:
«Посмотри же, как я молода.
Это жизнь тебя пугала мною,
Я же вся как воздух и вода».
В голосах обкошенного луга
Слышу я знакомый сердцу зов.
Ты зовешь меня, моя подруга,
Погрустить у сонних берегов.

<1916>

* * *

Синее небо, цветная дуга,
Тихо степные бегут берега,
Тянется дым, у малиновых сел
Свадьба ворон облегла частокол.

Снова я вижу знакомый обрыв
С красною глиной и сучьями ив,
Грезит над озером рыжий овес,
Пахнет ромашкой и медом от ос.

Край мой! Любимая Русь и Мордва!
Притчею мглы ты, как прежде, жива.
Нежно под трепетом ангельских крыл
Звонят кресты безымянных могил.

Многих ты, родина, ликом своим
Жгла и томила по шахтам сырым.
Много мечтает их, сильных и злых,
Выкусить ягоды персей твоих.

Только я верю: не выжить тому,
Кто разлюбил твой острог и тюрьму...
Вечная правда и гомон лесов
Радуют душу под звон кандалов.

<1916>

* * *

Снег, словно мед ноздреватый,
Лег под прямой частокол.
Лижет теленок горбатый
Вечера красный подол.

Тихо от хлебного духа
Снится кому-то апрель.
Кашляет бабка-старуха,
Грудью склонясь на кудель.

Рыжеволосый внучонок
Щупает в книжке листы.
Стан его гибок и тонок,
Руки белей бересты.

Выпала бабке удача,
Только одно невдомек:
Плохо решает задачи
Выпитый ветром умок.

С глазу ль, с немилого ль взора
Часто она под удой
Поит его с наговором
Преполовенской водой.

И за глухие поклоны
С лика упавших седин
Пишет им числа с иконы
Божий слуга — Дамаскин.

<1917>

Лебедушка

Из-за леса, леса темного,
Подымалась красна зорюшка,
Рассыпала ясной радугой
Огоньки-лучи багровые.

Загорались ярким пламенем
Сосны старые, могучие,
Наряжали сетки хвойные
В покрывала златотканые.

А кругом роса жемчужная
Отливала блестки алые,
И над озером серебряным
Камыши, склонясь, шепталися.

В это утро вместе с солнышком
Уж из тех ли темных зарослей
Выплывала, словно зоренька,
Белоснежная лебедушка.

Позади ватагой стройною
Подвигались лебежатушки,
И дробилась гладь зеркальная
На колечки изумрудные.

И от той ли тихой заводи,
Посередь того ли озера,
Пролегла струя далекая
Лентой темной и широкою.

Уплывала лебедь белая
По ту сторону раздольную,

Где к затону молчаливому
Прилегла трава шелковая.

У побережья зеленого,
Наклонив головки нежные,
Перешептывались лилии
С ручейками тихозвонными.

Как и стала звать лебедушка
Своих малых лебежатушек
Погулять на луг пестреющий,
Пощипать траву душистую.

Выходили лебежатушки
Теребить траву-муравушку,
И росинки серебристые,
Словно жемчуг, осыпалися.

А кругом цветы лазоревы
Распускали волны пряные
И, как гости чужедальние,
Улыбались дню веселому.

И гуляли детки малые
По раздолью по широкому,
А лебедка белоснежная,
Не спуская глаз, дозорила.

Пролетал ли коршун рощею,
Иль змея ползла равниною,
Гоготала лебедь белая,
Созывая малых детушек.

Хоронились лебежатушки
Под крыло ли материнское,
И когда гроза скрывалася,
Снова бегали-резвилися.

Но не чуяла лебедушка,
Не видала оком доблестным,
Что от солнца золотистого
Надвигалась туча черная –

Молодой орел под облаком
Расправлял крыло могучее

И бросал глазами молнии
На равнину бесконечную.

Видел он у леса темного,
На пригорке у расщелины,
Как змея на солнце выползла
И свилась в колечко, грелася.

И хотел орел со злобою
Как стрела на землю кинуться,
Но змея его заметила
И под кочку притаилася.

Взмахом крыл своих под облаком
Он расправил когти острые
И, добычу поджидаючи,
Замер в воздухе распластанный.

Но глаза его орлиные
Разглядели степь далекую,
И у озера широкого
Он увидел лебедь белую.

Грозный взмах крыла могучего
Отогнал седое облако,
И орел, как точка черная,
Стал к земле спускаться кольцами.

В это время лебедь белая
Оглянула гладь зеркальную
И на небе отражавшемся
Увидала крылья длинные.

Встрепенулася лебедушка,
Закричала лебежатушкам,
Собралися детки малые
И под крылья схоронилися.

А орел, взмахнувши крыльями,
Как стрела на землю кинулся,
И впилися когти острые
Прямо в шею лебединую.

Распустила крылья белые
Белоснежная лебедушка

И ногами помертвелыми
Оттолкнула малых детушек.

Побежали детки к озеру,
Понеслись в густые заросли,
А из глаз родимой матери
Покатились слезы горькие.

А орел когтями острыми
Раздирал ей тело нежное,
И летели перья белые,
Словно брызги, во все стороны.

Колыхалось тихо озеро,
Камыши, склонясь, шепталися,
А под кочками зелеными
Хоронились лебежатушки.

<1917>

* * *

К теплому свету, на отчий порог,
Тянет меня твой задумчивый вздох.

Ждут на крылечке там бабка и дед
Резвого внука подсолнечных лет.

Строен и бел, как березка, их внук,
С медом волосьев и бархатом рук.

Только, о друг, по глазам голубым –
Жизнь его в мире пригрезилась им.

Шлет им лучистую радость во мглу
Светлая дева в иконном углу.

С тихой улыбкой на тонких губах
Держит их внука она на руках.

<1917>

* * *

Есть светлая радость под сенью кустов
Поплакать о прошлом родных берегов
И, первую проседь лаская на лбу,
С приятною болью пенять на судьбу.
Ни друга, ни думы о бабьих губах
Не зреет в ее тихомудрых словах,
Но есть в ней, как вера, живая мечта
К незримому свету приблизить уста.
Мы любим в ней вечер, над речкой овес, —
И отроков резвых с медынью волос.
Стряхая с бровей своих призрачный дым,
Нам сладко о тайнах рассказывать им.
Есть нежная кротость, присев на порог,
Молиться закату и лику дорог.
В обсыпанных рощах, на сжатых полях
Грустит наша дума об отрочьих днях.
За отчею сказкой, за звоном стропил
Несет ее шорох неведомых крыл...
Но крепко в равнинах ковыльных лугов
Покоится правда родительских снов.

<1917>

* * *

Не от холода рябинушка дрожит,
Не от ветра море синее кипит.

Напоили землю радостью снега,
Снятся деду иорданские брега.

Видит в долах он озера да кусты,
Чрез озера перекинуты мосты.

Как по мостику, кудряв и желторус,
Бродит отрок, сын Иосифа, Исус.

От восхода до заката в хмаре вод
Кличет утиц он и рыбешек зовет.

«Вы сходитесь ко мне, твари, за корму,
Научите меня разуму-уму».

Как по бережку, меж вымоин и гор,
Тихо льется их беседа-разговор.

Мелка рыбешка, сплеснувшись на песок,
Подает ли свой подводный голосок:

«Уж ты, чадо, мало дитятко, Христос,
Мы пришли к тебе с поклоном на допрос.

Ты иди учись в пустынях да лесах;
Наша тайна отразилась в небесах».

<1917>

* * *

Заря над полем — как красный тын.
Плывет на тучке превечный сын.

Вот вышла бабка кормить цыплят.
Горит на небе святой оклад.

— Здорово, внучек!
— Здорово, свет!
— Зайди в избушку.
— А дома ль дед?

— Он чинит невод ловить ершей.
— А много ль деду от роду дней?

— Уж скоро девять десятков зим. —
И вспорхнул внучек, как белый дым.

С душою деда поплыл в туман,
Где зреет полдень незримых стран.

<1917>

* * *

Небо ли такое белое
Или солью выцвела вода?
Ты поешь, и песня оголтелая
Бреговые вяжет повода.

Синим жерновом развеяны и смолоты
Водяные зерна на муку.
Голубой простор и золото
Опоясали твою тоску.

Не встревожен ласкою угрюмою
Загорелый взмах твоей руки.
Все равно – Архангельском иль Умбою
Проплывать тебе на Соловки.

Все равно под стоптанною палубой
Видишь ты подгорбившийся скит.
Подпевает тебе жалоба
Об изгибах тамошних ракит.

Так и хочется под песню свеситься
Над водою, спихивая день...
Но спокойно светит вместо месяца
Отразившийся на облаке тюлень.

1917

Разбойник

Стухнут звезды, стухнет месяц,
Стихнет песня соловья,
В чернобылье перелесиц
С кистенем засяду я.

У реки под косогором
Не бросай, рыбак, блесну,
По дороге темным бором
Не считай, купец, казну!

Руки цепки, руки хватки,
Не зазря зовусь ухват:
Загребу парчу и кадки,
Золотой сниму халат.

В темной роще заряница
Чешет елью прядь волос;
Выручай меня, ножница:
Раздается стук колес.

Не дознаться глупым людям,
Где копил – хранил деньгу;
Захотеть – так все добудем
Темной ночью, на углу!

<1917>

* * *

Свищет ветер под крутым забором,
Прячется в траву.
Знаю я, что пьяницей и вором
Век свой доживу.
Тонет день за красными холмами,
Кличет на межу.
Не один я в этом свете шляюсь,
Не один брожу.
Размахнулось поле русских пашен,
То трава, то снег,
Все равно, литвин я иль чувашин,
Крест мой как у всех.
Верю я, как ликам чудотворным,
В мой потайный час.
Он придет бродягой подзаборным,
Нерушимый Спас.
Но, быть может, в синих клочьях дыма
Тайноводных рек
Я пройду его с улыбкой пьяной мимо,
Не узнав навек.
Не блеснет слеза в моих ресницах,
Не вспугнет мечту.
Только радость синей голубицей
Канет в темноту.
И опять, как раньше, с дикой злостью
Запоет тоска...
Пусть хоть ветер на моем погосте
Пляшет трепака.

<1917>

О родина!

О родина, о новый
С златою крышей кров,
Труби, мычи коровой,
Реви телком громов.

Брожу по синим селам,
Такая благодать,
Отчаянный, веселый,
Но весь в тебя я, мать.

В училище разгула
Крепил я плоть и ум.
С березового гула
Растет твой вешний шум.

Люблю твои пороки,
И пьянство, и разбой,
И утром на востоке
Терять себя звездой.

И всю тебя, как знаю,
Хочу измять и взять,
И горько проклинаю
За то, что ты мне мать.

<1917>

* * *

Пушистый звон и руга,
И камень под крестом.
Стегает злая вьюга
Расщелканным кнутом.

Шаманит лес-кудесник
Про черную судьбу.
Лежишь ты, мой ровесник,
В нетесаном гробу.

Пусть снова финский ножик
Кровавит свой клинок,
Тебя не потревожит
Ни пеший, ни ездок.

И только с перелесиц
Сквозь облачный тулуп
Слезу обронит месяц
На мой завьялый труп.

<1918>

Королева

Пряный вечер. Гаснут зори.
По траве ползет туман.
У плетня на косогоре
Забелел твой сарафан.

В чарах звездного напева
Обомлели тополя.
Знаю, ждешь ты, королева,
Молодого короля.

Коромыслом серп двурогий
Плавно по небу скользит.
Там, за рощей, по дороге
Раздается звон копыт.

Скачет всадник загорелый,
Крепко держит повода.
Увезет тебя он смело
В чужедальни города.

Пряный вечер. Гаснут зори.
Слышен четкий храп коня.
Ах, постой на косогоре
Королевой у плетня.

<1918>

Сельский часослов

Вл. Чернявскому

1

О солнце, солнце,
Золотое, опущенное в мир ведро,
    Зачерпни мою душу!
    Вынь из кладезя мук
    Страны моей.

    Каждый день,
Ухватившись за цепь лучей твоих,
Карабкаюсь я в небо.
Каждый вечер
Срываюсь и падаю в пасть заката.

Тяжко и горько мне...
Кровью поют уста...
Снеги, белые снеги —
Покров моей родины —
    Рвут на части.
На кресте висит
    Ее тело,
Голени дорог и холмов
    Перебиты...

Волком воет от запада
    Ветер...
    Ночь, как ворон,
Точит клюв на глаза-озера.
И доскою надкрестною
Прибита к горе заря:

ИСУС НАЗАРЯНИН ЦАРЬ ИУДЕЙСКИЙ

2

О месяц, месяц!
Рыжая шапка моего деда,
Закинутая озорным внуком на сук облака,
Спади на землю...
Прикрой глаза мои!

Где ты...
Где моя родина?

Лыками содрала твои дороги
Буря,
Синим языком вылизал снег твой –
Твою белую шерсть –
Ветер...

И лежишь ты, как овца,
Дрыгая ногами в небо,
Путая небо с яслями,
Путая звезды
С овсом золотистым.

О, путай, путай!
Путай все, что видишь...
Не отрекусь принять тебя даже с солнцем,
Похожим на свинью...
Не испугаюсь просунутого пятачка его
В частокол
Души моей.

Тайна твоя велика есть.
Гибель твоя миру купель
Предвечная.

3

О красная вечерняя заря!
Прости мне крик мой.

Прости, что спутал я твою Медведицу
 С черпаком водовоза...

Пастухи пустыни —
Что мы знаем?..
Только ведь приходское училище
 Я кончил,
Только знаю Библию да сказки,
Только знаю, что поет овес при ветре...
 Да еще
 По праздникам
 Играть в гармошку.

Но постиг я...
Верю, что погибнуть лучше,
Чем остаться
 С содранною
 Кожей.

Гибни, край мой!

Гибни, Русь моя,
 Начертательница
 Третьего
 Завета.

4

О звезды, звезды,
Восковые тонкие свечи,
Капающие красным воском
 На молитвенник зари,
 Склонитесь ниже!

Нагните пламя свое,
 Чтобы мог я,
 Привстав на цыпочки,
 Погасить его.

Он не понял, кто зажег вас,
О какой я пропел вам
 Смерти.

Радуйся,
Земля!

Деве твоей Руси
Новое возвестил я
Рождение.
Сына тебе
Родит она...

Имя ему –
Израмистил.

Пой и шуми, Волга!
В синие ясли твои опрокинет она
Младенца.

Не говорите мне,
Что это
В полном круге
Будет восходить
Луна...

Это он!
Это он
Из чрева неба
Будет высовывать
Голову...

<1918>

* * *

И небо и земля все те же,
Все в те же воды я гляжусь,
Но вздох твой ледовитый реже,
Ложноклассическая Русь.

Не огражу мой тихий кров
От радости над умираньем,
Но жаль мне, жаль отдать страданью
Езекиильский глас ветров.

Шуми, шуми, реви сильней,
Свирепствуй, океан мятежный,
И в солнца золотые мрежи
Сгоняй сребристых окуней.

<1918>

* * *

Не стану никакую
Я девушку ласкать.
Ах, лишь одну люблю я,
Забыв любовь земную,
На небе Божью мать.

В себе я мыслить волен,
В душе поет весна.
Ах, часто в келье темной
Я звал ее с иконы
К себе на ложе сна.

И в час, как полночь било,
В веселый ночи мрак
Она как тень сходила
И в рот сосцы струила
Младенцу на руках.

И, сев со мною рядом,
Она шептала мне:
«Смирись, моя услада,
Мы встретимся у сада
В небесной стороне».

<1918>

Кантата

Спите, любимые братья.
Снова родная земля
Неколебимые рати
Движет под стены Кремля.

Новые в мире зачатья,
Зарево красных зарниц...
Спите, любимые братья,
В свете нетленных гробниц.

Солнце златою печатью
Стражем стоит у ворот...
Спите, любимые братья,
Мимо вас движется ратью
К зорям вселенским народ.

<1918>

* * *

Заметает пурга
Белый путь.
Хочет в мягких снегах
Потонуть.

Ветер резвый уснул
На пути;
Ни проехать в лесу,
Ни пройти.

Забежала коляда
На село,
В руки белые взяла
Помело.

Гей вы, нелюди-люди,
Народ,
Выходите с дороги
Вперед!

Испугалась пурга
На снегах,
Побежала скорей
На луга.

Ветер тоже спросонок
Вскочил
Да и шапку с кудрей
Уронил.

Утром ворон к березоньке
  Стук...
И повесил ту шапку
  На сук.

<1918>

* * *

Грубым дается радость.
Нежным дается печаль.
Мне ничего не надо,
Мне никого не жаль.

Жаль мне себя немного,
Жалко бездомных собак.
Эта прямая дорога
Меня привела в кабак.

Что ж вы ругаетесь, дьяволы?
Иль я не сын страны?
Каждый из нас закладывал
За рюмку свои штаны.

Мутно гляжу на окна.
В сердце тоска и зной.
Катится, в солнце измокнув,
Улица передо мной.

А на улице мальчик сопливый.
Воздух поджарен и сух.
Мальчик такой счастливый
И ковыряет в носу.

Ковыряй, ковыряй, мой милый,
Суй туда палец весь,
Только вот с эфтой силой
В душу свою не лезь.

Я уж готов. Я робкий.
Глянь на бутылок рать!
Я собираю пробки –
Душу мою затыкать.

<1923?>

* * *

Цветы на подоконнике,
Цветы, цветы.
Играют на гармонике,
Ведь слышишь ты?
Играют на гармонике,
Ну что же в том?
Мне нравятся две родинки
На лбу крутом.
Ведь ты такая нежная,
А я так груб.
Целую так небрежно
Калину губ.
Куда ты рвешься, шалая?
Побудь, побудь...
Постой, душа усталая,
Забудь, забудь.

Она такая дурочка,
Как те и та...
Вот потому Снегурочка
Всегда мечта.

<1924>

Памяти Брюсова

Мы умираем,
Сходим в тишь и грусть,
Но знаю я –
Нас не забудет Русь.

Любили девушек,
Любили женщин мы –
И ели хлеб
Из нищенской сумы.

Но не любили мы
Продажных торгашей.
Планета, милая, –
Катись, гуляй и пей.

Мы рифмы старые
Раз сорок повторим.
Пускать сумеем
Гоголя и дым.

Но все же были мы
Всегда одни.
Мой милый друг,
Не сетуй, не кляни!

Вот умер Брюсов,
Но помрем и мы, –
Не выпросить нам дней
Из нищенской сумы.

Но крепко вцапались
Мы в нищую суму.
Валерий Яковлевич!
Мир праху твоему!

<1914>

Цветы

I

Цветы мне говорят прощай,
Головками кивая низко.
Ты больше не увидишь близко
Родное поле, отчий край.

Любимые! Ну что, ну что ж!
Я видел вас и видел землю,
И эту гробовую дрожь
Как ласку новую приемлю.

II

Весенний вечер. Синий час.
Ну как же не любить мне вас,
Как не любить мне вас, цветы?
Я с вами выпил бы на «ты».

Шуми левкой и резеда.
С моей душой стряслась беда.
С душой моей стряслась беда.
Шуми левкой и резеда.

III

Ах, колокольчик! твой ли пыл
Мне в душу песней позвонил
И рассказал, что васильки
Очей любимых далеки.

Не пой! не пой мне! Пощади.
И так огонь горит в груди.
Она пришла, как в рифме «вновь»
Неразлучимая любовь.

IV

Цветы мои! не всякий мог
Узнать, что сердцем я продрог,
Не всякий этот холод в нем
Мог растопить своим огнем,

Не всякий, длани кто простер,
Поймать сумеет долю злую.
Как бабочка – я на костер
Лечу и огненность целую.

V

Я не люблю цветы с кустов,
Не называю их цветами.
Хоть прикасаюсь к ним устами,
Но не найду к ним нежных слов.

Я только тот люблю цветок,
Который врос корнями в землю,
Его люблю я и приемлю,
Как северный наш василек.

VI

И на рябине есть цветы,
Цветы – предшественники ягод,
Они на землю градом лягут,
Багрец свергая с высоты.

Они не те, что на земле.
Цветы рябин другое дело.
Они как жизнь, как наше тело,
Делимое в предвечной мгле.

VII

Любовь моя! прости, прости.
Ничто не обошел я мимо.
Но мне милее на пути,
Что для меня неповторимо.

Неповторимы ты и я.
Помрем – за нас придут другие.
Но это все же не такие –
Уж я не твой, ты не моя.

VIII

Цветы, скажите мне прощай,
Головками кивая низко,
Что не увидеть больше близко
Ее лицо, любимый край.

Ну что ж! пускай не увидать!
Я поражен другим цветеньем
И потому словесным пеньем
Земную буду славить гладь.

IX

А люди разве не цветы?
О милая, почувствуй ты,
Здесь не пустынные слова.

Как стебель тулово качая,
А эта разве голова
Тебе не роза золотая?

Цветы людей и в солнь и в стыть
Умеют ползать и ходить.

X

Я видел, как цветы ходили,
И сердцем стал с тех пор добрей,

Когда узнал, что в этом мире
То дело было в октябре.

Цветы сражалися друг с другом,
И красный цвет был всех бойчей.
Их больше падало под вьюгой,
Но все же мощностью упругой
Они сразили палачей.

XI

Октябрь! Октябрь!
Мне страшно жаль
Те красные цветы, что пали.
Головку розы режет сталь,
Но все же не боюсь я стали.

Цветы ходячие земли!
Они и сталь сразят почище,
Из стали пустят корабли,
Из стали сделают жилища.

XII

И потому, что я постиг,
Что мир мне не монашья схима,
Я ласково слагаю в стих,
Что все на свете повторимо.

И потому, что я пою,
Пою и вовсе не впустую,
Я милой голову мою
Отдам, как розу золотую.

<1924>

Батум

Корабли плывут
В Константинополь.
Поезда уходят на Москву.
От людского шума ль
И от скопа ль
Каждый день я чувствую
Тоску.

Далеко я,
Далеко заброшен,
Даже ближе
Кажется луна.
Пригоршнями водяных горошин
Плещет черноморская
Волна.

Каждый день
Я прихожу на пристань,
Провожаю всех,
Кого не жаль,
И гляжу все тягостней
И пристальней
В очарованную даль.

Может быть, из Гавра,
Из Марселя
Приплывет
Луиза иль Жаннет,
О которых помню я
Доселе,
Но которых
Вовсе — нет.

Запах моря в привкус
Дымно-горький.
Может быть,
Мисс Метчел
Или Клод
Обо мне вспомянут
В Нью-Иорке,
Прочитав сей вещи перевод.

Все мы ищем
В этом мире буром
Нас зовущие
Незримые следы.
Не с того ль,
Как лампы с абажуром,
Светятся медузы из воды?

Оттого
При встрече иностранки
Я под скрипы
Шхун и кораблей
Слышу голос
Плачущей шарманки
Иль далекий
Окрик журавлей.

Не она ли это?
Не она ли?
Ну да разве в жизни
Разберешь?
Если вот сейчас ее
Догнали
И умчали
Брюки клеш.

Каждый день
Я прихожу на пристань,
Провожаю всех,
Кого не жаль,
И гляжу все тягостней
И пристальней
В очарованную даль.

А другие здесь
Живут иначе.
И недаром ночью
Слышен свист, –
Это значит,
С ловкостью собачьей
Пробирается контрабандист.

Пограничник не боится
Быстри,
Не уйдет подмеченный им
Враг,
Оттого так часто
Слышен выстрел
На морских, соленых
Берегах.

Но живуч враг,
Как ни вздынь его,
Потому синеет
Весь Батум,
Даже море кажется мне
Индиго
Под бульварный
Смех и шум.

А смеяться есть чему
Причина.
Ведь не так уж много
В мире див.
Ходит полоумный
Старичина,
Петуха на темень посадив.

Сам смеясь,
Я вновь иду на пристань,
Провожаю всех,
Кого не жаль,
И гляжу все тягостней
И пристальней
В очарованную даль.

<1924>

Капитан земли

Еще никто
Не управлял планетой,
И никому
Не пелась песнь моя.
Лишь только он,
С рукой своей воздетой,
Сказал, что мир –
Единая семья.

Не обольщен я
Гимнами герою,
Не трепещу
Кровопроводом жил.
Я счастлив тем,
Что сумрачной порою
Одними чувствами
Я с ним дышал
И жил.

Не то что мы,
Которым все так
Близко, –
Впадают в диво
И слоны...
Как скромный мальчик
Из Симбирска
Стал рулевым
Своей страны.

Средь рева волн
В своей расчистке,

Слегка суров
И нежно мил,
Он много мыслил
По-марксистски,
Совсем по-ленински
Творил.

Нет!
Это не разгулье Стеньки!
Не пугачевский
Бунт и трон!
Он никого не ставил
К стенке.
Все делал
Лишь людской закон.

Он в разуме
Отваги полный
Лишь только прилегал
К рулю,
Чтобы об мыс
Дробились волны,
Простор давая
Кораблю.

Он – рулевой
И капитан,
Страшны ль с ним
Шквальные откосы?
Ведь, собранная
С разных стран,
Вся партия – его
Матросы.

Не трусь,
Кто к морю не привык:
Они за лучшие
Обеты
Зажгут,
Сойдя на материк,
Путеводительные светы.

Тогда поэт
Другой судьбы,
И уж не я,
А он меж вами
Споет вам песню
В честь борьбы
Другими,
Новыми словами.

Он скажет:
«Только тот пловец,
Кто, закалив
В бореньях душу,
Открыл для мира наконец
Никем не виданную
Сушу».

17 января 1925

Воспоминание

Теперь октябрь не тот,
Не тот октябрь теперь.
В стране, где свищет непогода,
Ревел и выл
Октябрь, как зверь,
Октябрь семнадцатого года.
Я помню жуткий
Снежный день.
Его я видел мутным взглядом.
Железная витала тень
Над омраченным Петроградом.
Уже все чуяли грозу,
Уже все знали что-то,
Знали,
Что не напрасно, знать, везут
Солдаты черепах из стали.
Рассыпались...
Уселись в ряд...
У публики дрожат поджилки...
И кто-то вдруг сорвал плакат
Со стен трусливой учредилки.
И началось...
Метнулись взоры,
Войной гражданскою горя,
И дымом пламенной «Авроры»
Взошла железная заря.

Свершилась участь роковая,
И над страной под вопли «матов»
Взметнулась надпись огневая:
«Совет рабочих депутатов».

<1925>

* * *

Неуютная жидкая лунность
И тоска бесконечных равнин, –
Вот что видел я в резвую юность,
Что, любя, проклинал не один.

По дорогам усохшие вербы
И тележная песня колес...
Ни за что не хотел я теперь бы,
Чтоб мне слушать ее привелось.

Равнодушен я стал к лачугам,
И очажный огонь мне не мил,
Даже яблонь весеннюю вьюгу
Я за бедность полей разлюбил.

Мне теперь по душе иное...
И в чахоточном свете луны
Через каменное и стальное
Вижу мощь я родной стороны.

Полевая Россия! Довольно
Волочиться сохой по полям!
Нищету твою видеть больно
И березам и тополям.

Я не знаю, что будет со мною...
Может, в новую жизнь не гожусь,
Но и все же хочу я стальною
Видеть бедную, нищую Русь.

И, внимая моторному лаю
В сонме вьюг, в сонме бурь и гроз,
Ни за что я теперь не желаю
Слушать песню тележных колес.

<1925>

* * *

Тихий вечер. Вечер сине-хмурый.
Я смотрю широкими глазами.
В Персии такие ж точно куры,
Как у нас в соломенной Рязани.

Тот же месяц, только чуть пошире,
Чуть желтее и с другого края.
Мы с тобою любим в этом мире
Одинаково со всеми, дорогая.

Ночи теплые, – не в воле я, не в силах,
Не могу не прославлять, не петь их.
Так же девушки здесь обнимали милых
До вторых до петухов, до третьих.

Ах, любовь! Она ведь мне знакома,
Это чувство знают даже кошки,
Только я с отчизной и без дома
От нее сбираю скромно крошки.

Счастья нет. Но горевать не буду –
Есть везде родные сердцу куры,
Для меня рассеяны повсюду
Молодые чувственные дуры.

С ними я все радости приемлю
И для них лишь говорю стихами:
Оттого, знать, люди любят землю,
Что она пропахла петухами.

<Июль 1925>

Маленькие поэмы

Русь

1

Потонула деревня в ухабинах,
Заслонили избенки леса.
Только видно, на кочках и впадинах,
Как синеют кругом небеса.

Воют в сумерки долгие, зимние
Волки грозные с тощих полей.
По дворам в погорающем инее
Над застрехами храп лошадей.

Как совиные глазки, за ветками
Смотрят в шали пурги огоньки.
И стоят за дубровными сетками,
Словно нечисть лесная, пеньки.

Запугала нас сила нечистая,
Что ни прорубь – везде колдуны.
В злую заморозь в сумерки мглистые
На березках висят галуны.

2

Но люблю тебя, родина кроткая!
А за что – разгадать не могу.
Весела твоя радость короткая
С громкой песней весной на лугу.

Я люблю над покосной стоянкою
Слушать вечером гуд комаров.
А как гаркнут ребята тальянкою,
Выйдут девки плясать у костров.

Загорятся, как черна смородина,
Угли-очи в подковах бровей.
Ой ты, Русь моя, милая родина,
Сладкий отдых в шелку купырей.

3

Понакаркали черные вороны
Грозным бедам широкий простор.
Крутит вихорь леса во все стороны,
Машет саваном пена с озер.

Грянул гром, чашка неба расколота,
Тучи рваные кутают лес.
На подвесках из легкого золота
Закачались лампадки небес.

Повестили под окнами сотские
Ополченцам идти на войну.
Загыгыкали бабы слободские,
Плач прорезал кругом тишину.

Собиралися мирные пахари
Без печали, без жалоб и слез,
Клали в сумочки пышки на сахаре
И пихали на кряжистый воз.

По селу до высокой околицы
Провожал их огулом народ...
Вот где, Русь, твои добрые молодцы,
Вся опора в годину невзгод.

4

Затомилась деревня невесточкой –
Как-то милые в дальнем краю?
Отчего не уведомят весточкой –
Не погибли ли в жарком бою?

В роще чудились запахи ладана,
В ветре бластились стуки костей.

И пришли к ним нежданно-негаданно
С дальней волости груды вестей.

Сберегли по ним пахари памятку,
С потом вывели всем по письму.
Подхватили тут родные грамотку,
За ветловую сели тесьму.

Собралися над четницей Лушею
Допытаться любимых речей.
И на корточках плакали, слушая,
На успехи родных силачей.

5

Ах, поля мои, борозды милые,
Хороши вы в печали своей!
Я люблю эти хижины хилые
С поджиданьем седых матерей.

Припаду к лапоточкам берестяным,
Мир вам, грабли, коса и соха!
Я гадаю по взорам невестиным
На войне о судьбе жениха.

Помирился я с мыслями слабыми,
Хоть бы стать мне кустом у воды.
Я хочу верить в лучшее с бабами,
Тепля свечку вечерней звезды.

Разгадал я их думы несметные,
Не спугнет их ни гром и ни тьма.
За сохою под песни заветные
Не причудится смерть и тюрьма.

Они верили в эти каракули,
Выводимые с тяжким трудом,
И от счастья и радости плакали,
Как в засуху над первым дождем.

А за думой разлуки с родимыми
В мягких травах, под бусами рос,

Им мерещился в далях за дымами
Над лугами веселый покос.

Ой ты, Русь, моя родина кроткая,
Лишь к тебе я любовь берегу.
Весела твоя радость короткая
С громкой песней весной на лугу.

1914

Инония

Пророку Иеремии

1

Не устрашуся гибели,
Ни копий, ни стрел дождей, –
Так говорит по Библии
Пророк Есенин Сергей.
Время мое приспело,
Не страшен мне лязг кнута.
Тело, Христово тело,
Выплевываю изо рта.
Не хочу восприять спасения
Через муки его и крест:
Я иное постиг учение
Прободающих вечность звезд.
Я иное узрел пришествие –
Где не пляшет над правдой смерть.
Как овцу от поганой шерсти, я
Остригу голубую твердь.
Подыму свои руки к месяцу,
Раскушу его, как орех,
Не хочу я небес без лестницы,
Не хочу, чтобы падал снег.
Не хочу, чтоб умело хмуриться
На озерах зари лицо.
Я сегодня снесся, как курица,
Золотым словесным яйцом.
Я сегодня рукой упругою
Готов повернуть весь мир...

Грозовой расплескались вьюгою
От плечей моих восемь крыл.

2

Лай колоколов над Русью грозный –
Это плачут стены Кремля.
Ныне на пики звездные
Вздыбливаю тебя, земля!
Протянусь до незримого города,
Млечный прокушу покров.
Даже Богу я выщиплю бороду
Оскалом моих зубов.
Ухвачу его за гриву белую
И скажу ему голосом вьюг:
Я иным тебя, Господи, сделаю,
Чтобы зрел мой словесный луг!
Проклинаю я дыхание Китежа
И все лощины его дорог.
Я хочу, чтоб на бездонном вытяже
Мы воздвигли себе чертог.
Языком вылижу на иконах я
Лики мучеников и святых.
Обещаю вам град Инонию,
Где живет Божество живых!
Плачь и рыдай, Московия!
Новый пришел Индикоплов.
Все молитвы в твоем часослове я
Проклюю моим клювом слов.
Уведу твой народ от упования,
Дам ему веру и мощь,
Чтобы плугом он в зори ранние
Распахивал с солнцем нощь.
Чтобы поле его словесное
Выращало ульями злак,
Чтобы зерна под крышей небесною
Озлащали, как пчелы, мрак.
Проклинаю тебя я, Радонеж,
Твои пятки и все следы!
Ты огня золотого залежи
Разрыхлял киркою воды.

Стая туч твоих, по-волчьи лающих,
Словно стая злющих волков,
Всех зовущих и всех дерзающих
Прободала копьем клыков.
Твое солнце когтистыми лапами
Прокогтялось в душу, как нож.
На реках вавилонских мы плакали,
И кровавый мочил нас дождь.
Ныне ж бури воловьим голосом
Я кричу, сняв с Христа штаны:
Мойте руки свои и волосы
Из лоханки второй луны.
Говорю вам – вы все погибнете,
Всех задушит вас веры мох.
По-иному над нашей выгибью
Вспух незримой коровой Бог.
И напрасно в пещеры селятся
Те, кому ненавистен рев.
Все равно – он иным отелится
Солнцем в наш русский кров.
Все равно – он спалит телением,
Что ковало реке брега.
Разгвоздят мировое кипение
Золотые его рога.
Новый сойдет Олимпий
Начертать его новый лик.
Говорю вам – весь воздух выпью
И кометой вытяну язык.
До Египта раскорячу ноги,
Раскую с вас подковы мук...
В оба полюса снежнорогие
Вопьюся клещами рук.
Коленом придавлю экватор
И под бури и вихря плач
Пополам нашу землю-матерь
Разломлю, как златой калач.
И в провал, отененный бездною,
Чтобы мир весь слышал тот треск,
Я главу свою власозвездную
Просуну, как солнечный блеск.
И четыре солнца из облачья,
Как четыре бочки с горы,

Золотые рассыпав обручи,
Скатясь, всколыхнут миры.

3

И тебе говорю, Америка,
Отколотая половина земли, –
Страшись по морям безверия
Железные пускать корабли!
Не отягивай чугунной радугой
Нив и гранитом – рек.
Только водью свободной Ладоги
Просверлит бытие человек!
Не вбивай руками синими
В пустошь потолок небес:
Не построить шляпками гвоздиными
Сияние далеких звезд.
Не залить огневого брожения
Лавой стальной руды.
Нового вознесения
Я оставлю на земле следы.
Пятками с облаков свесясь,
Прокопытю тучи, как лось;
Колесами солнце и месяц
Надену на земную ось.
Говорю тебе – не пой молебствия
Проволочным твоим лучам.
Не осветят они пришествия,
Бегущего овцой по горам!
Сыщется в тебе стрелок еще
Пустить в его грудь стрелу.
Словно полымя, с белой шерсти его
Брызнет теплая кровь во мглу.
Звездами золотые копытца
Скатятся, взбороздив ночь.
И опять замелькает спицами
Над чулком ее черным дождь.
Возгремлю я тогда колесами
Солнца и луны, как гром;
Как пожар, размечу волосья
И лицо закрою крылом.

За уши встряхну я горы,
Копьями вытяну ковыль.
Все тыны твои, все заборы
Горстью смету, как пыль.
И вспашу я черные щеки
Нив твоих новой сохой;
Золотой пролетит сорокой
Урожай над твоей страной.
Новый он сбросит жителям
Крыл колосистых звон.
И, как жерди златые, вытянет
Солнце лучи на дол.
Новые вырастут сосны
На ладонях твоих полей.
И, как белки, желтые вёсны
Будут прыгать по сучьям дней.
Синие забрезжут реки,
Просверлив все преграды глыб.
И заря, опуская веки,
Будет звездных ловить в них рыб.
Говорю тебе – будет время,
Отплещут уста громов;
Прободят голубое темя
Колосья твоих хлебов.
И над миром с незримой лестницы,
Оглашая поля и луг,
Проклевавшись из сердца месяца,
Кукарекнув, взлетит петух.

4

По тучам иду, как по ниве, я,
Свесясь головою вниз.
Слышу плеск голубого ливня
И светил тонкоклювых свист.
В синих отражаюсь затонах
Далеких моих озер.
Вижу тебя, Инония,
С золотыми шапками гор.
Вижу нивы твои и хаты,
На крылечке старушку мать;

Пальцами луч заката
Старается она поймать.
Прищемит его у окошка,
Схватит на своем горбе, –
А солнышко, словно кошка,
Тянет клубок к себе.
И тихо под шепот речки,
Прибрежному эху в подол,
Каплями незримой свечки
Капает песня с гор:
«Слава в вышних Богу
И на земле мир!
Месяц синим рогом
Тучи прободил.
Кто-то вывел гуся
Из яйца звезды –
Светлого Исуса
Проклевать следы.
Кто-то с новой верой,
Без креста и мук,
Натянул на небе
Радугу, как лук.
Радуйся, Сионе,
Проливай свой свет!
Новый в небосклоне
Вызрел Назарет.
Новый на кобыле
Едет к миру Спас.
Наша вера – в силе.
Наша правда – в нас!»

Январь 1918

Пантократор

1

Славь, мой стих, кто ревет и бесится,
Кто хоронит тоску в плече,
Лошадиную морду месяца
Схватить за узду лучей.

Тысчи лет те же звезды славятся,
Тем же медом струится плоть.
Не молиться тебе, а лаяться
Научил ты меня, Господь.

За седины твои кудрявые,
За копейки с златых осин
Я кричу тебе: «К черту старое!»,
Непокорный, разбойный сын.

И за эти щедроты теплые,
Что сочишь ты дождями в муть,
О, какими, какими метлами
Это солнце с небес стряхнуть?

2

Там, за млечными холмами,
Средь небесных тополей,
Опрокинулся над нами
Среброструйный Водолей.

Он Медведицей с лазури —
Как из бочки черпаком.
В небо вспрыгнувшая буря
Села месяцу верхом.

В вихре снится сонм умерших,
Молоко дымящий сад,
Вижу, дед мой тянет вершей
Солнце с полдня на закат.

Отче, отче, ты ли внука
Услыхал в сей скорбный срок?
Знать, недаром в сердце мукал
Издыхающий телок.

3

Кружися, кружися, кружися,
Чекань твоих дней серебро!
Я понял, что солнце из выси –
В колодезь златое ведро.

С земли на незримую сушу
Отчалить и мне суждено.
Я сам положу мою душу
На это горящее дно.

Но знаю – другими очами
Умершие чуют живых.
О, дай нам с земными ключами
Предстать у ворот золотых.

Дай с нашей овсяною волей
Засовы чугунные сбить,
С разбега по ровному полю
Заре на закорки вскочить.

4

Сойди, явись нам, красный конь!
Впрягись в земли оглобли.
Нам горьким стало молоко
Под этой ветхой кровлей.

Пролей, пролей нам над водой
Твое глухое ржанье
И колокольчиком-звездой
Холодное сиянье.

Мы радугу тебе – дугой,
Полярный круг – на сбрую.
О, вывези наш шар земной
На колею иную.

Хвостом земле ты прицепись,
С зари отчалься гривой.
За эти тучи, эту высь
Скачи к стране счастливой.

И пусть они, те, кто во мгле
Нас пьют лампадой в небе,
Увидят со своих полей,
Что мы к ним в гости едем.

<1919>

Кобыльи корабли

1

Если волк на звезду завыл,
Значит, небо тучами изглодано.
Рваные животы кобыл,
Черные паруса воронов.

Не просунет когтей лазурь
Из пургового кашля-смрада;
Облетает под ржанье бурь
Черепов златохвойный сад.

Слышите ль? Слышите звонкий стук?
Это грабли зари по пущам.
Веслами отрубленных рук
Вы гребетесь в страну грядущего.

Плывите, плывите в высь!
Лейте с радуги крик вороний!
Скоро белое дерево сронит
Головы моей желтый лист.

2

Поле, поле, кого ты зовешь?
Или снится мне сон веселый –
Синей конницей скачет рожь,
Обгоняя леса и села?

Нет, не рожь! Скачет пó полю стужа,
Окна выбиты, настежь двери.

Даже солнце мерзнет, как лужа,
Которую напрудил мерин.

Кто это? Русь моя, кто ты? Кто?
Чей черпак в снегов твоих накипь?
На дорогах голодным ртом
Сосут край зари собаки.

Им не нужно бежать в «туда»,
Здесь, с людьми бы теплей ужиться.
Бог ребенка волчице дал,
Человек съел дитя волчицы.

3

О, кого же, кого же петь
В этом бешеном зареве трупов?
Посмотрите: у женщин третий
Вылупляется глаз из пупа.

Вот он! Вылез, глядит луной,
Не увидит ли помясистей кости.
Видно, в смех над самим собой
Пел я песнь о чудесной гостье.

Где же те? Где еще одиннадцать,
Что светильники сисек жгут?
Если хочешь, поэт, жениться,
Так женись на овце в хлеву.

Причащайся соломой и шерстью,
Тепли песней словесный воск.
Злой октябрь осыпает перстни
С коричневых рук берез.

4

Звери, звери, приидите ко мне,
В чашки рук моих злобу выплакать!
Не пора ль перестать луне
В небесах облака лакать?

Сестры-суки и братья-кобели,
Я, как вы, у людей в загоне.
Не нужны мне кобыл корабли
И паруса вороньи.

Если голод с разрушенных стен
Вцепится в мои волоса, –
Половину ноги моей сам съем,
Половину отдам вам высасывать.

Никуда не пойду с людьми,
Лучше вместе издохнуть с вами,
Чем с любимой поднять земли
В сумасшедшего ближнего камень.

5

Буду петь, буду петь, буду петь!
Не обижу ни козы, ни зайца.
Если можно о чем скорбеть,
Значит, можно чему улыбаться.

Все мы яблоко радости носим,
И разбойный нам близок свист.
Срежет мудрый садовник осень
Головы моей желтый лист.

В сад зари лишь одна стезя,
Сгложет рощи октябрьский ветр.
Все познать, ничего не взять
Пришел в этот мир поэт.

Он пришел целовать коров,
Слушать сердцем овсяный хруст.
Глубже, глубже, серпы стихов!
Сыпь черемухой, солнце-куст!

<Сентябрь 1919>

Сорокоуст

А. Мариенгофу

1

Трубит, трубит погибельный рог!
Как же быть, как же быть теперь нам
На измызганных ляжках дорог?

Вы, любители песенных блох,
Не хотите ль . . . .

Полно кротостью мордищ праздниться,
Любо ль, не любо ль — знай бери.
Хорошо, когда сумерки дразнятся
И всыпают нам в толстые задницы
Окровавленный веник зари.

Скоро заморозь известью выбелит
Тот поселок и эти луга.
Никуда вам не скрыться от гибели,
Никуда не уйти от врага.
Вот он, вот он с железным брюхом,
Тянет к глоткам равнин пятерню,

Водит старая мельница ухом,
Навострив мукомольный нюх,
И дворовый молчальник бык,
Что весь мозг свой на телок пролил,
Вытирая о прясло язык,
Почуял беду над полем.

2

Ах, не с того ли за селом
Так плачет жалостно гармоника:
Таля-ля-ля, тили-ли-гом
Висит над белым подоконником.
И желтый ветер осенницы
Не потому ль, синь рябью тронув,
Как будто бы с коней скребницей,
Очесывает листья с кленов.
Идет, идет он, страшный вестник,
Пятой громоздкой чащи ломит.
И все сильней тоскуют песни
Под лягушиный писк в соломе.
О, электрический восход,
Ремней и труб глухая хватка,
Се изб древенчатый живот
Трясет стальная лихорадка!

3

Видели ли вы,
Как бежит по степям,
В туманах озерных кроясь,
Железной ноздрей храпя,
На лапах чугунных поезд?

А за ним
По большой траве,
Как на празднике отчаянных гонок,
Тонкие ноги закидывая к голове,
Скачет красногривый жеребенок?

Милый, милый, смешной дуралей,
Ну куда он, куда он гонится?
Неужель он не знает, что живых коней
Победила стальная конница?
Неужель он не знает, что в полях бессиянных
Той поры не вернет его бег,
Когда пару красивых степных россиянок
Отдавал за коня печенег?

По-иному судьба на торгах перекрасила
Наш разбуженный скрежетом плес,
И за тысчи пудов конской кожи и мяса
Покупают теперь паровоз.

4

Черт бы взял тебя, скверный гость!
Наша песня с тобой не сживется.
Жаль, что в детстве тебя не пришлось
Утопить, как ведро в колодце.
Хорошо им стоять и смотреть,
Красить рты в жестяных поцелуях, –
Только мне, как псаломщику, петь
Над родимой страной аллилуйя.
Оттого-то в сентябрьскую склень
На сухой и холодный суглинок,
Головой размозжась о плетень,
Облилась кровью ягод рябина.
Оттого-то вросла тужиль
В переборы тальянки звонкой.
И соломой пропахший мужик
Захлебнулся лихой самогонкой.

<1920>

Мой путь

Жизнь входит в берега,
Села давнишний житель,
Я вспоминаю то,
Что видел я в краю.
Стихи мои,
Спокойно расскажите
Про жизнь мою.

Изба крестьянская.
Хомутный запах дегтя,
Божница старая,
Лампады кроткий свет.
Как хорошо,
Что я сберег те
Все ощущенья детских лет.

Под окнами
Костер метели белой.
Мне девять лет.
Лежанка, бабка, кот...
И бабка что-то грустное
Степное пела,
Порой зевая
И крестя свой рот.

Метель ревела.
Под оконцем
Как будто бы плясали мертвецы.
Тогда империя
Вела войну с японцем,
И всем далекие
Мерещились кресты.

Тогда не знал я
Черных дел России.
Не знал, зачем
И почему война.
Рязанские поля,
Где мужики косили,
Где сеяли свой хлеб,
Была моя страна.

Я помню только то,
Что мужики роптали,
Бранились в черта,
В Бога и в царя.
Но им в ответ
Лишь улыбались дали
Да наша жидкая
Лимонная заря.

Тогда впервые
С рифмой я схлестнулся.
От сонма чувств
Вскружилась голова.
И я сказал:
Коль этот зуд проснулся,
Всю душу выплещу в слова.

Года далекие,
Теперь вы как в тумане.
И помню, дед мне
С грустью говорил:
«Пустое дело...
Ну, а если тянет –
Пиши про рожь,
Но больше про кобыл».

Тогда в мозгу,
Влеченьем к музе сжатом,
Текли мечтанья
В тайной тишине,
Что буду я
Известным и богатым
И будет памятник
Стоять в Рязани мне.

В пятнадцать лет
Взлюбил я до печенок
И сладко думал,
Лишь уединюсь,
Что я на этой
Лучшей из девчонок,
Достигнув возраста, женюсь.
. . . .

Года текли.
Года меняют лица –
Другой на них
Ложится свет.
Мечтатель сельский –
Я в столице
Стал первоклассный поэт.

И, заболев
Писательскою скукой,
Пошел скитаться я
Средь разных стран,
Не веря встречам,
Не томясь разлукой,
Считая мир весь за обман.

Тогда я понял,
Что такое Русь.
Я понял, что такое слава.
И потому мне
В душу грусть
Вошла, как горькая отрава.

На кой мне черт,
Что я поэт!..
И без меня в достатке дряни.
Пускай я сдохну,
Только...
Нет,
Не ставьте памятник в Рязани!

Россия... Царщина...
Тоска...
И снисходительность дворянства.

Ну что ж!
Так принимай, Москва,
Отчаянное хулиганство.

Посмотрим –
Кто кого возьмет!
И вот в стихах моих
Забила
В салонный вылощенный
Сброд
Мочой рязанская кобыла.

Не нравится?
Да, вы правы –
Привычка к Лориган
И к розам...
Но этот хлеб,
Что жрете вы, –
Ведь мы его того-с...
Навозом...

Еще прошли года.
В годах такое было,
О чем в словах
Всего не рассказать:
На смену царщине
С величественной силой
Рабочая предстала рать.

Устав таскаться
По чужим пределам,
Вернулся я
В родимый дом.
Зеленокосая,
В юбчонке белой,
Стоит береза над прудом.

Уж и береза!
Чудная... А груди...
Таких грудей
У женщин не найдешь.
С полей обрызганные солнцем
Люди

Везут навстречу мне
В телегах рожь.

Им не узнать меня,
Я им прохожий.
Но вот проходит
Баба, не взглянув.
Какой-то ток
Невыразимой дрожи
Я чувствую во всю спину.

Ужель она?
Ужели не узнала?
Ну и пускай,
Пускай себе пройдет...
И без меня ей
Горечи немало –
Недаром лег
Страдальчески так рот.

По вечерам,
Надвинув ниже кепи,
Чтобы не выдать
Холода очей,
Хожу смотреть я
Скошенные степи
И слушать,
Как звенит ручей.

Ну что же?
Молодость прошла!
Пора приняться мне
За дело,
Чтоб озорливая душа
Уже по-зрелому запела.

И пусть иная жизнь села
Меня наполнит
Новой силой,
Как раньше
К славе привела
Родная русская кобыла.

<1925>

Поэмы

Пугачев

Анатолию Мариенгофу

1

Появление Пугачева в Яицком городке

Пугачев

Ох, как устал и как болит нога!..
Ржет дорога в жуткое пространство.
Ты ли, ты ли, разбойный Чаган,
Приют дикарей и оборванцев?
Мне нравится степей твоих медь
И пропахшая солью почва.
Луна, как желтый медведь,
В мокрой траве ворочается.

Наконец-то я здесь, здесь!
Рать врагов цепью волн распалась,
Не удалось им на осиновый шест
Водрузить головы моей парус.

Яик, Яик, ты меня звал
Стоном придавленной черни!
Пучились в сердце жабьи глаза
Грустящей в закат деревни.
Только знаю я, что эти избы –
Деревянные колокола,
Голос их ветер хмарью съел.

О, помоги же, степная мгла,
Грозно свершить мой замысел!

Сторож

Кто ты, странник? Что бродишь долом?
Что тревожишь ты ночи гладь?
Отчего, словно яблоко тяжелое,
Виснет с шеи твоя голова?

Пугачев

В солончаковое ваше место
Я пришел из далеких стран —
Посмотрсть на золото телеспое,
На родное золото славян.
Слушай, отче! Расскажи мне нежно,
Как живет здесь мудрый наш мужик?
Так же ль он в полях своих прилежно
Цедит молоко соломенное ржи?
Так же ль здесь, сломав зари застенок,
Гонится овес на водопой рысцой
И на грядках, от капусты пенных,
Челноки ныряют огурцов?
Так же ль мирен труд домохозяек,
Слышен прялки ровный разговор?

Сторож

Нет, прохожий! С этой жизнью Яик
Раздружился с самых давних пор.

С первых дней, как оборвались вожжи,
С первых дней, как умер третий Петр,
Над капустой, над овсом, над рожью
Мы задаром проливаем пот.

Нашу рыбу, соль и рынок,
Чем сей край богат и рьян,
Отдала Екатерина
Под надзор своих дворян.

И теперь по всем окраинам
Стонет Русь от цепких лапищ.
Воском жалоб сердце Каина
К состраданью не окапишь.

Всех связали, всех вневолили,
С голоду хоть жри железо.
И течет заря над полем
С горла неба перерезанного.

Пугачев

Невеселое ваше житье!
Но скажи мне, скажи,
Неужель в народе нет суровой хватки
Вытащить из сапогов ножи
И всадить их в барские лопатки?

Сторож

Видел ли ты,
Как коса в лугу скачет,
Ртом железным перекусывая ноги трав?
Оттого что стоит трава на корячках,
Под себя коренья подобрав.
И никуда ей, траве, не скрыться
От горячих зубов косы,
Потому что не может она, как птица,
Оторваться от земли в синь.
Так и мы! Вросли ногами крови в избы,
Что нам первый ряд подкошенной травы?
Только лишь до нас не добрались бы,
Только нам бы,
Только б нашей
Не скосили, как ромашке, головы.
Но теперь как будто пробудились,
И березами заплаканный наш тракт
Окружает, как туман от сырости,
Имя мертвого Петра.

Пугачев

Как Петра? Что ты сказал, старик?
. . . .
Иль это взвыли в небе облака?

Сторож

Я говорю, что скоро грозный крик,
Который избы словно жаб влакал,
Сильней громов раскатится над нами.

Уже мятеж вздымает паруса.
Нам нужен тот, кто б первый бросил камень.

Пугачев

Какая мысль!

Сторож

О чем вздыхаешь ты?

Пугачев

Я положил себе зарок молчать до срока.
. . . .
Клещи рассвета в небесах
Из пасти темноты
Выдергивают звезды, словно зубы,
А мне еще нигде вздремнуть не удалось.

Сторож

Я мог бы предложить тебе
Тюфяк свой грубый,
Но у меня в дому всего одна кровать,
И четверо на ней спит ребятишек.

Пугачев

Благодарю! Я в этом граде гость.
Дадут приют мне под любою крышей.
Прощай, старик!

Сторож

Храни тебя Господь!
. . . .

Русь, Русь! И сколько их таких,
Как в решето просеивающих плоть,
Из края в край в твоих просторах шляется?
Чей голос их зовет,
Вложив светильником им посох в пальцы?
Идут они, идут! Зеленый славя гул,
Купая тело в ветре и в пыли,
Как будто кто сослал их всех на каторгу
Вертеть ногами
Сей шар земли.

Но что я вижу?
Колокол луны скатился ниже,
Он словно яблоко увянувшее, мал.
Благовест лучей его стал глух.

Уж на нашесте громко заиграл
В куриную гармонику петух.

2

Бегство калмыков

Первый голос

Послушайте, послушайте, послушайте,
Вам не снился тележный свист?
Нынче ночью на заре жидкой
Тридцать тысяч калмыцких кибиток
От Самары проползло на Иргиз.
От российской чиновничьей неволи,
Оттого что, как куропаток, их щипали
На наших лугах,
Потянулись они в свою Монголию
Стадом деревянных черепах.

Второй голос

Только мы, только мы лишь медлим,
Словно страшен нам захлестнувший нас шквал.
Оттого-то шлет нам каждую неделю
Приказы свои Москва.

Оттого-то, куда бы ни шел ты,
Видишь, как под усмирителей меч
Прыгают кошками желтыми
Казацкие головы с плеч.

Кирпичников

Внимание! Внимание! Внимание!
Не будьте ж трусливы, как овцы,
Сюда едут на страшное дело вас сманивать
Траубенберг и Тамбовцев.

Казаки

К черту! К черту предателей!
. . . .

Тамбовцев

Сми-ирно-о!
Сотники казачьих отрядов,
Готовьтесь в поход!
Нынче ночью, как дикие звери,
Калмыки всем скопом орд
Изменили Российской империи
И угнали с собой весь скот.
Потопленную лодку месяца
Чаган выплескивает на берег дня.
Кто любит свое отечество,
Тот должен слушать меня.
Нет, мы не можем, мы не можем, мы не можем
Допустить сей ущерб стране:
Россия лишилась мяса и кожи,
Россия лишилась лучших коней.
Так бросимтесь же в погоню
На эту монгольскую мразь,
Пока она всеми ладонями
Китаю не предалась.

Кирпичников

Стой, атаман, довольно
Об ветер язык чесать.

За Россию нам, конечно, больно,
Оттого что нам Россия – мать.
Но мы ничуть, мы ничуть не испугались,
Что кто-то покинул наши поля,
И калмык нам не желтый заяц,
В которого можно, как в пищу, стрелять.
Он ушел, этот смуглый монголец,
Дай же Бог ему добрый путь.
Хорошо, что от наших околиц
Он без боли сумел повернуть.

Траубенберг

Что это значит?

Кирпичников

Это значит то,
Что, если б
Наши избы были на колесах,
Мы впрягли бы в них своих коней
И гужом с солончаковых плесов
Потянулись в золото степей.
Наши б кони, длинно выгнув шеи,
Стадом черных лебедей
По вóдам ржи
Понесли нас, буйно хорошея,
В новый край, чтоб новой жизнью жить.

Казаки

Замучили! Загрызли, прохвосты!

Тамбовцев

Казаки! Вы целовали крест!
Вы клялись...

Кирпичников

Мы клялись, мы клялись Екатерине
Быть оплотом степных границ,

Защищать эти пастбища синие
От налета разбойных птиц.
Но скажите, скажите, скажите,
Разве эти птицы не вы?
Наших пашен суровых житель
Не найдет, где прикрыть головы.

Траубенберг

Это измена!..
Связать его! Связать!

Кирпичников

Казаки, час настал!
Приветствую тебя, мятеж свирепый!
Что не могли в словах сказать уста,
Пусть пулями расскажут пистолеты.

(Стреляет.)

Траубенберг падает мертвым. Конвойные разбегаются. Казаки хватают лошадь Тамбовцева под уздцы и стаскивают его на землю.

Голоса

Смерть! Смерть тирану!

Тамбовцев

О Господи! Ну что я сделал?

Первый голос

Мучил, злодей, три года,
Три года, как коршун белый,
Ни проезда не давал, ни прохода.

Второй голос

Откушай похлебки метелицы.
Отгулял, отстегал и отхвастал.

Третий голос

Черта ли с ним канителиться?

Четвертый голос

Повесить его – и баста!

Кирпичников

Пусть знает, пусть слышит Москва –
На расправы ее мы взбыстрим.
Это только лишь первый раскат,
Это только лишь первый выстрел.
Пусть помнит Екатерина,
Что если Россия – пруд,
То черными лягушками в тину
Пушки мечут стальную икру.
Пусть носится над страной,
Что казак не ветла на прогоне
И в луны мешок травяной
Он башку незадаром сронит.

3

Осенней ночью

Караваев

Тысячу чертей, тысячу ведьм и тысячу
дьяволов!
Экий дождь! Экий скверный дождь!
Скверный, скверный!
Словно вонючая моча волов
Льется с туч на поля и деревни.
Скверный дождь!
Экий скверный дождь!

Как скелеты тощих журавлей,
Стоят ощипанные вербы,
Плавя ребер медь.
Уж золотые яйца листьев на земле

Им деревянным брюхом не согреть,
Не вывести птенцов – зеленых вербенят,
По горлу их скользнул сентябрь, как нож,
И кости крыл ломает на щебняк
Осенний дождь.
Холодный, скверный дождь!

О осень, осень!
Голые кусты,
Как оборванцы, мокнут у дорог.
В такую непогодь собаки, сжав хвосты,
Боятся головы просунуть за порог,
А тут вот стой, хоть сгинь,
Но тьму глазами ешь,
Чтоб не пробрался вражеский лазутчик.
Проклятый дождь!
Расправу за мятеж
Напоминают мне рыгающие тучи.
Скорей бы, скорей в побег, в побег
От этих кровью выдоенных стран.
С объятьями нас принимает всех
С Екатериною воюющий султан.
Уже стекается придушенная чернь
С озиркой, словно полевые мыши.
О солнце-колокол, твое тили-ли-день,
Быть может, здесь мы больше не услышим!
Но что там? Кажется, шаги?
Шаги... Шаги...
Эй, кто идет? Кто там идет?

Пугачев

Свой... свой...

Караваев

Кто свой?

Пугачев

Я, Емельян.

Караваев

А, Емельян, Емельян, Емельян!
Что нового в этом мире, Емельян?
Как тебе нравится этот дождь?

Пугачев

Этот дождь на счастье Богом дан,
Нам на руку, чтоб он хлестал всю ночь.

Караваев

Да, да! Я тоже так думаю, Емельян.
Славный дождь! Замечательный дождь!

Пугачев

Нынче вечером, в темноте скрываясь,
Я правительственные посты осмотрел.
Все часовые попрятались, как зайцы,
Боясь замочить шинели.
Знаешь? Эта ночь, если только мы выступим,
Не кровью, а зарею окрасила б наши ножи,
Всех бы солдат без единого выстрела
В сонном Яике мы могли уложить...
Завтра ж к утру будет ясная погода,
Сивым табуном проскачет хмарь.
Слушай, ведь я из простого рода
И сердцем такой же степной дикарь!
Я умею, на сутки и версты не трогаясь,
Слушать бег ветра и твари шаг,
Оттого что в груди у меня, как в берлоге,
Ворочается звереныш теплым душа.

Мне нравится запах травы, холодом
подожженной,
И сентябрьского листолета протяжный свист.
Знаешь ли ты, что осенью медвежонок
Смотрит на луну,
Как на вьющийся в ветре лист?
По луне его учит мать
Мудрости своей звериной,

Чтобы смог он, дурашливый, знать
И призванье свое и имя.
. . . .
Я значенье мое разгадал...

Караваев

Тебе ж недаром верят!

Пугачев

Долгие, долгие тяжкие года
Я учил в себе разуму зверя...
Знаешь? Люди ведь все со звериной душой –
Тот медведь, тот лиса, та волчица,
А жизнь – это лес большой,
Где заря красным всадником мчится.
Нужно крепкие, крепкие иметь клыки.

Караваев

Да, да! Я тоже так думаю, Емельян...
И если б они у нас были,
То московские полки
Нас не бросали, как рыб, в Чаган.

Они б побоялись нас жать
И карать так легко и просто
За то, что в чаду мятежа
Убили мы двух прохвостов.

Пугачев

Бедные, бедные мятежники!
Вы цвели и шумели, как рожь.
Ваши головы колосьями нежными
Раскачивал июльский дождь.
Вы улыбались тварям...
. . . .

Послушай, да ведь это ж позор,
Чтоб мы этим поганым харям

Не смогли отомстить до сих пор?
Разве это когда прощается,
Чтоб с престола какая-то б...
Протягивала солдат, как пальцы,
Непокорную чернь умерщвлять!
Нет, не могу, не могу!
К черту султана с туретчиной,
Только на радость врагу
Этот побег опрометчивый.
Нужно остаться здесь!
Нужно остаться, остаться,
Чтобы вскипела месть
Золотою пургой акаций,
Чтоб пролились ножи
Железными струями люто!

Слушай! Бросай сторожить,
Беги и буди весь хутор.

4

Происшествие на Таловом умёте

Оболяев

Что случилось? Что случилось? Что случилось?

Пугачев

Ничего страшного. Ничего страшного. Ничего
страшного.

Там на улице жолклая сырость
Гонит туман, как стада барашковые.
Мокрою цаплей по лужам полей бороздя,
Ветер заставил все живое,
Как жаб по их гнездам, скрыться,
И только порою,
Привязанная к нитке дождя,
Черным крестом в воздухе
Проболтнется шальная птица.
Это осень, как старый оборванный монах,
Пророчит кому-то о погибели веще.

. . . .
Послушайте, для наших благ
Я придумал кой-что похлеще.

Караваев

Да, да! Мы придумали кой-что похлеще.

Пугачев

Знаете ли вы,
Что по черни ныряет весть,
Как по гребням волн лодка с парусом низким?
По-звериному любит мужик наш на корточки сесть
И сосать эту весть, как коровьи большие сиськи.

От песков Джигильды до Алатыря
Эта весть о том,
Что какой-то жестокий поводырь
Мертвую тень императора
Ведет на российскую ширь.
Эта тень с веревкой на шее безмясой,
Отвалившуюся челюсть теребя,
Скрипящими ногами приплясывая,
Идет отомстить за себя,
Идет отомстить Екатерине,
Подымая руку, как желтый кол,
За то, что она с сообщниками своими,
Разбив белый кувшин
Головы его,
Взошла на престол.

Оболяев

Это только веселая басня!
Ты, конечно, не за этим пришел,
Чтоб рассказать ее нам?

Пугачев

Напрасно, напрасно, напрасно
Ты так думаешь, брат Степан.

Караваев

Да, да! По-моему, тоже напрасно.

Пугачев

Разве важно, разве важно, разве важно,
Что мертвые не встают из могил?
Но зато кой-где почву безвлажную
Этот слух словно плугом взрыл.
Уже слышится благовест бунтов,
Рев крестьян оглашает зенит,
И кустов деревянный табун
Безлиственной ковкой звенит.
Что ей Петр? – Злой и дикой ораве? –
Только камень желанного случая,
Чтобы колья погромные правили
Над теми, кто грабил и мучил.
Каждый платит за лепту лептою,
Месть щенками кровавыми щенится.
Кто же скажет, что это свирепствуют
Бродяги и отщепенцы?
Это буйствуют россияне!
Я ж хочу научить их под хохот сабль
Обтянуть тот зловещий скелет парусами
И пустить его по безводным степям,
Как корабль.
А за ним
По курганам синим
Мы живых голов двинем бурливый флот.

. . . .
. . . .

Послушайте! Для всех отныне
Я – император Петр!

Казаки

Как император?

Оболяев

Он с ума сошел!

Пугачев

Ха-ха-ха!
Вас испугал могильщик,
Который, череп разложив как горшок,
Варит из медных монет щи,
Чтоб похлебать в черный срок.
Я стращать мертвецом вас не стану,
Но должны ж вы, должны понять,
Что этим кладбищенским планом
Мы подымем монгольскую рать!
Нам мало того простолюдства,
Которое в нашем краю,
Пусть калмык и башкирец бьются
За бараньи костры средь юрт!

Зарубин

Это верно, это верно, это верно!
Кой нам черт умышлять побег?
Лучше здесь всем им головы скверные
Обломать, как колеса с телег.
Будем крыть их ножами и матом,
Кто без сабли — так бей кирпичом!
Да здравствует наш император,
Емельян Иванович Пугачев!

Пугачев

Нет, нет, я для всех теперь
Не Емельян, а Петр...

Караваев

Да, да, не Емельян, а Петр...

Пугачев

Братья, братья, ведь каждый зверь
Любит шкуру свою и имя...
Тяжко, тяжко моей голове
Опушать себя чуждым инеем.

Трудно сердцу светильником мести
Освещать корявые чащи.
Знайте, в мертвое имя влезть –
То же, что в гроб смердящий.

Больно, больно мне быть Петром,
Когда кровь и душа Емельянова.
Человек в этом мире не бревенчатый дом,
Не всегда перестроишь наново...
Но... к черту все это, к черту!
Прочь жалость телячьих нег!

Нынче ночью в половине четвертого
Мы устроить должны набег.

5

Уральский каторжник

Хлопуша

Сумасшедшая, бешеная кровавая муть!
Что ты? Смерть? Иль исцеленье калекам?
Проведите, проведите меня к нему,
Я хочу видеть этого человека.
Я три дня и три ночи искал ваш умёт,
Тучи с севера сыпались каменной грудой.
Слава ему! Пусть он даже не Петр!
Чернь его любит за буйство и удаль.
Я три дня и три ночи блуждал по тропам,
В солонце рыл глазами удачу,
Ветер волосы мои, как солому, трепал
И цепами дождя обмолачивал.
Но озлобленное сердце никогда не заблудится,
Эту голову с шеи сшибить нелегко.
Оренбургская заря красношерстной
верблюдицей
Рассветное роняла мне в рот молоко.
И холодное корявое вымя сквозь тьму
Прижимал я, как хлеб, к истощенным векам.
Проведите, проведите меня к нему,
Я хочу видеть этого человека.

Зарубин

Кто ты? Кто? Мы не знаем тебя!
Что тебе нужно в нашем лагере?
Отчего глаза твои,
Как два цепных кобеля,
Беспокойно ворочаются в соленой влаге?
Что пришел ты ему сообщить?
Злое ль, доброе ль светится из пасти вспурга?
Прорубились ли в Азию бунтовщики?
Иль, как зайцы, бегут от Оренбурга?

Хлопуша

Где он? Где? Неужель его нет?
Тяжелее, чем камни, я нес мою душу.
Ах, давно, знать, забыли в этой стране
Про отчаянного негодяя и жулика Хлопушу.
Смейся, человек!
В ваш хмурый стан
Посылаются замечательные разведчики.
Был я каторжник и арестант,
Был убийца и фальшивомонетчик.

Но всегда ведь, всегда ведь, рано ли, поздно ли,
Расставляет расплата капканы терний.
Заковали в колодки и вырвали ноздри
Сыну крестьянина Тверской губернии.
Десять лет –
Понимаешь ли ты, десять лет? –
То острожничал я, то бродяжил.
Это теплое мясо носил скелет
На общипку, как пух лебяжий.

Черта ль с того, что хотелось мне жить?
Что жестокостью сердце устало хмуриться?
Ах, дорогой мой,
Для помещика мужик –
Все равно что овца, что курица.
Ежедневно молясь на зари желтый гроб,
Кандалы я сосал голубыми руками...

Вдруг... три ночи назад... губернатор Рейнсдорп,
Как сорвавшийся лист,
Взлетел ко мне в камеру...
«Слушай, каторжник!
(Так он сказал.)
Лишь тебе одному поверю я.
Там в ковыльных просторах ревет гроза,
От которой дрожит вся империя,
Там какой-то пройдоха, мошенник и вор
Вздумал вздыбить Россию ордой грабителей,
И дворянские головы сечет топор —
Как березовые купола
В лесной обители.
Ты, конечно, сумеешь всадить в него нож?
(Так он сказал, так он сказал мне.)
Вот за эту услугу ты свободу найдешь
И в карманах зазвякает серебро, а не камни».

Уж три ночи, три ночи, пробиваясь сквозь тьму,
Я ищу его лагерь, и спросить мне некого.
Проведите ж, проведите меня к нему.
Я хочу видеть этого человека!

Зарубин

Странный гость.

Подуров

Подозрительный гость.

Зарубин

Как мы можем тебе довериться?

Подуров

Их немало, немало, за червонцев горсть
Готовых пронзить его сердце.

Хлопуша

Ха-ха-ха!
Это очень неглупо.

Вы надежный и крепкий щит.
Только весь я до самого пупа –
Местью вскормленный бунтовщик.
Каплет гноем смола прогорклая
Из разодранных ребер изб.
Завтра ж ночью я выбегу волком
Человеческое мясо грызть.
Все равно ведь, все равно ведь, все равно ведь,
Не сожрешь – так сожрут тебя ж.
Нужно вечно держать наготове
Эти руки для драки и краж.
Верьте мне!
Я пришел к вам как друг.
Сердце радо в пурге расколоться
Оттого, что без Хлопуши
Вам не взять Оренбург
Даже с сотней лихих полководцев.

Зарубин

Так открой нам, открой, открой
Тот план, что в тебе хоронится.

Подуров

Мы сейчас же, сейчас же пошлем тебя в бой
Командиром над нашей конницей.

Хлопуша

Нет!
Хлопуша не станет биться.
У Хлопуши другая мысль.
Он хотел бы, чтоб гневные лица
Вместе с злобой умом налились.
Вы бесстрашны, как хищные звери,
Грозен лязг ваших битв и побед,
Но ведь все ж у вас нет артиллерии?
Но ведь все ж у вас пороху нет?

Ах, в башке моей, словно в бочке,
Мозг, как спирт, хлебной едкостью лют.

Знаю я, за Самарой рабочие
Для помещиков пушки льют.
Там найдется и порох, и ядра,
И наводчиков зоркая рать.
Только надо сейчас же, не откладывая,
Всех крестьян в том краю взбунтовать.
Стыдно медлить здесь, стыдно медлить,
Гнев рабов – не кобылий фырк...
Так давайте ж по липовой меди
Трахнем вместе к границам Уфы.

6

В стане Зарубина

Зарубин

Эй ты, люд честной да веселый,
Забубенная трын-трава!
Подружилась с твоими селами
Скуломордая татарва.
Свищут кони, как вихри, по полю,
Только взглянешь – и след простыл.
Месяц, желтыми крыльями хлопая,
Раздирает, как ястреб, кусты.
Загляжусь я по ровной голи
В синью стынущие луга,
Не березовая ль то Монголия?
Не кибитки ль киргиз – стога?..

Слушай, люд честной, слушай, слушай
Свой кочевнический пересвист!
Оренбург, осажденный Хлопушей,
Ест лягушек, мышей и крыс.
Треть страны уже в наших руках,
Треть страны мы как войско выставили.
Нынче ж в ночь потеряет враг
По Приволжью все склады и пристани.

Шигаев

Стоп, Зарубин!
Ты, наверное, не слыхал,
Это видел не я...

Другие...
Многие...
Около Самары с пробитой башкой ольха,
Капая желтым мозгом,
Прихрамывает при дороге.
Словно слепец, от ватаги своей отстав,
С гнусавой и хриплой дрожью
В рваную шапку вороньего гнезда
Просит она на пропитанье
У проезжих и у прохожих.
Но никто ей не бросит даже камня.
В испуге крестясь на звезду,
Все считают, что это страшное знамение,
Предвещающее беду.
Что-то будет.
Что-то должно случиться.
Говорят, наступит глад и мор,
По сту раз на лету будет склевывать птица
Желудочное свое серебро.

Торнов

Да-да-да!
Что-то будет!
Повсюду
Воют слухи, как псы у ворот,
Дует в души суровому люду
Ветер сырью и вонью болот.
Быть беде!
Быть великой потере!
Знать, не зря с луговой стороны
Луны лошадиный череп
Каплет золотом сгнившей слюны.

Зарубин

Врете! Врете вы,
Нож вам в спины!
С детства я не видал в глаза,
Чтоб от этакой чертовщины
Хуже бабы дрожал казак.

Шигаев

Не дрожим мы, ничуть не дрожим!
Наша кровь — не башкирские хляби.
Сам ты знаешь ведь, чьи ножи
Пробивали дорогу в Челябинск.
Сам ты знаешь, кто брал Осу,
Кто разбил наголо Сарапуль.
Столько мух не сидело у тебя на носу,
Сколько пуль в наши спины вцарапали.
В стужу ль, в сырость ли,
В ночь или днем —
Мы всегда наготове к бою,
И любой из нас больше дорожит конем,
Чем разбойной своей головою.
Но кому-то грозится, грозится беда,
И ее ль казаку не слышать?
Посмотри, вон сидит дымовая труба,
Как наездник, верхом на крыше.
Вон другая, вон третья,
Не счесть их рыл
С залихватской тоской остолопов,
И весь дикий табун деревянных кобыл
Мчится, пылью клубя, галопом.
Ну куда ж он? Зачем он?
Каких дорог
Оголтелые всадники ищут?
Их стегает, стегает переполох
По стеклянным глазам кнутовищем.

Зарубин

Нет, нет, нет!
Ты не понял...
То слышится звань,
Звань к оружью под каждой оконницей.
Знаю я, нынче ночью идет на Казань
Емельян со свирепой конницей.
Сам вчера, от восторга едва дыша,
За горой в предрассветной мгле
Видел я, как тянулись за Черемшан
С артиллерией тысчи телег.

Как торжественно с хрипом колесным обоз
По дорожным камням грохотал.
Рев верблюдов сливался с блеянием коз
И с гортанною речью татар.

Торнов

Что ж, мы верим, мы верим,
Быть может,
Как ты мыслишь, все так и есть;
Голос гнева, с бедою схожий,
Нас сзывает на страшную месть.
Дай Бог!
Дай Бог, чтоб так и сталось.

Зарубин

Верьте, верьте!
Я вам клянусь!
Не беда, а нежданная радость
Упадет на мужицкую Русь.
Вот взвенел, словно сабли о панцири,
Синий сумрак над ширью равнин,
Даже рощи –
И те повстанцами
Подымают хоругви рябин.
Зреет, зреет веселая сеча.
Взвоет в небо кровавый туман.
Гудом ядер и свистом картечи
Будет завтра их крыть Емельян.
И чтоб бунт наш гремел безысходней,
Чтоб вконец не сосала тоска, –
Я сегодня ж пошлю вас, сегодня,
На подмогу его войскам.

7

Ветер качает рожь

Чумаков

Что это? Как это? Неужель мы разбиты?
Сумрак голодной волчицей выбежал кровь зари лакать.

О, эта ночь! Как могильные плиты,
По небу тянутся каменные облака.
Выйдешь в поле, зовешь, зовешь,
Кличешь старую рать, что легла под Сарептой,
И глядишь и не видишь – то ли зыбится рожь,
То ли желтые полчища пляшущих скелетов.
Нет, это не август, когда осыпаются овсы,
Когда ветер по полям их колотит дубинкой грубой.
Мертвые, мертвые, посмотрите, кругом мертвецы,
Вон они хохочут, выплевывая сгнившие зубы.
Сорок тысяч нас было, сорок тысяч,
И все сорок тысяч за Волгой легли, как один.
Даже дождь так не смог бы траву иль солому высечь,
Как осыпали саблями головы наши они.
Что это? Как это? Куда мы бежим?
Сколько здесь нас в живых осталось?
От горящих деревень бьющий лапами в небо дым
Расстилает по земле наш позор и усталость.
Лучше б было погибнуть нам там и лечь,
Где кружит воронье беспокойным, зловещим
свадьбищем,
Чем струить эти пальцы пятерками пылающих свеч,
Чем нести это тело с гробами надежд, как кладбище!

Бурнов

Нет! Ты не прав, ты не прав, ты не прав!
Я сейчас чувством жизни, как никогда, болен.
Мне хотелось бы, как мальчишке, кувыркаться
по золоту трав
И сшибать черных галок с крестов голубых
колоколен.
Все, что отдал я за свободу черни,
Я хотел бы вернуть и поверить снова,
Что вот эту луну,
Как керосиновую лампу в час вечерний,
Зажигает фонарщик из города Тамбова.
Я хотел бы поверить, что эти звезды –
не звезды,
Что это – желтые бабочки, летящие на лунное
пламя...

Друг!..
Зачем же мне в душу ты ропотом слезным
Бросаешь, как в стекла часовни, камнем?

Чумаков

Что жалеть тебе смрадную холодную душу —
Околевшего медвежонка в тесной берлоге?
Знаешь ли ты, что в Оренбурге зарезали Хлопушу?
Знаешь ли ты, что Зарубин в Табинском остроге?
Наше войско разбито вконец Михельсоном,
Калмыки и башкиры удрали к Аральску в Азию.
Не с того ли так жалобно
Суслики в поле притоптанном стонут,
Обрызгивая мертвые головы, как кленовые листья, грязью?
Гибель, гибель стучит по деревням в колотушку.
Кто ж спасет нас? Кто даст нам укрыться?
Посмотри! Там опять, там опять за опушкой
В воздух крылья крестами бросают крикливые птицы.

Бурнов

Нет, нет, нет! Я совсем не хочу умереть!
Эти птицы напрасно над нами вьются.
Я хочу снова отроком, отряхая с осинника медь,
Подставлять ладони, как белые скользкие блюдца.
Как же смерть?
Разве мысль эта в сердце поместится,
Когда в Пензенской губернии у меня есть свой дом?
Жалко солнышко мне, жалко месяц,
Жалко тополь над низким окном.
Только для живых ведь благословенны
Рощи, потоки, степи и зеленя.
Слушай, плевать мне на всю вселенную,
Если завтра здесь не будет меня!
Я хочу жить, жить, жить,
Жить до страха и боли!
Хоть карманником, хоть золоторотцем,
Лишь бы видеть, как мыши от радости прыгают в поле,

Лишь бы слышать, как лягушки от восторга
поют в колодце.
Яблоневым цветом брызжется душа моя белая,
В синее пламя ветер глаза раздул.
Ради Бога, научите меня,
Научите меня, и я что угодно сделаю,
Сделаю что угодно, чтоб звенеть в человечьем саду!

Творогов

Стойте! Стойте!
Если б знал я, что вы не трусливы,
То могли б мы спастись без труда.
Никому б не открыли наш заговор безъязыкие ивы,
Сохранила б молчанье одинокая в небе звезда.
Не пугайтесь!
Не пугайтесь жестокого плана.
Это не тяжелее, чем хруст ломаемых в теле костей,
Я хочу предложить вам:
Связать на заре Емельяна
И отдать его в руки грозящих нам смертью властей.

Чумаков

Как, Емельяна?

Бурнов

Нет! Нет! Нет!

Творогов

Хе-хе-хе!
Вы глупее, чем лошади!
Я уверен, что завтра ж,
Лишь золотом плюнет рассвет,
Вас развесят солдаты, как туш, на какой-нибудь
площади,
И дурак тот, дурак, кто жалеть будет вас,
Оттого что сами себе вы придумали тернии.
Только раз ведь живем мы, только раз!
Только раз светит юность, как месяц в родной
губернии.

Слушай, слушай, есть дом у тебя на Суре,
Там в окно твое тополь стучится багряными листьями,
Словно хочет сказать он хозяину в хмурой
октябрьской поре,
Что изранила его осень холодными меткими
выстрелами.
Как же сможешь ты тополю помочь?
Чем залечишь ты его деревянные раны?
Вот такая же жизни осенняя гулкая ночь
Общипала, как тополь зубами дождей, Емельяна.

Знаю, знаю, весной, когда лает вода,
Тополь снова покроется мягкой зеленой кожей.
Но уж старые листья на нем не взойдут никогда —
Их растащит зверье и потопчут прохожие.

Что мне в том, что сумеет Емельян скрыться в Азию?
Что, набравши кочевников, может снова удариться
в бой?
Все равно ведь и новые листья падут и покроются
грязью.
Слушай, слушай, мы старые листья с тобой!
Так чего ж нам качаться на голых корявых ветвях?
Лучше оторваться и броситься в воздух кружиться,
Чем лежать и струить золотое гниенье в полях,
Чем глаза твои выклюют черные хищные птицы.
Тот, кто хочет за мной, — в добрый час!
Нам башка Емельяна — как челн
Потопающим в дикой реке...

Только раз ведь живем мы, только раз!
Только раз славит юность, как парус, луну вдалеке.

8

Конец Пугачева

Пугачев

Вы с ума сошли! Вы с ума сошли! Вы с ума сошли!
Кто сказал вам, что мы уничтожены?

Злые рты, как с протухшею пищей кошли,
Зловонно рыгают бесстыдной ложью.
Трижды проклят тот трус, негодяй и злодей,
Кто сумел окормить вас такою дурью.
Нынче ж в ночь вы должны оседлать лошадей
И попасть до рассвета со мною в Гурьев.
Да, я знаю, я знаю, мы в страшной беде,
Но затем-то и злей над туманной вязью
Деревянными крыльями по каспийской воде
Наши лодки заплещут, как лебеди, в Азию.
О Азия, Азия! Голубая страна,
Обсыпанная солью, песком и известкой.
Там так медленно по небу едет луна,
Поскрипывая колесами, как киргиз с повозкой.
Но зато кто бы знал, как бурливо и гордо
Скачут там шерстожелтые горные реки!
Не с того ли так свищут монгольские орды
Всем тем диким и злым, что сидит в человеке?

Уж давно я, давно скрывал тоску
Перебраться туда, к их кочующим станам,
Чтоб разящими волнами их сверкающих скул
Стать к преддверьям России, как тень Тамерлана.
Так какой же мошенник, прохвост и злодей
Окормил вас бесстыдной трусливой дурью?
Нынче ж в ночь вы должны оседлать лошадей
И попасть до рассвета со мною в Гурьев.

Крямин

О смешной, о смешной, о смешной Емельян!
Ты все такой же сумасбродный, слепой и вкрадчивый;
Расплескалась удаль твоя по полям,
Не вскипеть тебе больше ни в какой азиатчине.
Знаем мы, знаем твой монгольский народ,
Нам ли храбрость его неизвестна?
Кто же первый, кто первый, как не этот сброд
Под Самарой ударился в бегство?
Как всегда, как всегда, эта дикая гнусь
Выбирала для жертвы самых слабых и меньших,

Только б грабить и жечь ей пограничную Русь
Да привязывать к седлам добычей женщин.
Ей всегда был приятней набег и разбой,
Чем суровые походы с житейской хмурью.
. . . .
Нет, мы больше не можем идти за тобой,
Не хотим мы ни в Азию, ни на Каспий, ни в Гурьев.

Пугачев

Боже мой, что я слышу?
Казак, замолчи!
Я заткну твою глотку ножом иль выстрелом...
Неужели и вправду отзвенели мечи?
Неужель это плата за все, что я выстрадал?
Нет, нет, нет, не поверю, не может быть!
Не на то вы взрастали в степных станицах,
Никакие угрозы суровой судьбы
Не должны вас заставить смириться.
Вы должны разжигать еще больше тот взвой,
Когда ветер метелями с наших стран дул...

Смело ж к Каспию! Смело за мной!
Эй вы, сотники, слушать команду!

Крямин

Нет! Мы больше не слуги тебе!
Нас не взманит твое сумасбродство.
Не хотим мы в ненужной и глупой борьбе
Лечь, как толпы других, по погостам.
Есть у сердца невзгоды и тайный страх
От кровавых раздоров и стонов.
Мы хотели б, как прежде, в родных хуторах
Слушать шум тополей и кленов.
Есть у нас роковая зацепка за жизнь,
Что прочнее канатов и проволок...
Не пора ли тебе, Емельян, сложить
Перед властью мятежную голову?!
Все равно то, что было, назад не вернешь,
Знать, недаром листвою октябрь заплакал...

Пугачев

Как? Измена?
Измена?
Ха-ха-ха!..
Ну так что ж!
Получай же награду свою, собака!

(*Стреляет.*)

Крямин падает мертвым. Казаки с криком обнажают сабли. Пугачев, отмахиваясь кинжалом, пятится к стене.

Голоса

Вяжите его! Вяжите!

Твороогов

Бейте! Бейте прямо саблей в морду!

Первый голос

Натерпелись мы этой прыти...

Второй голос

Тащите его за бороду...

Пугачев

...Дорогие мои... Хор-рошие...
Что случилось? Что случилось? Что случилось?
Кто так страшно визжит и хохочет
В придорожную грязь и сырость?
Кто хихикает там исподтишка,
Злобно отплевываясь от солнца?

. . . .

...Ах, это осень!
Это осень вытряхивает из мешка
Чеканенные сентябрем червонцы.
Да! Погиб я!
Приходит час...
Мозг, как воск, каплет глухо, глухо...

...Это она!
Это она подкупила вас,
Злая и подлая оборванная старуха.
Это она, она, она,
Разметав свои волосы зарею зыбкой,
Хочет, чтоб сгибла родная страна
Под ее невеселой холодной улыбкой.

Творогов

Ну, рехнулся... чего ж глазеть?
Вяжите!
Чай, не выбьет стены головою.
Слава Богу! конец его зверской резне,
Конец его злобному волчьему вою.
Будет ярче гореть теперь осени медь,
Мак зари черпаками ветров не выхлестать.
Торопитесь же!
Нужно скорей поспеть
Передать его в руки правительства.

Пугачев

Где ж ты? Где ж ты, былая мощь?
Хочешь встать — и рукою не можешь двинуться!
Юность, юность! Как майская ночь,
Отзвенела ты черемухой в степной провинции.
Вот всплывает, всплывает синь ночная над Доном,
Тянет мягкою гарью с сухих перелесиц.
Золотою известкой над низеньким домом
Брызжет широкий и теплый месяц.
Где-то хрипло и нехотя кукарекнет петух,
В рваные ноздри пылью чихнет околица,
И все дальше, все дальше, встревоживши сонный луг,
Бежит колокольчик, пока за горой не расколется.
Боже мой!
Неужели пришла пора?
Неужель под душой так же падаешь, как под ношей?
А казалось... казалось еще вчера...
Дорогие мои... дорогие... хор-рошие...

Март–август 1921

Анна Снегина

А. Воронскому

1

«Село, значит, наше – Радово,
Дворов, почитай, два ста.
Тому, кто его оглядывал,
Приятственны наши места.
Богаты мы лесом и водью,
Есть пастбища, есть поля.
И по всему угодью
Рассажены тополя.

Мы в важные очень не лезем,
Но все же нам счастье дано.
Дворы у нас крыты железом,
У каждого сад и гумно.
У каждого крашены ставни,
По праздникам мясо и квас.
Недаром когда-то исправник
Любил погостить у нас.

Оброки платили мы к сроку,
Но – грозный судья – старшина
Всегда прибавлял к оброку
По мере муки и пшена.
И чтоб избежать напасти,
Излишек нам был без тягóт.
Раз – власти, на то они власти,
А мы лишь простой народ.

Но люди – все грешные души.
У многих глаза – что клыки.
С соседней деревни Криуши
Косились на нас мужики.
Житье у них было плохое –
Почти вся деревня вскачь
Пахала одной сохою
На паре заезженных кляч.

Каких уж тут ждать обилий, –
Была бы душа жива.
Украдкой они рубили
Из нашего леса дрова.
Однажды мы их застали...
Они в топоры, мы тож.
От звона и скрежета стали
По телу катилась дрожь.

В скандале убийством пахнет.
И в нашу и в их вину
Вдруг кто-то из них как ахнет! –
И сразу убил старшину.
На нашей быдластой сходке
Мы делу условили ширь.
Судили. Забили в колодки
И десять услали в Сибирь.
С тех пор и у нас неуряды.
Скатилась со счастья вожжа,
Почти что три года кряду
У нас то падеж, то пожар».

*

Такие печальные вести
Возница мне пел весь путь.
Я в радовские предместья
Ехал тогда отдохнуть.

Война мне всю душу изъела.
За чей-то чужой интерес
Стрелял я в мне близкое тело
И грудью на брата лез.

И понял, что я – игрушка,
В тылу же купцы да знать,
И, твердо простившись с пушками,
Решил лишь в стихах воевать.
Я бросил мою винтовку,
Купил себе «липу»[1], и вот
С такою-то подготовкой
Я встретил 17-й год.

Свобода взметнулась неистово.
И в розово-смрадном огне
Тогда над страною калифствовал
Керенский на белом коне.
Война «до конца», «до победы».
И ту же сермяжную рать
Прохвосты и дармоеды
Сгоняли на фронт умирать.
Но все же не взял я шпагу...
Под грохот и рев мортир
Другую явил я отвагу –
Был первый в стране дезертир.

*

Дорога довольно хорошая,
Приятная хладная звень.
Луна золотою порошею
Осыпала даль деревень.
«Ну, вот оно, наше Радово, –
Промолвил возница, –
Здесь!
Недаром я лошади вкладывал
За норов ее и спесь.
Позволь, гражданин, на чаишко.
Вам к мельнику надо?
Так вон!..
Я требую с вас без излишка
За дальний такой прогон».

---

[1] «Липа» – подложный документ. *(Прим. С. А. Есенина.)*

. . . .

Даю сороковку.
«Мало!»
Даю еще двадцать.
«Нет!»
Такой отвратительный малый.
А малому тридцать лет.
«Да что ж ты?
Имеешь ли душу?
За что ты с меня гребешь?»
И мне отвечает туша:
«Сегодня плохая рожь.
Давайте еще незвонких
Десяток иль штучек шесть –
Я выпью в шинке самогонки
За ваше здоровье и честь...»

*

И вот я на мельнице...
Ельник
Осыпан свечьми светляков.
От радости старый мельник
Не может сказать двух слов:
«Голубчик! Да ты ли?
Сергуха!
Озяб, чай? Поди, продрог?
Да ставь ты скорее, старуха,
На стол самовар и пирог!»

В апреле прозябнуть трудно,
Особенно так в конце.
Был вечер задумчиво чудный,
Как дружья улыбка в лице.
Объятья мельника круты,
От них заревет и медведь,
Но все же в плохие минуты
Приятно друзей иметь.

«Откуда? Надолго ли?»
«На год».

«Ну, значит, дружище, гуляй!
Сим летом грибов и ягод
У нас хоть в Москву отбавляй.
И дичи здесь, братец, до черта,
Сама так под порох и прет.
Подумай ведь только...
Четвертый
Тебя не видали мы год...»
. . . .
Беседа окончена...
Чинно
Мы выпили весь самовар.
По-старому с шубой овчинной
Иду я на свой сеновал.
Иду я разросшимся садом,
Лицо задевает сирень.
Так мил моим вспыхнувшим взглядам
Состарившийся плетень.
Когда-то у той вон калитки
Мне было шестнадцать лет,
И девушка в белой накидке
Сказала мне ласково: «Нет!»
Далекие, милые были.
Тот образ во мне не угас...
Мы все в эти годы любили,
Но мало любили нас.

2

«Ну что же! Вставай, Сергуша!
Еще и заря не текла,
Старуха за милую душу
Оладьев тебе напекла.
Я сам-то сейчас уеду
К помещице Снегиной...
Ей
Вчера настрелял я к обеду
Прекраснейших дупелей».

Привет тебе, жизни денница!
Встаю, одеваюсь, иду.

Дымком отдает росяница
На яблонях белых в саду.
Я думаю:
Как прекрасна
Земля
И на ней человек.
И сколько с войной несчастных
Уродов теперь и калек!
И сколько зарыто в ямах!
И сколько зароют еще!
И чувствую в скулах упрямых
Жестокую судоргу щек.

Нет, нет!
Не пойду навеки!
За то, что какая-то мразь
Бросает солдату-калеке
Пятак или гривенник в грязь.

«Ну, доброе утро, старуха!
Ты что-то немного сдала...»
И слышу сквозь кашель глухо:
«Дела одолели, дела.
У нас здесь теперь неспокойно.
Испариной все зацвело.
Сплошные мужицкие войны —
Дерутся селом на село.
Сама я своими ушами
Слыхала от прихожан:
То радовцев бьют криушане,
То радовцы бьют криушан.
И все это, значит, безвластье.
Прогнали царя...
Так вот...
Посыпались все напасти
На наш неразумный народ.
Открыли зачем-то остроги,
Злодеев пустили лихих.
Теперь на большой дороге
Покою не знай от них.
Вот тоже, допустим... с Криуши...

Их нужно б в тюрьму за тюрьмой,
Они ж, воровские души,
Вернулись опять домой.
У них там есть Прон Оглоблин,
Булдыжник, драчун, грубиян.
Он вечно на всех озлоблен,
С утра по неделям пьян.
И нагло в третьёвом годе,
Когда объявили войну,
При всем честном народе
Убил топором старшину.
Таких теперь тысячи стало
Творить на свободе гнусь.
Пропала Расея, пропала...
Погибла кормилица Русь...»

Я вспомнил рассказ возницы
И, взяв свою шляпу и трость,
Пошел мужикам поклониться,
Как старый знакомый и гость.

*

Иду голубою дорожкой
И вижу – навстречу мне
Несется мой мельник на дрожках
По рыхлой еще целине.
«Сергуха! За милую душу!
Постой, я тебе расскажу!
Сейчас! Дай поправить вожжу,
Потом и тебя оглоушу.
Чего ж ты мне утром ни слова?
Я Снегиным так и бряк:
Приехал ко мне, мол, веселый
Один молодой чудак.
(Они ко мне очень желанны,
Я знаю их десять лет.)
А дочь их замужняя Анна
Спросила:
– Не тот ли, поэт?
– Ну, да, – говорю, – он самый.
– Блондин?

– Ну, конечно, блондин!
– С кудрявыми волосами?
– Забавный такой господин!
– Когда он приехал?
– Недавно.
– Ах, мамочка, это он!
Ты знаешь,
Он был забавно
Когда-то в меня влюблен.
Был скромный такой мальчишка,
А нынче...
Поди ж ты...
Вот...
Писатель...
Известная шишка...
Без просьбы уж к нам не придет».

И мельник, как будто с победы,
Лукаво прищурил глаз:
«Ну, ладно! Прощай до обеда!
Другое сдержу про запас».

Я шел по дороге в Криушу
И тростью сшибал зеленя.
Ничто не пробилось мне в душу,
Ничто не смутило меня.
Струилися запахи сладко,
И в мыслях был пьяный туман...
Теперь бы с красивой солдаткой
Завесть хорошо роман.

*

Но вот и Криуша...
Три года
Не зрел я знакомых крыш.
Сиреневая погода
Сиренью обрызгала тишь.
Не слышно собачьего лая,
Здесь нечего, видно, стеречь –
У каждого хата гнилая,
А в хате ухваты да печь.

Гляжу, на крыльце у Прона
Горластый мужицкий галдеж.
Толкуют о новых законах,
О ценах на скот и рожь.
«Здорово, друзья!»
«Э, охотник!
Здорово, здорово!
Садись!
Послушай-ка ты, беззаботник,
Про нашу крестьянскую жисть.
Что нового в Питере слышно?
С министрами, чай, ведь знаком?
Недаром, едрит твою в дышло,
Воспитан ты был кулаком.
Но все ж мы тебя не порочим.
Ты – свойский, мужицкий, наш,
Бахвалишься славой не очень
И сердце свое не продашь.
Бывал ты к нам зорким и рьяным,
Себя вынимал на испод...
Скажи:
Отойдут ли крестьянам
Без выкупа пашни господ?
Кричат нам,
Что землю не троньте,
Еще не настал, мол, миг.
За что же тогда на фронте
Мы губим себя и других?»

И каждый с улыбкой угрюмой
Смотрел мне в лицо и в глаза,
А я, отягченный думой,
Не мог ничего сказать.
Дрожали, качались ступени,
Но помню
Под звон головы:
«Скажи,
Кто такое Ленин?»
Я тихо ответил:
«Он – вы».

3

На корточках ползали слухи,
Судили, решали, шепча.
И я от моей старухи
Достаточно их получал.

Однажды, вернувшись с тяги,
Я лег подремать на диван.
Разносчик болотной влаги,
Меня прознобил туман.
Трясло меня, как в лихорадке,
Бросало то в холод, то в жар,
И в этом проклятом припадке
Четыре я дня пролежал.

Мой мельник с ума, знать, спятил.
Поехал,
Кого-то привез...
Я видел лишь белое платье
Да чей-то привздернутый нос.
Потом, когда стало легче,
Когда прекратилась трясь,
На пятые сутки под вечер
Простуда моя улеглась.
Я встал.
И лишь только пола
Коснулся дрожащей ногой,
Услышал я голос веселый:
«А!
Здравствуйте, мой дорогой!
Давненько я вас не видала.
Теперь из ребяческих лет
Я важная дама стала,
А вы — знаменитый поэт.

. . . .

Ну, сядем.
Прошла лихорадка?
Какой вы теперь не такой!
Я даже вздохнула украдкой,
Коснувшись до вас рукой.

Да...
Не вернуть, что было.
Все годы бегут в водоем.
Когда-то я очень любила
Сидеть у калитки вдвоем.
Мы вместе мечтали о славе...
И вы угодили в прицел,
Меня же про это заставил
Забыть молодой офицер...»

*

Я слушал ее и невольно
Оглядывал стройный лик.
Хотелось сказать:
«Довольно!
Найдемте другой язык!»

Но почему-то, не знаю,
Смущенно сказал невпопад:
«Да... Да...
Я сейчас вспоминаю...
Садитесь.
Я очень рад.
Я вам прочитаю немного
Стихи
Про кабацкую Русь...
Отделано четко и строго.
По чувству – цыганская грусть».
«Сергей!
Вы такой нехороший.
Мне жалко,
Обидно мне,
Что пьяные ваши дебоши
Известны по всей стране.
Скажите:
Что с вами случилось?»
«Не знаю».
«Кому же знать?»
«Наверно, в осеннюю сырость
Меня родила моя мать».

«Шутник вы...»
«Вы тоже, Анна».
«Кого-нибудь любите?»
«Нет».
«Тогда еще более странно
Губить себя с этих лет:
Пред вами такая дорога...»

Сгущалась, туманилась даль...
Не знаю, зачем я трогал
Перчатки ее и шаль.

. . . .

Луна хохотала, как клоун.
И в сердце хоть прежнего нет,
По-странному был я полон
Наплывом шестнадцати лет.
Расстались мы с ней на рассвете
С загадкой движений и глаз...

Есть что-то прекрасное в лете,
А с летом прекрасное в нас.

*

Мой мельник...
Ох, этот мельник!
С ума меня сводит он.
Устроил волынку, бездельник,
И бегает, как почтальон.
Сегодня опять с запиской,
Как будто бы кто-то влюблен:
«Придите.
Вы самый близкий.
С любовью
Оглоблин Прон».

Иду.
Прихожу в Криушу.
Оглоблин стоит у ворот
И спьяну в печенки и в душу
Костит обнищалый народ.

«Эй, вы!
Тараканье отродье!
Все к Снегиной!..
Р-раз и квас!
Даешь, мол, твои угодья
Без всякого выкупа с нас!»
И тут же, меня завидя,
Снижая сварливую прыть,
Сказал в неподдельной обиде:
«Крестьян еще нужно варить».

«Зачем ты позвал меня, Проша?»
«Конечно, ни жать, ни косить.
Сейчас я достану лошадь
И к Снегиной... вместе...
Просить...»
И вот запрягли нам клячу.
В оглоблях мосластая шкеть —
Таких отдают с придачей,
Чтоб только самим не иметь.
Мы ехали мелким шагом,
И путь нас смешил и злил:
В подъемах по всем оврагам
Телегу мы сами везли.

Приехали.
Дом с мезонином
Немного присел на фасад.
Волнующе пахнет жасмином
Плетневый его палисад.
Слезаем.
Подходим к террасе
И, пыль отряхая с плеч,
О чьем-то последнем часе
Из горницы слышим речь:
«Рыдай — не рыдай, — не помога...
Теперь он холодный труп...
Там кто-то стучит у порога.
Припудрись...
Пойду отопру...»

Дебелая грустная дама
Откинула добрый засов.

И Прон мой ей брякнул прямо
Про землю,
Без всяких слов.
«Отдай!.. –
Повторял он глухо. –
Не ноги ж тебе целовать!»

Как будто без мысли и слуха
Она принимала слова.
Потом в разговорную очередь
Спросила меня
Сквозь жуть:
«А вы, вероятно, к дочери?
Присядьте...
Сейчас доложу...»

Теперь я отчетливо помню
Тех дней роковое кольцо.
Но было совсем не легко мне
Увидеть ее лицо.
Я понял –
Случилось горе,
И молча хотел помочь.
«Убили... Убили Борю...
Оставьте!
Уйдите прочь!
Вы – жалкий и низкий трусишка.
Он умер...
А вы вот здесь...»
Нет, это уж было слишком.
Не всякий рожден перенесть.
Как язвы, стыдясь оплеухи,
Я Прону ответил так:
«Сегодня они не в духе...
Поедем-ка, Прон, в кабак...»

4

Все лето провел я в охоте.
Забыл ее имя и лик.
Обиду мою
На болоте
Оплакал рыдальщик-кулик.

Бедна наша родина кроткая
В древесную цветень и сочь,
И лето такое короткое,
Как майская теплая ночь.
Заря холодней и багровей.
Туман припадает ниц.
Уже в облетевшей дуброве
Разносится звон синиц.

Мой мельник вовсю улыбается,
Какая-то ве́селость в нем.
«Теперь мы, Сергуха, по зайцам
За милую душу пальнем!»
Я рад и охоте...
Коль нечем
Развеять тоску и сон.
Сегодня ко мне под вечер,
Как месяц, вкатился Прон.
«Дружище!
С великим счастьем!
Настал ожидаемый час!
Приветствую с новой властью!
Теперь мы всех р-раз – и квас!
Без всякого выкупа с лета
Мы пашни берем и леса.
В России теперь Советы
И Ленин – старшой комиссар.
Дружище!
Вот это номер!
Вот это почин так почин.
Я с радости чуть не помер,
А брат мой в штаны намочил.
Едри ж твою в бабушку плюнуть!
Гляди, голубарь, веселей!
Я первый сейчас же коммуну
Устрою в своем селе».

У Прона был брат Лабутя,
Мужик – что твой пятый туз:
При всякой опасной минуте
Хвальбишка и дьявольский трус.

Таких вы, конечно, видали.
Их рок болтовней наградил.
Носил он две белых медали
С японской войны на груди.
И голосом хриплым и пьяным
Тянул, заходя в кабак:
«Прославленному под Ляояном
Ссудите на четвертак...»
Потом, насосавшись до дури,
Взволнованно и горячо
О сдавшемся Порт-Артуре
Соседу слезил на плечо.
«Голубчик! –
Кричал он. –
Петя!
Мне больно... Не думай, что пьян.
Отвагу мою на свете
Лишь знает один Ляоян».

Такие всегда на примете.
Живут, не мозоля рук.
И вот он, конечно, в Совете,
Медали запрятал в сундук.
Но с тою же важной осанкой,
Как некий седой ветеран,
Хрипел под сивушной банкой
Про Нерчинск и Турухан:
«Да, братец!
Мы горе видали,
Но нас не запугивал страх...»

. . . .

Медали, медали, медали
Звенели в его словах.
Он Прону вытягивал нервы,
И Прон материл не судом.
Но все ж тот поехал первый
Описывать снегинский дом.

В захвате всегда есть скорость:
– Даешь! Разберем потом!

Весь хутор забрали в волость
С хозяйками и со скотом.
А мельник...
. . . .
Мой старый мельник
Хозяек привез к себе,
Заставил меня, бездельник,
В чужой ковыряться судьбе.
И снова нахлынуло что-то...
Тогда я всю ночь напролет
Смотрел на скривленный заботой
Красивый и чувственный рот.

Я помню –
Она говорила:
«Простите... Была не права...
Я мужа безумно любила.
Как вспомню... болит голова...
Но вас
Оскорбила случайно...
Жестокость была мой суд...
Была в том печальная тайна,
Что страстью преступной зовут.
Конечно,
До этой осени
Я знала б счастливую быль...
Потом бы меня вы бросили,
Как выпитую бутыль...
Поэтому было не надо...
Ни встреч... ни вобще продолжать...
Тем более с старыми взглядами
Могла я обидеть мать».

Но я перевел на другое,
Уставясь в ее глаза,
И тело ее тугое
Немного качнулось назад.
«Скажите,
Вам больно, Анна,
За ваш хуторской разор?»

Но как-то печально и странно
Она опустила свой взор.
. . . .

«Смотрите...
Уже светает.
Заря как пожар на снегу...
Мне что-то напоминает...
Но что?..
Я понять не могу...
Ах!.. Да...
Это было в детстве...
Другой... Не осенний рассвет...
Мы с вами сидели вместе...
Нам по шестнадцать лет...»

Потом, оглядев меня нежно
И лебедя выгнув рукой,
Сказала как будто небрежно:
«Ну, ладно...
Пора на покой...»
. . . .

Под вечер они уехали.
Куда?
Я не знаю куда.
В равнине, проложенной вехами,
Дорогу найдешь без труда.

Не помню тогдашних событий,
Не знаю, что сделал Прон.
Я быстро умчался в Питер
Развеять тоску и сон.

5

Суровые, грозные годы!
Ну разве всего описать?
Слыхали дворцовые своды
Солдатскую крепкую «мать».

Эх, удаль!
Цветение в далях!
Недаром чумазый сброд
Играл по дворам на роялях
Коровам тамбовский фокстрот.
За хлеб, за овес, за картошку
Мужик залучил граммофон, –
Слюнявя козлиную ножку,
Танго́ себе слушает он.
Сжимая от прибыли руки,
Ругаясь на всякий налог,
Он мыслит до дури о штуке,
Катающейся между ног.

Шли годы
Размашисто, пылко...
Удел хлебороба гас.
Немало попрело в бутылках
«Кере́нок» и «ходей» у нас.
Фефела! Кормилец! Касатик!
Владелец землей и скотом,
За пару измызганных «катек»
Он даст себя выдрать кнутом.

Ну, ладно.
Довольно стонов!
Не нужно насмешек и слов!
Сегодня про участь Прона
Мне мельник прислал письмо:
«Сергуха! За милую душу!
Привет тебе, братец! Привет!
Ты что-то опять в Криушу
Не кажешься целых шесть лет!
Утешь!
Соберись, на милость!
Прижваривай по весне!
У нас здесь такое случилось,
Чего не расскажешь в письме.
Теперь стал спокой в народе,
И буря пришла в угомон.

Узнай, что в двадцатом годе
Расстрелян Оглоблин Прон.

Расея...
Дуровая зыкь она.
Хошь верь, хошь не верь ушам –
Однажды отряд Деникина
Нагрянул на криушан.
Вот тут и пошла потеха...
С потехи такой – околеть.
Со скрежетом и со смехом
Гульнула казацкая плеть.
Тогда вот и чикнули Проню,
Лабутя ж в солому залез
И вылез,
Лишь только кони
Казацкие скрылись в лес.
Теперь он по пьяной морде
Еще не устал голосить:
«Мне нужно бы красный орден
За храбрость мою носить».
Совсем прокатились тучи...
И хоть мы живем не в раю,
Ты все ж приезжай, голубчик,
Утешить судьбину мою...»

*

И вот я опять в дороге.
Ночная июньская хмарь.
Бегут говорливые дроги
Ни шатко ни валко, как встарь.
Дорога довольно хорошая,
Равнинная тихая звень.
Луна золотою порошею
Осыпала даль деревень.
Мелькают часовни, колодцы,
Околицы и плетни.
И сердце по-старому бьется,
Как билось в далекие дни.

Я снова на мельнице...
Ельник
Усыпан свечьми светляков.
По-старому старый мельник
Не может связать двух слов:
«Голубчик! Вот радость! Сергуха!
Озяб, чай? Поди, продрог?
Да ставь ты скорее, старуха,
На стол самовар и пирог.
Сергунь! Золотой! Послушай!
. . . .

И ты уж старик по годам...
Сейчас я за милую душу
Подарок тебе передам».
«Подарок?»
«Нет...
Просто письмишко.
Да ты не спеши, голубок!
Почти что два месяца с лишком
Я с почты его приволок».
Вскрываю... читаю... Конечно!
Откуда же больше ждать!
И почерк такой беспечный,
И лондонская печать.

«Вы живы?.. Я очень рада...
Я тоже, как вы, жива.
Так часто мне снится ограда,
Калитка и ваши слова.
Теперь я от вас далёко...
В России теперь апрель.
И синею заволокой
Покрыта береза и ель.
Сейчас вот, когда бумаге
Вверяю я грусть моих слов,
Вы с мельником, может, на тяге
Подслушиваете тетеревов.
Я часто хожу на пристань
И, то ли на радость, то ль в страх,
Гляжу средь судов все пристальней
На красный советский флаг.

Теперь там достигли силы.
Дорога моя ясна...
Но вы мне по-прежнему милы,
Как родина и как весна».

. . . .

Письмо как письмо.
Беспричинно.
Я в жисть бы таких не писал.

По-прежнему с шубой овчинной
Иду я на свой сеновал.
Иду я разросшимся садом,
Лицо задевает сирень.
Так мил моим вспыхнувшим взглядам
Погорбившийся плетень.
Когда-то у той вон калитки
Мне было шестнадцать лет.
И девушка в белой накидке
Сказала мне ласково: «Нет!»
Далекие милые были!..
Тот образ во мне не угас.

Мы все в эти годы любили,
Но, значит,
Любили и нас.

Январь 1925
Батум

ЧЕРНЫЙ ЧЕЛОВЕК

Друг мой, друг мой,
Я очень и очень болен.
Сам не знаю, откуда взялась эта боль.
То ли ветер свистит
Над пустым и безлюдным полем,
То ль, как рощу в сентябрь,
Осыпает мозги алкоголь.

Голова моя машет ушами,
Как крыльями птица.
Ей на шее ноги
Маячить больше невмочь.
Черный человек,
Черный, черный,
Черный человек
На кровать ко мне садится,
Черный человек
Спать не дает мне всю ночь.

Черный человек
Водит пальцем по мерзкой книге
И, гнусавя надо мной,
Как над усопшим монах,
Читает мне жизнь
Какого-то прохвоста и забулдыги,
Нагоняя на душу тоску и страх.
Черный человек,
Черный, черный!

«Слушай, слушай, –
Бормочет он мне, –

В книге много прекраснейших
Мыслей и планов.
Этот человек
Проживал в стране
Самых отвратительных
Громил и шарлатанов.

В декабре в той стране
Снег до дьявола чист,
И метели заводят
Веселые прялки.
Был человек тот авантюрист,
Но самой высокой
И лучшей марки.

Был он изящен,
К тому ж поэт,
Хоть с небольшой,
Но ухватистой силою,
И какую-то женщину,
Сорока с лишним лет,
Называл скверной девочкой
И своею милою».

«Счастье, – говорил он, –
Есть ловкость ума и рук.
Все неловкие души
За несчастных всегда известны.
Это ничего,
Что много мук
Приносят изломанные
И лживые жесты.

В грозы, в бури,
В житейскую стынь,
При тяжелых утратах
И когда тебе грустно,
Казаться улыбчивым и простым –
Самое высшее в мире искусство».

«Черный человек!
Ты не смеешь этого!

Ты ведь не на службе
Живешь водолазовой.
Что мне до жизни
Скандального поэта.
Пожалуйста, другим
Читай и рассказывай».

Черный человек
Глядит на меня в упор.
И глаза покрываются
Голубой блевотой, –
Словно хочет сказать мне,
Что я жулик и вор,
Так бесстыдно и нагло
Обокравший кого-то.

. . . .

Друг мой, друг мой,
Я очень и очень болен.
Сам не знаю, откуда взялась эта боль.
То ли ветер свистит
Над пустым и безлюдным полем,
То ль, как рощу в сентябрь,
Осыпает мозги алкоголь.

Ночь морозная.
Тих покой перекрестка.
Я один у окошка,
Ни гостя, ни друга не жду.
Вся равнина покрыта
Сыпучей и мягкой известкой,
И деревья, как всадники,
Съехались в нашем саду.

Где-то плачет
Ночная зловещая птица.
Деревянные всадники
Сеют копытливый стук.
Вот опять этот черный
На кресло мое садится,

Приподняв свой цилиндр
И откинув небрежно сюртук.

«Слушай, слушай! —
Хрипит он, смотря мне в лицо,
Сам все ближе
И ближе клонится. —
Я не видел, чтоб кто-нибудь
Из подлецов
Так ненужно и глупо
Страдал бессонницей.

Ах, положим, ошибся!
Ведь нынче луна.
Что же нужно еще
Напоенному дремой мирику?
Может, с толстыми ляжками
Тайно придет «она»,
И ты будешь читать
Свою дохлую томную лирику?

Ах, люблю я поэтов!
Забавный народ.
В них всегда нахожу я
Историю, сердцу знакомую, —
Как прыщавой курсистке
Длинноволосый урод
Говорит о мирах,
Половой истекая истомою.

Не знаю, не помню,
В одном селе,
Может, в Калуге,
А может, в Рязани,
Жил мальчик
В простой крестьянской семье,
Желтоволосый,
С голубыми глазами...

И вот стал он взрослым,
К тому ж поэт,
Хоть с небольшой,
Но ухватистой силою,

И какую-то женщину,
Сорока с лишним лет,
Называл скверной девочкой
И своею милою».

«Черный человек!
Ты прескверный гость.
Эта слава давно
Про тебя разносится».
Я взбешен, разъярен,
И летит моя трость
Прямо к морде его,
В переносицу...

. . . .

...Месяц умер,
Синеет в окошко рассвет.
Ах ты, ночь!
Что ты, ночь, наковеркала?
Я в цилиндре стою.
Никого со мной нет.
Я один...
И разбитое зеркало...

<1923–14 ноября 1925>

СТРАНА НЕГОДЯЕВ

(Драматическая поэма)

Персонал

Комиссар из охраны железнодорожной линии Чекистов.
Замарашкин — сочувствующий коммунистам. Доброволец.
Бандит Номах.
Рассветов.
Комиссары приисков Чарин.
Лобок.
Комендант поезда.
Красноармейцы.
Рабочие.
Советский сыщик Литза-Хун.
Повстанец Барсук.
Повстанцы.
Милиционеры.

Часть первая

На карауле

Снежная чаща. Железнодорожная будка Уральской линии. Чекистов, охраняющий линию, ходит с одного конца в другой.

Чекистов

Ну и ночь! Что за ночь!
Черт бы взял эту ночь
С б....... холодом
И такой темнотой,

С тем, что нужно без устали
Бельма перить.
. . . .
Стой!
Кто идет?
Отвечай!..
А не то
Мой наган размозжит твой череп!
Стой, холера тебе в живот.

Замарашкин

Тише... тише...
Легче бранись, Чекистов!
От ругательств твоих
Даже у будки краснеют стены.
И с чего это, брат мой,
Ты так неистов?
Это ж... я... Замарашкин...
Иду на смену...

Чекистов

Черт с тобой, что ты Замарашкин!
Я ведь не собака,
Чтоб слышать носом.

Замарашкин

Ох, и зол же ты, брат мой!..
Аж до печенок страшно...
Я уверен, что ты страдаешь
Кровавым поносом...

Чекистов

Ну конечно, страдаю!..
От этой проклятой селедки
Может вконец развалиться брюхо.
О!
Если б теперь... рюмку водки...
Я бы даже не выпил...

А так...
Понюхал...
. . . .
Знаешь? Когда эту селедку берешь
за хвост,
То думаешь,
Что вся она набита рисом...
Разломаешь,
Глядь:
Черви... Черви...
Жирные белые черви...
Дьявол нас, знать, занес
К этой грязной мордве
И вонючим черемисам!

Замарашкин

Что ж делать,
Когда выпал такой нам год?
Скверный год! Отвратительный год!
Это еще ничего...
Там... За Самарой... Я слышал...
Люди едят друг друга...
Такой выпал нам год!
Скверный год!
Отвратительный год!
И к тому же еще чертова вьюга.

Чекистов

Мать твою в эт-твою!
Ветер, как сумасшедший мельник,
Крутит жерновами облаков
День и ночь...
День и ночь...
А народ ваш сидит, бездельник,
И не хочет себе ж помочь.
Нет бездарней и лицемерней,
Чем ваш русский равнинный мужик!
Коль живет он в Рязанской губернии,
Так о Тульской не хочет тужить.

То ли дело Европа?
Там тебе не вот эти хаты,
Которым, как глупым курам,
Головы нужно давно под топор...

Замарашкин

Слушай, Чекистов!..
С каких это пор
Ты стал иностранец?
Я знаю, что ты еврей,
Фамилия твоя Лейбман,
И черт с тобой, что ты жил
За границей...
Все равно в Могилеве твой дом.

Чекистов

Ха-ха!
Нет, Замарашкин!
Я гражданин из Веймара
И приехал сюда не как еврей,
А как обладающий даром
Укрощать дураков и зверей.
Я ругаюсь и буду упорно
Проклинать вас хоть тысячи лет,
Потому что...
Потому что хочу в уборную,
А уборных в России нет.
Странный и смешной вы народ!
Жили весь век свой нищими
И строили храмы Божие...
Да я б их давным-давно
Перестроил в места отхожие.
Ха-ха!
Что скажешь, Замарашкин?
Ну?
Или тебе обидно,
Что ругают твою страну?
Бедный! Бедный Замарашкин...

Замарашкин

Черт-те что ты городишь, Чекистов!

Чекистов

Мне нравится околёсина.
Видишь ли... я в жизни
Был бедней церковного мыша
И глодал вместо хлеба камни.
Но у мсня была душа,
Которая хотела быть Гамлетом.
Глупая душа, Замарашкин!
Ха-ха!
А когда я немного подрос,
Я увидел...

Слышатся шаги.

Тише... Помолчи, голубчик...
Кажется... кто-то... кажется...
Черт бы взял этого мерзавца Номаха
И всю эту банду повстанцев!
Я уверен, что нынче ночью
Ты заснешь, как плаха,
А он опять остановит поезд
И разграбит станцию.

Замарашкин

Я думаю, этой ночью он не придет.
Нынче от холода в воздухе
Дохли птицы.
Для конницы нынче
Дорога скользка, как лед,
А с пехотой прийти
Он и сам побоится.
Нет! этой ночью он не придет!
Будь спокоен, Чекистов!
Это просто с мороза проскрипело дерево...

Чекистов

Хорошо! Я спокоен. Сейчас уйду.
Продрог до костей от волчьей стужи.
А в казарме сегодня,
Как на беду,
Из прогнившей картошки
Холодный ужин.
Эх ты, Гамлет, Гамлет!
Ха-ха, Замарашкин!..
Прощай!
Карауль в оба!..

Замарашкин

Хорошего аппетита!
Спокойной ночи!

Чекистов

Мать твою в эт-твою!

(*Уходит.*)

Ссора из-за фонаря

Некоторое время Замарашкин расхаживает около будки один. Потом неожиданно подносит руку к губам и издает в два пальца осторожный свист. Из чащи, одетый в русский полушубок и в шапку-ушанку, выскакивает Номах.

Номах

Что говорил тебе этот коммунист?

Замарашкин

Слушай, Номах! Оставь это дело.
Они за тебя по-настоящему взялись.
Как бы не на столбе
Очутилось твое тело.

Номах

Ну так что ж!
Для ворон будет пища.

Замарашкин

Но ты должен щадить других.

Номах

Что другие?
Свора голодных нищих.
Им все равно...
В этом мире немытом
Душу человеческую
Ухорашивают рублем,
И если преступно здесь быть бандитом,
То не более преступно,
Чем быть королем...
Я слышал, как этот прохвост
Говорил тебе о Гамлете.
Что он в нем смыслит?
Гамлет восстал против лжи,
В которой варился королевский двор.
Но если б теперь он жил,
То был бы бандит и вор.
Потому что человеческая жизнь
Это тоже двор,
Если не королевский, то скотный.

Замарашкин

Помнишь, мы зубрили в школе?
«Слова, слова, слова...»
Впрочем, я вас обоих
Слушаю неохотно.
У меня есть своя голова.
Я только всему свидетель,
В тебе ж люблю старого друга.
В час несчастья с тобой на свете
Моя помощь к твоим услугам.

Номах

Со мною несчастье всегда.
Мне нравятся жулики и воры.
Мне нравятся груди,
От гнева спертые.
Люди устраивают договоры,
А я посылаю их к черту.
Кто смеет мне быть правителем?
Пусть те, кому дорог хлев,
Называются гражданами и жителями
И жиреют в паршивом тепле.
Это все твари тленные!
Предмет для навозных куч!
А я – гражданин вселенной,
Я живу, как я сам хочу!

Замарашкин

Слушай, Номах... Я знаю,
Быть может, ты дьявольски прав,
Но все ж... Я тебе желаю
Хоть немного смирить свой нрав.
Подумай... Не завтра, так после...
Не после... Так после опять...
Слова ведь мои не кости,
Их можно легко прожевать.
Ты понимаешь, Номах?

Номах

Ты думаешь, меня это страшит?
Я знаю мою игру.
Мне здесь на все наплевать.
Я теперь вконец отказался от многого,
И в особенности от государства,
Как от мысли праздной,
Оттого что постиг я,
Что все это договор,
Договор зверей окраски разной.
Люди обычаи чтут как науку,
Да только какой же в том смысл и прок,

Если многие громко сморкаются в руку,
А другие обязательно в носовой платок.
Мне до дьявола противны
И те и эти.
Я потерял равновесие...
И знаю сам —
Конечно, меня подвесят
Когда-нибудь к небесам.
Ну так что ж!
Это еще лучше!
Там можно прикуривать о звезды...
Но...
Главное не в этом.
Сегодня проходит экспресс,
В 2 ночи —
46 мест.
Красноармейцы и рабочие.
Золото в слитках.

Замарашкин

Ради Бога, меня не впутывай!

Номах

Ты дашь фонарь?

Замарашкин

Какой фонарь?

Номах

Красный.

Замарашкин

Этого не будет!

Номах

Будет хуже.

Замарашкин

Чем хуже?

Номах

Я разберу рельсы.

Замарашкин

Номах! Ты подлец!
Ты хочешь меня под расстрел...
Ты хочешь, чтоб трибунал...

Номах

Не беспокойся! Ты будешь цел.
Я 200 повстанцев сюда пригнал.
Коль боишься расстрела,
Бежим со мной.

Замарашкин

Я? С тобой?
Да ты спятил с ума!

Номах

В голове твоей бродит
Непроглядная тьма.
Я думал – ты смел,
Я думал – ты горд,
А ты только лишь лакей
Узаконенных держиморд.
Ну так что ж!
У меня есть выход другой,
Он не хуже...

Замарашкин

Я не был никогда слугой.
Служит тот, кто трус.
Я не пленник в моей стране,
Ты меня не заманишь к себе.

Уходи! Уходи!
Уходи, ради дружбы.

Номах

Ты, как сука, скулишь при луне...

Замарашкин

Уходи! Не заставь скорбеть...
Мы ведь товарищи старые...
Уходи, говорю тебе...

(*Трясет винтовкой.*)

А не то вот на этой гитаре
Я сыграю тебе разлуку.

Номах (*смеясь*)

Слушай, защитник коммуны,
Ты, пожалуй, этой гитарой
Оторвешь себе руку.
Спрячь-ка ее, бесструнную,
Чтоб не охрипла на холоде.
Я и сам ведь сонату лунную
Умею играть на кольте.

Замарашкин

Ну и играй, пожалуйста.
Только не здесь!
Нам такие музыканты не нужны.

Номах

Все вы носите овечьи шкуры,
И мясник пасет для вас ножи.
Все вы стадо!
Стадо! Стадо!
Неужели ты не видишь? Не поймешь,
Что такого равенства не надо?
Ваше равенство — обман и ложь.

Старая гнусавая шарманка
Этот мир идейных дел и слов.
Для глупцов – хорошая приманка,
Подлецам – порядочный улов.
Дай фонарь!

Замарашкин

Иди ты к черту!

Номах

Тогда не гневайся,
Пускай тебя не обижает
Другой мой план.

Замарашкин

Ни один план твой не пройдет.

Номах

Ну, это мы еще увидим...
. . . .
Послушай, я тебе скажу:
Коль я хочу,
Так, значит, надо.
Ведь я башкой моей не дорожу
И за грабеж не требую награды.
Все, что возьму,
Я все отдам другим.
Мне нравится игра,
Ни слава и ни злато.
Приятно мне под небом голубым
Утешить бедного и вшивого собрата.
Дай фонарь!

Замарашкин

Отступись, Номах!

Номах

Я хочу сделать для бедных праздник.

Замарашкин

Они сделают его сами.

Номах

Они сделают его через 1000 лет.

Замарашкин

И то хорошо.

Номах

А я сделаю его сегодня.

. . . .

Бросается на Замарашкина и давит его за горло. Замарашкин падает. Номах завязывает ему рот платком и скручивает веревками руки и ноги. Некоторое время он смотрит на лежащего, потом идет в будку и выходит оттуда с зажженным красным фонарем.

Часть вторая

Экспресс № 5

Салон-вагон. В вагоне страшно накурено. Едут комиссары и рабочие. Ведут спор.

Рассветов

Чем больше гляжу я на снежную ширь,
Тем думаю все упорнее.
Черт возьми!
Да ведь наша Сибирь
Богаче, чем желтая Калифорния.
С этими запасами руды
Нам не страшна никакая
Мировая блокада.
Только работай! Только трудись!
И в республике будет,
Что кому надо.
Можно ль представить,

Что в месяц один
Открыли пять золотоносных жил.
В Америке это было бы сенсацией,
На бирже стоял бы рев.
Маклера бы скупали акции,
Выдавая 1 пуд за 6 пудов.
Я работал в клондайкских приисках,
Где один нью-йоркский туз
За 3 миллиона без всякого риска
$12^1/_2$ положил в картуз.
А дело все было под шепот,
Просто биржевой трюк,
Но многие, денежки вхлопав,
Остались почти без брюк.
О! эти американцы...
Они – неуничтожимая моль.
Сегодня он в оборванцах,
А завтра золотой король.
Так было и здесь...
Самый простой прощелыга,
Из индианских мест,
Жил, по-козлиному прыгал
И вдруг в богачи пролез.
Я помню все штуки эти.
Мы жили в ночлежках с ним.
Он звал меня мистер Развети.
А я его – мистер Джим.
«Послушай, – сказал он, – please[1],
Ведь это не написано в брамах,
Чтобы без wisky и miss
Мы валялись с тобою в ямах.
У меня в животе лягушки
Завелись от голодных дум.
Я хочу хорошо кушать
И носить хороший костюм.
Есть одна у меня затея,
И если ты не болван,
То без всяких словес, не потея,
Согласишься на этот план.

---

[1] Пожалуйста *(англ.)*.

Нам нечего очень стараться,
Чтоб расходовать жизненный сок.
Я знаю двух-трех мерзавцев,
У которых золотой песок.
Они нам отыщут банкира
(т.е. мерзавцы эти),
И мы будем королями мира...
Ты понял, мистер Развети?»
«Открой мне секрет, Джим!» —
Сказал я ему в ответ,
А он мне сквозь трубочный дым
Пробулькал:
«Секретов нет!
Мы просто возьмем два ружья,
Зарядим золотым песком
И будем туда стрелять,
Куда нам укажет Том».
(А Том этот был рудокоп —
Мошенник, каких поискать.)
И вот мы однажды тайком
В Клондайке.
Нас целая рать...
И по приказу, даденному
Под браунинги в висок,
Мы в четыре горы громадины
Золотой стреляли песок,
Как будто в слонов лежащих,
Чтоб достать дорогую кость.
И громом гремела в чащах
Ружей одичалая злость.
Наш предводитель живо
Шлет телеграмму потом:
«*Открыли золотую жилу.*
Приезжайте немедленно.
Том».
А дело было под шепот,
Просто биржевой трюк...
Но многие, денежки вхлопав,
Остались почти без брюк.

Чарин

Послушай, Рассветов! и что же,
Тебя не смутил обман?

Рассветов

Не все ли равно,
К какой роже
Капиталы текут в карман.
Мне противны и те и эти.
Все они —
Класс грабительских банд.
Но должен же, друг мой, на свете
Жить Рассветов Никандр.

Голос из группы

Правильно!

Другой голос

Конечно, правильно!

Третий голос

С паршивой овцы хоть шерсти
Человеку рабочему клок.

Чарин

Значит, по этой версии
Подлость подчас не порок?

Первый голос

Ну конечно, в собачьем стане,
С философией жадных собак,
Защищать лишь себя не станет
Тот, кто навек дурак.

Рассветов

Дело, друзья, не в этом.
Мой рассказ вскрывает секрет.

Можно сказать перед всем светом,
Что в Америке золота нет.
Там есть соль,
Там есть нефть и уголь,
И железной много руды.
Кладоискателей вьюга
Замела золотые следы.
Калифорния – это мечта
Всех пропойц и неумных бродяг.
Тот, кто глуп или мыслить устал,
Прозябает в ее краях.
Эти люди – гнилая рыба.
Вся Америка – жадная пасть,
Но Россия: вот это глыба...
Лишь бы только Советская власть!..
Мы, конечно, во многом отстали.
Материк наш:
Лес, степь да вода.
Из железобетона и стали
Там настроены города.
Вместо наших глухих раздолий
Там, на каждой почти полосе,
Перерезано рельсами поле
С цепью каменных рек – шоссе.
И по каменным рекам без пыли,
И по рельсам без стона шпал
И экспрессы и автомобили
От разбега в бензинном мыле
Мчат, секундой считая доллар,
Места нет здесь мечтам и химерам,
Отшумела тех лет пора.
Все курьеры, курьеры, курьеры,
Маклера, маклера, маклера.
От еврея и до китайца
Проходимец и джентельмен,
Все в единой графе считаются
Одинаково – business men[1],
На цилиндры, шапо и кепи
Дождик акций свистит и льет.

[1] Бизнесмены, деловые люди *(англ.)*.

Вот где вам мировые цепи,
Вот где вам мировое жулье.
Если хочешь здесь душу выржать,
То сочтут: или глуп, или пьян.
Вот она – мировая биржа!
Вот они – подлецы всех стран.

Чарин

Да, Рассветов! но все же, однако,
Ведь и золота мы хотим.
И у нас биржевая клоака
Расстилает свой едкий дым.
Никому ведь не станет в новинки,
Что в кремлевские буфера
Уцепились когтями с Ильинки
Маклера, маклера, маклера...
И в ответ партийной команде,
За налоги на крестьянский труд,
По стране свищет банда на банде,
Волю власти считая за кнут.
И кого упрекнуть нам можно?
Кто сумеет закрыть окно,
Чтоб не видеть, как свора острожная
И крестьянство так любят Махно?
Потому что мы очень строги,
А на строгость ту зол народ,
У нас портят железные дороги,
Гибнут озими, падает скот.
Люди с голоду бросились в бегство,
Кто в Сибирь, а кто в Туркестан,
И оскалилось людоедство
На сплошной недород у крестьян.
Их озлобили наши поборы,
И, считая весь мир за бедлам,
Они думают, что мы воры
Иль поблажку даем ворам.
Потому им и любы бандиты,
Что всосали в себя их гнев.
Нужно прямо сказать, открыто,

Что республика наша – bluff[1],
Мы не лучшее, друг мой, дерьмо.

Рассветов

Нет, дорогой мой!
Я вижу, у вас
Нет понимания масс.
Ну кому же из нас не известно
То, что ясно как день для всех.
Вся Россия – пустое место.
Вся Россия – лишь ветер да снег.
Этот отзыв ни резкий, ни черствый.
Знают все, что до наших лбов
Мужики караулили версты
Вместо пегих дорожных столбов.
Здесь все дохли в холере и оспе.
Не страна, а сплошной бивуак.
Для одних – золотые россыпи,
Для других – непроглядный мрак.
И кому же из нас незнакомо,
Как на теле паршивый прыщ,
Тысчи лет из бревна да соломы
Строят здания наших жилищ.
10 тысяч в длину государство,
В ширину окло верст тысяч 3-х.
Здесь одно лишь нужно лекарство –
Сеть шоссе и железных дорог.
Вместо дерева нужен камень,
Черепица, бетон и жесть.
Города создаются руками,
Как поступками – слава и честь.
Подождите!
Лишь только клизму
Мы поставим стальную стране,
Вот тогда и конец бандитизму,
Вот тогда и конец резне.

Слышатся тревожные свистки паровоза. Поезд замедляет ход. Все вскакивают.

---

[1] Блеф, обман *(англ.)*.

Рассветов

Что такое?

Лобок

Тревога!

Первый голос

Тревога!

Рассветов

Позовите коменданта!

Комендант
(*вбегая*)

Я здесь.

Рассветов

Что случилось?

Комендант

Красный фонарь...

Рассветов
(*смотрит в окно*)

Гм... да... я вижу...

Лобок

Дьявольская метель...
Вероятно, занос.

Комендант

Сейчас узнаем...

Поезд останавливается. Комендант выбегает.

Рассветов

Это не станция и не разъезд,
Просто маленькая железнодорожная будка.

Лобок

Мне говорили, что часто здесь
Поезда прозябают по целым суткам.
Ну, а еще я слышал...

Чарин

Что слышал?

Лобок

Что здесь немного шалят.

Рассветов

Глупости...

Лобок

Для кого как.

Входит комендант.

Рассветов

Ну?

Комендант

Здесь стрелочник и часовой
Говорят, что отсюда за $^1/_2$ версты
Сбита рельса.

Рассветов

Надо поправить.

Комендант

Часовой говорит, что до станции
По другой ветке верст 8.

Можно съездить туда
И захватить мастеров.

Рассветов

Отцепляйте паровоз и поезжайте.

Комендант

Это дело 30 минут.

Уходит. Рассветов и другие остаются, погруженные в молчание.

После 30 минут

Красноармеец
(*вбегая в салон-вагон*)

Несчастие! Несчастие!

Все
(*вперебой*)

Что такое?..
Что случилось?..
Что такое?..

Красноармеец

Комендант убит.
Вагон взорван.
Золото ограблено.
Я ранен.
Несчастие! Несчастие!

Вбегает рабочий.

Рабочий

Товарищи! Мы обмануты!
Стрелочник и часовой
Лежат здесь в будке.
Они связаны.
Это провокация бандитов.

Рассветов

За каким вы дьяволом
Увезли с собой вагон?

Красноармеец

Комендант послушался стрелочника...

Рассветов

Мертвый болван!

Красноармеец

Лишь только мы завернули
На этот... другой путь,
Часовой сразу 2 пули
Всадил коменданту в грудь.
Потом выстрелил в меня.
Я упал...
Потом он громко свистнул,
И вдруг, как из-под земли,
Сугробы взрывая,
Нас окружили в приступ
Около двухсот негодяев.
Машинисту связали руки,
В рот запихали платок.
Потом я услышал стуки
И взрыв, где лежал песок.
Метель завывала чертом.
В плече моем ныть и течь.
Я притворился мертвым
И понял, что надо бечь.

Лобок

Я знаю этого парня,
Что орудует в этих краях.
Он, кажется, родом с Украйны
И кличку носит Номах.

Рассветов

Номах?

Лобок

Да. Номах.

Вбегает второй красноармеец.

2-й красноармеец

Рельсы в полном порядке!
Так что, выходит, обман...

Рассветов
(*хватаясь за голову*)

И у него не хватило догадки!..
Мертвый болван!
Мертвый болван!

Часть третья

О ЧЕМ ГОВОРИЛИ НА ВОКЗАЛЕ N В СЛЕДУЮЩИЙ ДЕНЬ

Замарашкин
(*один около стола с телефоном*)

Если б я не был обижен,
Я, может быть, и не сказал,
Но теперь я отчетливо вижу,
Что он плюнул мне прямо в глаза.

Входят Рассветов, Лобок и Чекистов.

Лобок

Я же говорил, что это место
Считалось опасным всегда.
Уже с прошлого года
Стало известно,
Что он со всей бандой перебрался сюда.

Рассветов

Что мне из того, что ты знал?
Узнай, где теперь он.

Чекистов

Ты, Замарашкин, идиот!
Я будто предчувствовал.

Рассветов

Бросьте вы к черту ругаться –
Это теперь не помога.
Нам нужно одно:
Дознаться,
По каким они скрылись дорогам.

Чекистов

Метель замела все следы.

Замарашкин

Пустяки, мы следы отыщем.
Не будем ставить громоздко
Вопрос, где лежат пути.
Я знаю из нашего розыска
Ищейку, каких не найти.
Это шанхайский китаец.
Он коммунист и притом,
Под видом бродяги слоняясь,
Знает здесь каждый притон.

Рассветов

Это, пожалуй, дело.

Лобок

Как зовут китайца?
Уж не Литза ли Хун?

Замарашкин

Он самый!

Лобок

О, про него много говорят теперь.
Тогда Номах в наших лапах.

Рассветов

Но, я думаю... Номах
Тоже не из тетерь...

Замарашкин

Он чует самый тонкий запах.

Рассветов

Потом ведь нам очень важно
Поймать его не пустым...
Нам нужно вернуть покражу...
Но золото, может, не с ним...

Замарашкин

Золото, конечно, не при нем.
Но при слежке вернем и пропажу.
Нужно всех их забрать живьем...
Под кнутом они сами расскажут.

Рассветов

Что же: звоните в розыск.

Замарашкин
(*подходя к телефону*)

43–78:
Алло:
43–78?

Приволжский городок

Тайный притон с паролем «Авдотья, подними подол». 2 тайных посетителя. Кабатчица, судомойка и подавщица.

Кабатчица

Спирт самый чистый, самый настоящий!
Сама бы пила, да деньги надо.
Милости просим.
Заглядывайте почаще.
Хоть утром, хоть в полночь —
Я всегда вам рада.

Входят Номах, Барсук и еще 2 повстанца. Номах в пальто и шляпе.

Барсук

Привет тетке Дуне!

Кабатчица

Мое вам почтение, молодые люди.

1-й повстанец

Дай-ка и нам по баночке клюнуть.
С перезябу-то легче, пожалуй, будет.

Садятся за стол около горящей печки.

Кабатчица

Сейчас, мои дорогие!
Сейчас, мои хорошие!

Номах

Холод зверский. Но... все-таки
Я люблю наши русские вьюги.

Барсук

Мне все равно. Что вьюга, что дождь...
У этой тетки

Спирт такой,
Что лучше во всей округе не найдешь.

1-й повстанец

Я не люблю вьюг,
Зато с удовольствием выпью.
Когда крутит снег,
Мне кажется,
На птичьем дворе гусей щиплют.
Вкус у меня раздражительный,
Аппетит, можно сказать, неприличный,
А потому я хотел бы положительно
Говядины или птичины.

Кабатчица

Сейчас, мои желанные...
Сейчас, сейчас...
(*Ставит спирт и закуску.*)

Номах
(*тихо к кабатчице*)

Что за люди... сидят здесь... окол?..

Кабатчица

Свои, голубчик,
Свои, мой сокол.
Люди не простого рода,
Знатные-с, сударь,
Я знаю их 2 года.
Посетители – первый класс,
Каких нынче мало.
У меня уж набит глаз
В оценке материала.
Люди ловкой игры.
Оба – спецы по винам.
Торгуют из-под полы
И спиртом и кокаином.
Не беспокойтесь! У них
Язык на полке.

Их ищут самих
Красные волки.
Это дворяне,
Щербатов и Платов.

Посетители начинают разговаривать.

Щербатов

Авдотья Петровна!
Вы бы нам на гитаре
Вальс
«Невозвратное время».

Платов

Или эту... ту, что вчера...

(*напевает*)

«Все, что было,
Все, что мило,
Все давным-давно
Уплы-ло...»

Эх, Авдотья Петровна!
Авдотья Петровна!
Кабы нам назад лет 8,
Старую Русь,
Старую жизнь,
Старые зимы,
Старую осень.

Барсук

Ишь чего хочет, сволочь!

1-й повстанец

М-да-с...

Щербатов

Невозвратное время! Невозвратное время!
Пью за Русь!

Пью за прекрасную
Прошедшую Русь.
Разве нынче народ пошел?
Разве племя?
Подлец на подлеце
И на трусе трус.
Отцвело навсегда
То, что было в стране благородно.
Золотые года!
Ах, Авдотья Петровна!
Сыграйте, Авдотья Петровна,
Вальс,
Сыграйте нам вальс
«Невозвратное время».

Кабатчица

Да, родимые, да, сердешные!
Это не жизнь, а сплошное безобразие.
Я ведь тоже была
Дворянка здешняя
И училась в первой
Городской гимназии.

Платов

Спойте! Спойте, Авдотья Петровна!
Спойте: «Все, что было».

Кабатчица

Обождите, голубчики,
Дайте с посудой справиться.

Щербатов

Пожалуйста. Пожалуйста!

Платов

Пожалуйста, Авдотья Петровна!

Через кухонные двери появляется к и т а е ц.

К и т а е ц

Ниет Амиэрика,
Ниет Евыропе.
Опий, опий,
Сыамый лыучий опий.
Шанго курил,
Диеньги дыавал,
Сыам лиубил,
Есыли б не сытрадал.
Куришь, колица виюца,
А хыто пыривык,
Зыабыл ливарюца,
Зыабыл большевик,
Ниет, Амиэрика,
Ниет Евыропе.
Опий, опий,
Сыамый лыучий опий.

Щ е р б а т о в

Эй, ходя! Давай 2 трубки.

К и т а е ц

Диеньги пирёт.
Хыодя очень бедыный.
Тывой шибко живет,
Мой очень быледный.

П о д а в щ и ц а

Курить на кухню.

Щ е р б а т о в

На кухню так на кухню.

(Покачиваясь, идет с Платовым на кухню. Китаец за ними.)

Номах

Ну и народец здесь.
О всех веревка плачет.

Барсук

М-да-с...

1-й повстанец

Если так говорить,
То, значит,
В том числе и о нас.

Барсук

Разве ты себя считаешь негодяем?

1-й повстанец

Я не считаю,
Но нас считают.

2-й повстанец

Считала лисица
Ворон на дереве.

К столику подходит подавщица.

Подавщица

Сегодня в газете...

Номах

Что в газете?

Подавщица
(*тихо*)

Пишут, что вы разгромили поезд,
Убили коменданта и красноармейца.

За вами отправились в поиски.
Говорят, что поймать надеются.
Обещано 1000 червонцев.
С описанием ваших примет:
Блондин.
Среднего роста.
28-ми лет.

(*Отходит.*)

Номах

Ха-ха!
Замарашкин не выдержал.

Барсук

Я говорил, что его нужно было
Прикончить, и дело с концом.
Тогда б ни одно рыло
Не знало,
Кто справился с мертвецом.

Номах

Ты слишком кровожаден.
Если б я видел,
То и этих двоих
Не позволил убить...
Зачем?
Ведь так просто
Связать руки
И в рот платок.

Барсук

Нет! Это не так уж просто.
В живом остается протест.
Молчат только те – на погостах,
На ком крепкий камень и крест.
Мертвый не укусит носа,
А живой...

Номах

Кончим об этом.

1-й повстанец

Два вопроса...

Номах

Каких?

1-й повстанец

Куда деть слитки
И куда нам?

Номах

Я сегодня в 12 в Киев.
Паспорт у меня есть.
Вас не знают, кто вы такие,
Потому оставайтесь здесь...
Телеграммой я дам вам знать,
Где я буду...
В какие минуты...
Обязательно тыщ 25
На песок закупить валюты.
Пусть они поумерят прыть —
Мы мозгами немного побольше...

Барсук

Остальные зарыть?

Номах

Часть возьму я с собой,
Остальное пока зарыть...
После можно отправить в Польшу.
У меня созревает мысль
О российском перевороте,
Лишь бы только мы крепко сошлись,
Как до этого, в нашей работе.
Я не целюсь играть короля
И в правители тоже не лезу,
Но мне хочется погулять
И под порохом и под железом.

Мне хочется вызвать тех,
Что на Марксе жиреют, как янки.
Мы посмотрим их храбрость и смех,
Когда двинутся наши танки.

Барсук

Замечательный план!

1-й повстанец

Мы всегда готовы.

2-й повстанец

Я как-то отвык без войны.

Барсук

Мы все по ней скучаем.
Стало тошно до чертиков
Под юбкой сидеть у жены
И живот напузыривать чаем.
Денег нет, чтоб пойти в кабак,
Сердце ж спиртику часто хочет.
Я от скуки стал нюхать табак –
Хоть немного в носу щекочет.

Номах

Ну, а теперь пора.
До 12 четверть часа.

(*Бросает на стол два золотых.*)

Барсук

Может быть, проводить?

Номах

Ни в коем случае.
Я выйду один.

(*Быстро прощается и уходит.*)

Из кухни появляется китаец и неторопливо выходит вслед за ним. Опьяневшие посетители садятся на свои места. Барсук берет шапку, кивает товарищам на китайца и выходит тоже.

Щербатов

Слушай, Платов!
Я совсем ничего не чувствую.

Платов

Это виноват кокаин.

Щербатов

Нет, это не кокаин.
Я, брат, не пьян.
Я всего лишь одну понюшку.
По-моему, этот китаец
Жулик и шарлатан!
Ну и народ пошел!
Ну и племя!
Ах, Авдотья Петровна!
Сыграйте нам, Авдотья Петровна, вальс...
Сыграйте нам вальс
«Невозвратное время».

(*Тычется носом в стол. Платов тоже.*)

Повстанцы молча продолжают пить. Кабатчица входит с гитарой. Садится у стойки и начинает настраивать.

Часть четвертая

На вокзале N

Рассветов и Замарашкин. Вбегает Чекистов.

Чекистов

Есть! Есть! Есть
Замарашкин, ты не брехун!
Вот телеграмма:

«Я Киев. Золото здесь.
Нужен ли арест.
Литза-Хун».
(*Передает телеграмму Рассветову.*)

Рассветов

Все это очень хорошо,
Но что нужно ему ответить?

Чекистов

Как что?
Конечно, взять на цугундер!

Рассветов

В этом мало радости —
Уничтожить одного,
Когда на свободе
Будет 200 других.

Чекистов

Других мы поймаем потом.
С другими успеем после...
Они ходят
Из притона в притон,
Пьют спирт и играют в кости.
Мы возьмем их в любом кабаке.
В них одних, без Номаха,
Толку мало.
А пока
Нужно крепко держать в руке
Ту добычу,
Которая попала.

Рассветов

Теперь он от нас не уйдет,
Особенно при сотне нянек.

Чекистов

Что ему няньки?
Он их сцапает в рот,
Как самый приятный
И легкий пряник.

Рассветов

Когда будут следы к другим,
Мы возьмем его в 2 секунды.
Я не знаю, с чего вы
Вдолбили себе в мозги —
На цугундер да на цугундер.
Нам совсем не опасен
Один индивид,
И скажу вам, коллега, вкратце,
Что всегда лучше
Отыскивать нить
К общему центру организации.
Нужно мыслить без страха.
Послушайте, мой дорогой:
Мы уберем Номаха,
Но завтра у них будет другой.
Дело совсем не в Номахе,
А в тех, что попали за борт.
Нашей веревки и плахи
Ни один не боится черт.
Страна негодует на нас.
В стране еще дикие нравы.
Здесь каждый Аким и Фанас
Бредит имперской славой.
Еще не изжит вопрос,
Кто ляжет в борьбе из нас.
Честолюбивый росс
Отчизны своей не продаст.
Интернациональный дух
Прет на его рожон.
Мужик если гневен не вслух,
То завтра придет с ножом.
Повстанчество есть сигнал.
Поэтому сказ мой весь:

Тот, кто крыло поймал,
Должен всю птицу съесть.

Чекистов

Клянусь всеми чертями,
Что эта птица
Даст вам крылом по морде
И улетит из-под носа.

Рассветов

Это не так просто.

Замарашкин

Для него будет,
Пожалуй, очень просто.

Рассветов

Мы усилим надзор
И возьмем его,
Как мышь в мышеловку.
Но только тогда этот вор
Получит свою веревку,
Когда хоть бандитов сто
Будет качаться с ним рядом,
Чтоб чище синел простор
Коммунистическим взглядом.

Чекистов

Слушайте, товарищи!
Это превышение власти –
Этот округ вверен мне.
Мне нужно поймать преступника,
А вы разводите теорию.

Рассветов

Как хотите, так и называйте.
Но,
Чтоб больше наш спор

Не шел о том,
Мы сегодня ж дадим ответ:
«*Литза-Хун!*
Наблюдайте за золотом.
Больше приказов нет».

Чекистов быстро поворачивается, хлопает дверью и выходит в коридор.

В коридоре

Чекистов

Тогда я поеду сам.

Киев

Хорошо обставленная квартира. На стене большой, во весь рост, портрет Петра Великого. Номах сидит на крыле кресла, задумавшись. Он, по-видимому, только что вернулся. Сидит в шляпе. В дверь кто-то барабанит пальцами. Номах, как бы пробуждаясь от дремоты, идет осторожно к двери, прислушивается и смотрит в замочную скважину.

Номах

Кто стучит?

Голос

Отворите... Это я...

Номах

Кто вы?

Голос

Это я... Барсук...

Номах
(*отворяя дверь*)

Что это значит?

Барсук
(*входит и закрывает дверь*)

Это значит – тревога.

Номах

Кто-нибудь арестован?

Барсук

Нет.

Номах

В чем же дело?

Барсук

Нужно быть наготове,
Немедленно нужно в побег.
За вами следят.
Вас ловят.
И не вас одного, а всех.

Номах

Откуда ты узнал это?

Барсук

Конечно, не высосал из пальцев.
Вы помните тот притон?

Номах

Помню.

Барсук

А помните одного китайца?

Номах

Да...
Но неужели...

Барсук

Это он.
Лишь только тогда вы скрылись,
Он последовал за вами.
Через несколько минут
Вышел и я.
Я видел, как вы сели в вагон,
Как он сел в соседний.
Потом осторожно, за золотой
Кондуктору,
Сел я сам.
Я здесь, как и вы,
Дней 10.

Номах

Посмотрим, кто кого перехитрит?

Барсук

Но это еще не все.
Я следил за ним, как лиса.
И вчера, когда вы выходили
Из дому,
Он был более полчаса
И рылся в вашей квартире.
Потом он, свистя под нос,
Пошел на вокзал...
Я – тоже.
Предо мной стоял вопрос –
Узнать:
Что хочет он, черт желтокожий...
И вот... на вокзале...
Из-за спины...
На синем телеграфном бланке
Я прочел,
Еле сдерживаясь от мести,
Я прочел –
От чего у меня чуть не скочили штаны –
Он писал, что вы здесь,
И спрашивал об аресте.

Номах

Да... Это немного пахнет...

Барсук

По-моему, не немного, а очень много.
Нужно скорей в побег.
Всем нам одна дорога –
Поле, леса и снег,
Пока доберемся к границе,
А там нас лови!
Грози!

Номах

Я не привык торопиться,
Когда вижу опасность вблизи.

Барсук

Но это...

Номах

Безумно?
Пусть будет так.
Я –
Видишь ли, Барсук, –
Чудак.
Я люблю опасный момент,
Как поэт – часы вдохновенья,
Тогда бродит в моем уме
Изобретательность
До остервененья.
Я ведь не такой,
Каким представляют меня кухарки.
Я весь – кровь,
Мозг и гнев весь я.
Мой бандитизм особой марки.
Он осознание, а не профессия.
Слушай! я тоже когда-то верил
В чувства:

В любовь, геройство и радость,
Но теперь я постиг, по крайней мере,

Я понял, что все это
Сплошная гадость.
Долго валялся я в горячке адской,
Насмешкой судьбы до печенок израненный.
Но... Знаешь ли...
Мудростью своей кабацкой
Все выжигает спирт с бараниной...
Теперь, когда судорога
Душу скрючила
И лицо как потухающий фонарь в тумане,
Я не строю себе никакого чучела.
Мне только осталось –
Озорничать и хулиганить...
. . . .

Всем, кто мозгами бедней и меньше,
Кто под ветром судьбы не был нищ и наг,
Оставляю прославлять города и женщин,
А сам буду славить
Преступников и бродяг.
. . . .

Банды! банды!
По всей стране,
Куда ни вглядись, куда ни пойди ты –
Видишь, как в пространстве,
На конях
И без коней,
Скачут и идут закостенелые бандиты.
Это все такие же
Разуверившиеся, как я...
. . . .

А когда-то, когда-то...
Веселым парнем,
До костей весь пропахший
Степной травой,
Я пришел в этот город с пустыми руками,
Но зато с полным сердцем
И не пустой головой.

Я верил... я горел...
Я шел с революцией,
Я думал, что братство не мечта и не сон,
Что все во единое море сольются,

Все сонмы народов,
И рас, и племен.
. . . .

Но к черту все это!
Я далек от жалоб.
Коль началось —
Так пускай начинается.
Лишь одного я теперь желаю,
Как бы покрепче...
Как бы покрепче
Одурачить китайца!..

Барсук

Признаться, меня все это,
Кроме побега,
Плохо устраивает.

(*Подходит к окну.*)

Я хотел бы:
О! Что это? Боже мой!
Номах! Мы окружены!
На улице милиция.

Номах
(*подбегая к окну*)

Как?
Уже?
О! Их всего четверо...

Барсук

Мы пропали.

Номах

Скорей выходи из квартиры.

Барсук

А ты?

Номах

Не разговаривай!..
У меня есть ящик стекольщика
И фартук...
Живей обрядись
И спускайся вниз...
Будто вставлял здесь стекла...
Я положу в ящик золото...
Жди меня в кабаке «Луна».

(*Бежит в другую комнату, тащит ящик и фартук.*)

Барсук быстро подвязывает фартук. Кладет ящик на плечо и выходит.

Номах
(*прислушиваясь у двери*)

Кажется, остановили...
Нет... прошел...
Ага...
Идут сюда...

(*Отскакивает от двери. В дверь стучат. Как бы раздумывая, немного медлит. Потом неслышными шагами идет в другую комнату.*)

Сцена за дверью

Чекистов, Литза-Хун и 2 милиционера.

Чекистов
(*смотря в скважину*)

Что за черт!
Огонь горит,
Но в квартире
Как будто ни души.

Литза-Хун
(*с хорошим акцентом*)

Это его прием...
Всегда... Когда он уходит.
Я был здесь, когда его не было,
И так же горел огонь.

1-й милиционер

У меня есть отмычка.

Литза-Хун

Давайте мне...
Я вскрою...

Чекистов

Если его нет,
То надо устроить засаду.

Литза-Хун
(*вскрывая дверь*)

Сейчас узнаем...

(*Вынимает браунинг и заглядывает в квартиру.*)

Тс... Я сперва один.
Спрячьтесь на лестнице.
Здесь ходят
Другие квартиранты.

Чекистов

Лучше вдвоем.

Литза-Хун

У меня бесшумные туфли...
Когда понадобится,
Я дам свисток или выстрел.

(*Входит в квартиру и закрывает дверь.*)

Глаза Петра Великого

Осторожными шагами Литза-Хун идет к той комнате, в которой скрылся Номах. На портрете глаза Петра Великого начинают моргать и двигаться. Литза-Хун входит в комнату. Портрет неожиданно открывается как дверь, оттуда выскакивает Номах. Он рысьими шагами подходит к двери, запирает на цепь и снова исчезает в портрет-дверь. Через некоторое время слышится беззвучная короткая возня, и с браунингом в руке из комнаты выходит китаец. Он делает световой полумрак. Открывает дверь и тихо дает свисток. Вбегают милиционеры и Чекистов.

Чекистов

Он здесь?

Китаец
(*прижимая в знак молчания палец к губам*)

Тс... он спит... Стойте здесь...
Нужен один милиционер,
К черному выходу.

(*Берет одного милиционера и крадучись проходит через комнату к черному выходу.*)

Через минуту слышится выстрел, и испуганный милиционер бежит обратно к двери.

Милиционер

Измена!
Китаец ударил мне в щеку
И удрал черным ходом.
Я выстрелил...
Но... дал промах...

Чекистов

Это он!
О! проклятье!
Это он!
Он опять нас провел.

Вбегают в комнату и выкатывают оттуда в кресле связанного по рукам и ногам. Рот его стянут платком. Он в нижнем белье. На лицо его глубоко надвинута шляпа. Чекистов сбрасывает шляпу, и милиционеры в ужасе отскакивают.

Милиционеры

Провокация!..
Это Литза-Хун...

Чекистов

Развяжите его...

Милиционеры бросаются развязывать.

Литза-Хун
(*выпихивая освобожденными руками платок изо рта*)

Черт возьми!
У меня болит живот от злобы.
Но клянусь вам...
Клянусь вам именем китайца,
Если б он не накинул на меня мешок,
Если б он не выбил мой браунинг,
То бы...
Я сумел с ним справиться...

Чекистов

А я... Если б был мандарин,
То повесил бы тебя, Литза-Хун,
За такое место...
Которое вслух не называется.

1922–1923

Частушки

Девичьи и полюбовные

*

Из колодца вода льется,
Вода волноватая.
Мил напьется, подерется,
А я виноватая.

*

– Дорогой, куда пошел?
– Дорогая, по воду.
– Дорогой, не простудись
По такому холоду.

*

Сидела на бочке.
Румяные щечки.
Люди скажут – «навелась».
Я ж такая родилась.

*

Милый ходит за сохой,
Машет мне косынкой.
Милый любит всей душой,
А я половинкой.

*

Рассыпься, горох,
По чистому блюду.
Я любила всех подряд,
Теперя не буду.

*

Полоскала я платочек,
Полоскала – вешала.
Не любила я милого,
Лишь словами тешила.

*

С гор потоки, с гор потоки,
С гор холодная вода.
Насмеялся дрянь-мальчишка,
А хороший никогда.

*

Ай, лед хрустит
И вода льется.
Ты не думай, не гадай –
Дело не сойдется.

*

Ах, платочек-летуночек,
Обучи меня летать.
Не высоко, не далеко
Только милого видать.

*

Милый пишет письмецо:
«Не потеряла ли кольцо?»
А я на толево пишу –
На правой рученьке ношу.

*

– Милая подруженька,
Чем ты набелилася?
– Я коровушку доила,
Молочком умылася.

*

Маменька ругается,
Куда платки деваются.
Сама не догадается,
Что милый утирается.

*

С крыши капала вода,
Милый спрашивал года.
– Скажи, милка, сколько лет,
Повенчают али нет?

*

Дайте ходу пароходу,
Натяните паруса.
Не за все дружка любила –
За кудрявы волоса.

*

Не тобой дорога мята,
Не тебе по ней ходить,
Не тобою я занята,
Не тебе меня любить.

*

На оконышке цветочек,
Словно бархатиночка.
Оттого милой не любит,
Что я сиротиночка.

*

Я свои перчаточки
Отдала Васяточке:
Я на то надеюся –
Пойду плясать, согреюся.

*

Я плясала, топала,
Я любила сокола,
Я такого сокола –
Ростом невысокого.

*

Скоро, скоро Троица,
Береза принакроется.
Скоро миленький приедет,
Сердце успокоится.

*

Милая сестрица,
Давай с тобой делиться:
Тебе соху, борону,
Мне чужую сторону.

*

Милая, духаная,
Соломой напиханная,
Ликом наведенная,
Скажи, в кого влюбленная?

*

Милый мой, хороший мой,
Мне с тобой не сговорить.
Отпусти меня пораньше,
Мне коровушку доить.

*

Плясала вприсядку,
Любила Васятку.
Теперя Васятку —
Под левую пятку.

*

Неужели сад завянет,
В саду листья опадут?
Неужели не за Ваню
Меня замуж отдадут?

Прибаски

I

(На растянутый лад, под ливенку. Поют парни)

*

Разлюбимый мой товарищ
С одной ложки ел и пил.
С одной ложки ел и пил,
У меня милку отбил.

*

Девки крали, девки крали,
Шестьдесят рублей украли.
А ребята короли
С завода лошадь увели.

*

Я свою симпатию
Узнаю по платию.
Как белая платия,
Так моя симпатия.

*

Под окошком следа нет,
Видно, кони вымели.
А моей милашки нет,
Видно, замуж выдали.

*

Не стругает мой рубанок,
Не пилит моя пила.
Нас священник не венчает,
Мать совету не дала.

*

Я не сам гармошку красил,
Не сам лаком наводил.
Я не сам милашку сватал, –
Отец с матерью ходил.

*

Наши дома работают,
А мы в Питере живем.
Дома денег ожидают,
Мы в опорочках придем.

*

Дуют ветры, дуют буйны
Из куста орехова.
Ты скажи, моя зазноба,
С кем вчера приехала?

*

Погуляйте, ратнички,
Вам последни празднички.
Лошади запряжены,
Сундуки улажены.

*

Не от зябели цветочки
В поле приувянули.
Девятнадцати годочков
На войну отправили.

*

Сядьте, пташки, на березку,
На густой зеленый клен.
Девятнадцати годочков
Здесь солдатик схоронен.

*

Ты не гладь мои кудерки,
Золоченый гребешок,
За Карпатскими горами
Их разгладит ветерок.

II

(Плясовой лад, под тальянку. Поют бабы и девки)

Ах, Ванька туз,
Потерял картуз.
А я поле мела –
Картуз подняла.

*

Мой муж арбуз,
А я его дыня.
Он вчера меня побил,
А я его ныня.

*

Мельник, мельник
Завел меня в ельник.
Меня мамка веником:
Не ходи по мельникам.

*

Хоть бы тучка накатила
Или дождичек пошел.
Хоть бы милый догадался,
На вечерушку пришел.

*

Гармонист, гармонист,
Рубаха бордовая,
Чрез тебя я, гармонист,
Стала нездоровая.

*

Мой миленок в Питери
Поступил в учители,
За дубовым столом
Пишет серебряным пером.

*

Проводила мужа,
Под ногами лужа.
Сердце бьется, колотится:
Боюсь, назад воротится.

*

А я нынче молода –
На лето невеста.
Ищи, мамка, жениха,
Хорошее место!

*

Пойду плясать,
Ногой топну.
Семерых люблю,
По одном сохну!

*

Рассыпься, горох,
На две половинки...
У попа жена помрет,
Пойду на поминки.

*

Опущу колечко в речку,
Что-нибудь да попадет.
Либо щука, либо лень,
Либо с милого ремень.

*

Дай бог снежку
Завалить стежку,
Чтобы милый не ходил
К моему окошку.

*

Прокатился лимон[1]
По чистому полю.
Не взяла бы сто рублей
За девичью волю!

---

[1] Лимон – образ солнца. *(Прим. С. Есенина.)*

Страданья

*

За страданье
Мамка бро́нит.
Побить хочет –
Не догонит.

*

Страдатель мой,
Страдай со мной.
Надоело
Страдать одной.

*

– Голубенок!
Возьми замуж.
– Голубушка,
Не расстанусь!

*

В небе звездам
Счету нет.
Всех любить
Расчету нет.

*

Ах, колечко
Мое сине.
На колечке
Твое имя.

*

Пострадала,
Ну, довольно...
От страданья
Сердцу больно.

*

Милый бросил,
А я рада:
Все равно
Расстаться надо.

*

Милый бросил,
А я – ево.
Ему стало
Тошней мово.

*

Ах, какая
Ночь темная,
До свиданья,
Знакомая!

*

Она моя,
Энта, энта.
Голубая
В косе лента.

*

Возьму карты –
Нет валета.
Мил уехал
На все лето.

*

Девки, стойте,
А я по́йду.
Примечайте
Мою хо́тьбу.

*

Не страдай,
Король бубновый,
У меня
Страдатель новый.

*

Не влюбляйся,
Красавица,
Он картежник
И пьяница.

*

По заре
Далеко слышно,
Что Парашка
Замуж вышла.

*

Не боюсь
Тюремных за́мок,
Я боюсь,
Наставят банок.

*

Товарищи,
За что бьете?
Без меня вы
Пропадете.

*

За рекою,
За быстрою,
Монастырь
Девкам построю.

*

В монастырь
Хотел спасаться,
Жалко с девками
Расстаться.

*

Пойдем, милый,
Стороною,
А то скажут:
Муж с женою.

*

Пролетела
Про нас слава
До самого
Ярослава.

*

Гуляй, милка,
Нам все равно,
Про нас слава
Идет давно.

*

Куда пошел?
Чего делать?
Я ищу
Красивых девок.

*

Твои глаза.
Мои тожа.
Что не женишься,
Сережа.

*

Твои глаза
Больше моих.
Я – невеста,
Ты – жених.

Смешанные

*

Подруженька, идут двое.
Подруженька, твой да мой.
Твой в малиновой рубашке,
А мой в светло-голубой.

*

Висожары высоко,
А месяц-то низко.
Живет милый далеко,
А постылый близко.

*

Пойду плясать,
Весь пол хрястит.
Мое дело молодое,
Меня Бог простит.

*

Дайте, дайте мне пилу,
Я рябинушку спилю.
На рябине тонкий лист,
А мой милый гармонист.

*

Ах, што ж ты стоишь,
Посвистываешь?
Картуз потерял,
Не разыскиваешь!

*

Я ходила по полю,
Мимо кони топали.
Собирала планочки
Ваниной тальяночки.

*

Пали снеги, пали белы,
Пали да растаяли.
Всех хорошеньких забрили,
Шантрапу оставили.

*

Ах, щечки горят,
Алые полыщут.
Не меня ли, молодую,
В хороводе ищут?

*

Ай, мать бранится,
И отец бранится:
– За каким же непутевым
Наша девка гонится!

*

А я чаю накачаю,
Кофею нагрохаю.
Поведут дружка в солдаты,
Закричу, заохаю.

*

Ах, девки, беда —
Тальянка худа.
Надо денег накопить
Да тальяночку купить.

*

Ах, сад-виноград,
Зеленая роща.
Ах, кто ж виноват —
Жена или теща?

*

Ай, мать, ай, мать,
На кой меня женишь?
Я не буду с женой спать,
Куда ее денешь?

*

Молодой мельник
Завел меня в ельник.
Я думала, середа,
Ныне понедельник!

*

Не трожь меня, Ванька,
Я попова нянька.
В коротенькой баске,
Голубые глазки.

*

Ах, лапти свей
И оборки свей.
Меня милая не любит —
Лихоманка с ней.

*

Я ли не поповна.
Я ли не духовна.
А кто меня поцелует,
Благодарю покорно!

*

Пускай хают, нас ругают,
Что отчайные растем.
А мы чайные-отчайные
Нигде не пропадем!

*

В эту пору, на Миколу,
Я каталася на льду.
Приходили меня сватать,
Я сказала: не пойду!

*

Ах, темный лес,
Подвинься сюда.
Я по этому лесу
Свое горе разнесу.

*

Провожала Коленьку
За нову часовенку.
Провожала за ручей,
Я не знаю, Коля чей.

*

Чик, чик, чикалочки,
Едет мужик на палочке.
Жена на тележке
Щелкает орешки.

*

Уж я рожь веяла
И овес веяла.
Мне сказали – дружка взяли,
А я не поверила.

*

Никому так не досадно,
Как мне, горькой сироте:
Съел я рыбину живую,
Трепещется в животе!

Проза

Яр

Повесть

Часть первая

Глава первая

По оконцам кочкового болота скользили волки. Бурый вожак потянул носом и щелкнул зубами. Примолкшая ватага почуяла добычу.

Слабый вой и тихий панихидный переклик разбудил прикурнувшего в дупле сосны дятла.

Из чапыги с фырканьем вынырнули два зайца и, разрывая снег, побежали к межам.

По коленкоровой дороге скрипел обоз; под обротями тропыхались вяхири, и лошади, кинув жвачку, напрянули уши.

Из сетчатых кустов зловеще сверкнули огоньки и, притаившись, погасли.

– Волки, – качнулась высокая тень в подлунье.

– Да, – с шумом кашлянули притулившиеся голоса.

В тихом шуме хвои слышался морочный ушук ледяного заслона...

Ваньчок на сторожке пел песни. Он сватал у Филиппа сестру Лимпиаду и, подвыпивши, бахвалился своей мошной.

На пиленом столе в граненом графине шипела сивуха. Филипп, опоражнивая стакан, прислонял к носу хлеб и, понюхав, пихал за поросшие, как мшаниной, скулы. На крыльце залаяла собака, и по скользкому катнику заскрипели полозья.

– Кабы не лес крали, – ухватился за висевшее на стенке ружье Филипп и, стукнув дверью, нахлобучил лосиную шапку.

В запотевшие щеки дунуло ветром.

Забрякавшая щеколда скользнула по двери и с инистым визгом стукнула о пробой.

– Кто едет? – процедил его охрипший голос.

– Овсянники, – кратко ответили за возами.

– То-то!

К кружевеющему крыльцу подбег бородатый старик и, замахав кнутовищем, указал на дорогу.

– В чапыжнике, – глухо крякнул он, догоняя сивого мерина.

Филипп вышел на дорогу и упал ухом на мятущие порошни. В ухо, как вата, втыкался пуховитый налет.

– Идут, – позвенел он ружьем по выбоине и, не затворив крыльца, вбежал в избу.

Ваньчок дремал над пустым стаканом. На пол капал огуречный сок и сливался с жилкой пролитого из махотки молока.

– Эй, Фанас, – дернул его Филипп за казинетовую поддевку. – Волки пришли на свадьбу.

– Никакой свадьбы не будет, – забурукал Ваньчок. – Без приданого бери да свадьбу играй.

Филипп, засмехнувшись, вынул из запечья старую берданку и засыпал порохом.

– Волки, говорю, на яру.

– Ась? – заспанно заерзал Ваньчок и растянулся на лавке.

Над божницей горевшая лампадка заморгала от шумовитого храпа. Филипп накинул кожух и, опоясав пороховницу, заложил в карман паклю.

– Чукан, Чукан! – крикнул он свернувшуюся под крыльцом собаку и вынул, громыхая бадьей, прицепленный к притолке нацепник. Собака, зачуяв порох, ерзала у ног и виляла хвостом.

Отворил дверь и забрызгал теплыми валенками по снегу.

Чукан, кусая ошейник, скулил и царапался в пострявшее на проходе ведро.

Филипп свернул на бурелом и, минуя коряжник около чапыги, притулился в яме, вывороченной корнями упавшей сосны.

По лещуге, шурша, проскользнул матерый вожак. В коряжнике хрястнули сучья, и в мути месяца закружились распыленные перья.

Курок щелкнул в наскребанную селитру, и кверху с дымом взвился вожак и веснянка-волчиха.

К дохнувшей хмелем крови, фыркая, подбежал огузлый самец.

Филипп поднял было приклад, но пожалел наскреб.

В застывшей сини клубилась снежная сыворотка. Месяц в облаке качался как на подвесках. Самец потянул в себя изморозь и, поджав хвост, сплетаясь с корягами, нырнул в чащу.

Вскинул берданку и поплелся домой. С помятого кожуха падал пристывший снег.

Оследил кругом для приметы место и вывел пальцем ружье.

На снегу мутнела медвежья перебежка; след вел за чапыгу.

Вынул нож и с взведенным курком, скорчившись, пополз, приклоняясь к земле.

Околь бурыги, посыпаясь белою пылью, валялся черно-рыжий пестун.

По спине пробежала радостью волнующая дрожь, коленки опустились и задели за валежник.

Медведь, косолапо повернувшись на левую лопатку, глухо рыкнул и, взрыв копну снега, пустился бежать.

«Упустил», – мелькнуло в одурманенной голове, и, кидая бивший в щеки чапыжник, он помчал ему наперескок.

Клубоватой дерюгой на снегу застыли серые следы. Медведь, как бы догадавшись, повернул в левую сторону.

На левой стороне по еланке вспорхнули куропатки, он тряхнул головой и шарахнулся назад, но грянул выстрел, и Филипп, споткнувшись, упал на кочку.

«Упустил-таки», – заколола его проснувшаяся мысль.

С окровавленной головой медведь упал ничком и опять быстро поднялся.

Грянули один за другим еще два выстрела, и тяжелая туша, выпятив язык, задрыгала ногами.

Из кустов, в коротком шубейном пиджаке, с откинутой на затылок папахой, вынырнул высокого роста незнакомец.

Филипп поднял скочившую шапку и робко отодвинул кусты.

Незнакомец удивленно окинул его глазами и застыл в ожидающем молчанье.

Филипп откинул бараний ворот.

– Откулева?

– С Чухлинки.

– Далеконько забрел.

– Да.

Над носом медведя сверкнул нож, и Филипп, склонившись на ружье, с жалостью моргал суженными глазками.

– Я ведь гнал-то.

– Ты?

– Я...

Тяжелый вздох сдул с ворота налет паутинок. Под захряслыми валенками зажевал снег.

– Коли гнал, поделимся.

Филипп молчал и с грустной улыбкой нахлобучивал шапку.

– Скидывай кожух-то?

– Я хотел тебе сказать – не замай.

– А что?

– Тут недалече моя сторожка. Я волков только тудылича бил.

Незнакомец весело закачал головою.

– Так ты, значит, беги за салазками.

– Сейчас сбегаю.

Филипп запахнул кожух и, взяв наперевес ружье, обернулся на коченелого пестуна.

– А как тебя зовут-то?

– Карев, – тихо ответил, запихивая за пояс нож.

Филипп вошел в хату, и в лицо ему пахнуло теплом. Он снял голицы и скинул ружье.

Под иконами ворочался Ваньчок и, охая, опускал под стол голову.

– Блюешь?..

– Брр... – задрыгал ногами Ваньчок и, приподнявшись, выпучил посовелые глаза. – Похмели меня...

– Вставай... проветришься...

Приподнявшись, шаркнул ногами и упал головою в помойную лохань.

Филипп, поджав живот, катался, сдавленный смехом, по кровати и, дергая себя за бороду, хотел остановиться.

Ваньчок барахтался и, прислонясь к притолке, стирал подолом рубахи прилипшие к бороде и усам высевки.

Прикусив губу, Филипп развязал кушак и, скинув кожух, напялил полушубок.

– Медведя убили...

– Самдели?

– Без смеха.

Посовелые глаза заиграли волчьим огоньком, но прихлынувший к голове хмель погасил их.

– Ты идешь?

– Иду...

– И я пойду.

Подковылял к полатям и вытащил свою шубу.

– Пойдем... подсобишь.

Ваньчок нахлобучил шапку и подошел к окну; на окне, прикрытая стаканом, синела недопитая бутыль.

– Там выпьем.

Шаги разбудили уснувшего Чукана, и он опять завыл, скребя в подворотню, и грыз ошейник; с губ его кружевом сучилась пена.

Карев сидел на остывшей туше и, вынув кисет, свертывал из махорки папиросу. С коряжника дул ветер и звенел верхушками отточенных елей.

С поникших берез падали, обкалываясь, сосульки и шуршали по обморози.

Месяц, застыв на заходе, стирался в мутное пятно и бросал сероватые тени.

По снегу, крадучись на кровь, проползла росомаха, но почуяла порох, свернулась клубком и, взрывая снег, покатилась, обеленная, в чапыгу и растаяла в мути. По катнику заскрипели полозья, и сквозь леденелые стволы осинника показались Ваньчок и Филипп.

– Ух какой! – протянул, покачиваясь, Ваньчок и, падая, старался ухватиться за куст. – Ну и лопатки!

– Ты лучше встань, чем мерить лопатки-то, – заговорил Филипп, – да угости пришляка тепленьким.

– А есть разве?

– Есть.

Ваньчок подполз к Кареву и вынул бутыль.

– Валяй прям из горлышка.

Тушу взвалили на салазки и закрепили тяжем.

Ваньчок, растянувшись, спал у куста и бредил о приданом.

– Волков я тоже думаю взвалить.

– А где они?

– Недалече.

В протычинах взвенивал коловшийся под валенками лед.

Филипп взял матерого вожака, а Карев закинул за спину веснянку.

С лещуги с посвистом поднялись глухари и кольцом упали в осинник.

– Пугаются, – крякнул Филипп и скинул ношу на салазки.

Крученый тяж повернулся концом под грядку.

– Эй, вставай, – крикнул он над ухом Ваньчка и потянул его за обвеянный холодом рукав.

– Не встану, – кричал Ваньчок и, ежась, подбирал под себя опустившиеся лыками ноги.

Ветер тропыхал корявый можжевельник и сыпал обдернутой мшаниной в потянутые изморозью промоины.

В небе туманно повис черемуховый цвет, и поблекший месяц нырял за косогором расколовшейся половинкой.

Филипп и Карев взяли подцепки, и полозья заскрипели по катнику.

Щеки горели, за шеями таял засыпанный снег и колол растянутые плечи холодом.

Под валенками, как ржаной помол, хрустел мягкий нанос; на салазках, верхом на медведе, укрывши голову под молодую волчиху, качался уснувший Ваньчок.

Глава вторая

Анисим Карев загадал женить сына Костю на золовке своей племянницы.

Парню щелкнул двадцать шестой год, дома не хватало батрачки, да и жена Анисима жаловалась на то, что ей одной скучно и довериться некому.

На Преображенье сосватали, а на Покров сыграли свадьбу.

Свадьба вышла в дождливую погоду; по селу, как кулага, сопела грязь и голубели лужи.

После обедни к попу подъехала запряженная в колымагу пара сиваков. Дымовитые гривы тряхнули обвешенными лентами, и из головней вылез подвыпивший дружко.

Он вытащил из-под сена вязку кренделей, с прижаренной верхушкой лушник и с четвертью вина окорок ветчины. Из сеней выбег попов работник, помог ему нести и ввел в сдвохлую от телячьей вони кухню.

Из горницы, с завязанным на голове пучком, вышел поп, вынул берестяную табакерку и запустил щепоть в расхлябанную ноздрю.

– Чи-их! – фыркнуло около печки, и с кособокой скамьи полетела куча пыли.

– К твоей милости, – низко свесился дружко.

– Зубок привез?

– Привез.

Поп глянул на сочную, только вынутую из рассола ветчину и ткнул в красниковую любовину пальцем.

– Хорошая.

Вошла кухарка и, схватив за горлышко четверть, понесла к открытому подполью.

– Расколешь! – заботливо поддерживая донышко, крикнул работник.

– Небось, – выпятив отвислую грудь, ответила кухарка и, подоткнув подол, с оголенными икрами полезла в подпол.

– Смачная! – лукаво мигнул работнику дружко и обернулся к попу: – Так ты, батюшка, не мешкай.

В заслюделую дверь, спотыкаясь на пороге, ввалились грузной походкой дьячок и дьякон.

– На колымагу! – замахал рукою дружко. – Выходит сейчас.

– На колымагу так на колымагу, – крякнул дьякон и, подбирая засусленный подрясник, повернул обратно.

– Есть, – щелкнул дьячок под салазки.

– Опосля, опосля, – зашептал дружко.

– Чего опосля?..

С взбитой набок отерханной шапкой и обрызганным по

запяткам халатом, завернув в ворот редкую белую бороденку, вышел поп.

– Едем.

Дьякон сидел на подостланной соломе и, свесив ноги, кшикал облепивших колымагу кур.

Куры, с кудахтаньем и хлопая крыльями, падали наземь, а сердитый огнеперый петух, нахохлившись, кричал на дьякона и топорщил клювом.

– Ишь ты какой сурьезный, – говорил шепелявя дьякон, – в засычку все норовишь, не хуже попа нашего, того и гляди в космы вцепишься.

Батюшка облокотился на дьячка и сел подле дьякона.

– Ты больно широко раздвинулся, – заметил он ему.

Дьякон сполз совсем на грядку, прицепил за дышло ноги и мысленно ругался: «Как петух, черт сивый!»

– Эй, матушка! – крикнул дружко на коренного, но колесо зацепило за вбитый кол. – Н-но, дьявол! – рванул он крепко вожжи, и лошади, кидая грязь, забрякали подковами.

– А ты, пожалуй, нарочно уселся так, – обернулся поп опять к дьякону, – грязь-то вся мне в лицо норовит.

– Это, батюшка, Бог шельму карает, – огрызнулся дьякон, но, повернувшись на грядке, полетел кубарем в грязь.

– Тпру, тпру! – кричал взбудораженный дружко и хлестанул остановившихся лошадей кнутовищем.

Лошади рванули, но уже не останавливались.

Подъехав к крыльцу, дружко суматошно ссадил хохотавшего с дьячком попа и повернул за дьяконом.

Дьякон, склонясь над лужей, замывал грязный подрясник.

– Не тпрукай, дурак, когда лошади стали, – искоса поглядел на растерявшегося дружка и сел на взбитую солому.

Молодых вывели с иконами и рассадили по телегам. Жених поехал с попом, а невеста – с крестной матерью.

Впереди, обвязанные накрест рушниками, скакали верховые, а позади с придаными сундуками гремели несправленные дроги.

Перед церковью на дорогу выбежала толпа мужиков и, протянув на весу жердь, загородила дорогу.

Сваха вынесла четверть с водкой и, наливая бражный стакан, приговаривала:

– Пей, гусь, да пути не мочи.

Выпившие мужики оттащили жердь в канаву и с криком стали бросать вверх шапки.

Дьячок сидел с дьяконом и косился – как сваха, не заткнув пробки, болтала пузырившееся вино.

Из калитки церковной ограды вышел сторож и, отодвигая засов, отворил ворота. Поп слез и, подведя жениха к невесте, сжал их правые руки.

Около налоя краснел расстеленный полушалок и коптело пламя налепок.

Не в охоту Косте было жениться, да не захотелось огорчать отца.

По селу давненько шушукали, что он присватался к вдове-соседке.

Слухи огорчали мать, а обозленный отец называл его ёрником.

– Женится – переменится, – говорил Анисиму уважительный кум. – Я сам такой смолоду олахарь был.

Молодайка оказалась приглядная; после загула свекровь показала ей все свое имущество и отдала сарайные ключи.

Костя как-то мало смотрел на жену. Он только узнал, что ходившие о невесте слухи оправдались.

До замужества Анна спуталась со своим работником.

Сперва в утайку заговаривали, что она ходит к нему на сеновал, а потом говор пошел чуть не открыто.

Костя ничего не сказал жене. Не захотелось опечалить мать и укорить отца, да и потом ему самое Анну сделалось жалко. Слабая такая, в одной сорочке стояла она перед ним. На длинные ресницы падали густые каштановые волосы, а в голубых глазах светилась затаенная боль.

Вечерами Костя от скуки ходил с ребятами на улицу и играл на тальянке. Отец ворчал, а жена кротко отпирала ему дверь.

В безмолвной кротости есть зачатки бури, которая загорается слабым пламенем и свивается в огненное половодье.

Анна полюбила Костю, но любовь эта скоро погасла и перешла в женскую ласку; она не упрекала его за то, что он пропадал целыми ночами, и даже иногда сама посылала.

Там, где отперты двери и где нет засовов, воры не воруют.

Но бывает так, что постучится запоздалый путник и, пригретый, забывает, что он пришел на минуту, и остается навсегда.

Анисим вздумал арендовать у соседнего помещика землю. Денег у него не было, но он думал сперва занять, а потом перевернуться на обмолоте.

На Рождество пришел к нему из деревни Кудашева молодой парень, годов двадцати, и согласился на найм.

Костя пропал где-то целую неделю на охоте, и от знакомых стрелков о нем не было слуху.

Анна с батраком ходила в ригу и в два цепа молотили овес.

Парень ударял резко, колос перебивался пополам, а зерна с визгом впивались в разбросанную солому.

После хрестца он вынимал баночку и, завернув накосо бумажку, насыпал в нее, как опилки, чистую полукрупку.

Анна любовалась на его вихрастые кудри, и она чувствовала, как мягко бы щекотали его пуховитые усы губы.

Парень тоже засматривал ей в глаза и, улыбаясь, стряхивал пепел.

– Ну, давай, Степан, еще хрестец обмолотим, – говорила она и, закинув за подмышки зарукавник, развязывала снопы.

Незаметно они сблизились. Садились рядышком и говорили, сколько можно вымолотить из копны.

Степан иногда хватал ее за груди и, щекоча, валил на солому. Она не отпихивала его. Ей было приятно, как загрубелые и скользкие от цепа руки твердо катились по ее телу.

Однажды, когда Костя вернулся и уехал на базар, он повалил ее в чан и горячими губами коснулся щеки.

Она обняла его за голову, и пальцы ее утонули в мягких кудрях...

Вечером на Масленицу Костя ушел в корогод и запевал с бабами песни; Анна вышла в сени, а Степан, почистив кирпичом уздечку, перевязал поводья и вынес в клеть.

На улице громко рассыпались прибаски, и слышно, как под окнами хрустел снег. Анисим с бабкой уехал к нему в гости, а оставшийся саврасый жевал в кошелке овес.

Анна, кутаясь в шаль, стояла, склонясь грудью на перила крыльца.

Степан повесил уздечку и вышел на крыльцо. Он неслышно подокрался и закрыл ей ладонями глаза.

Анна обернулась и отвела его руки.

– Пойдем, – покраснев, как бы выплеснула она слово и закрылась рукавом...

В избу вошел с веселой улыбкой Костя.

Степан, побледнев, выбежал в сени, а Анна, рыдая, закопала судорожно вздрагивающие губы в подушку.

Костя сел на лавку и закачал ногами; теперь еще ясней показалось ему все.

Он обернулся к окну и, поманув стоявшего у ветлы Степана, вышел в сени.

– Ничего, Степан, не бойся, – подошел он к нему и умильно потрепал за подбородок, – ты парень хороший...

Степан недоверчиво вздрагивал. Ему казалось, что ласкающие его руки ищут место для намыленной петли.

– Я ничего, Степан... стариков только опасайся... ты, может быть, думаешь – я сержусь? Нет!.. Оденься и пойдем посидим в шинке.

Степан вошел в избу и, не глядя на Анну, вытащил у нее из-под головы нанковый казакин.

Нахлобучил стогом барашковую шапку и хлопнул дверью.

Вечером за ужином Анна видела, как Костя весело перемаргивался с Степаном. На душе у нее сделалось легче, и она опять почувствовала, что любит только одного Костю.

Заметил Анисим, что Костя что-то тоскует, и жене сказал. Мать заботливо пытала, уж не с женой ли, мол, вышел разлад, но Костя, только махнув рукой, грустно улыбался.

Он как-то особенно нежен стал к жене.

На прощеный день она ходила на реку за водой и, поскользнувшись на льду, упала в конурку.

Домой ее привезли на санях, сарафан был скороблен ледяным застывом.

Ночью с ней сделался жар, он мочил ее красный полушалок и прикладывал к голове.

Анна брала его руку и прижимала к губам. Ей легко было, когда он склонялся к ней и слушал, как билось ее сердце.

– Ничего, – говорил он спокойно и ласково. – Завтра к вечеру все как рукой снимет.

Анна смотрела, и из глаз ее капали слезы.

На первой неделе поста Костя причастился и стал собираться на охоту.

В кошель он воткнул кожаные сапоги, онучи, пороховницу и сухарей, а Анна сунула ему рушник.

Достал висевший на гвоздике у бруса обмотанный паутиной картуз и завязал рушником.

Опешила, но спросить не посмела. После чая он сел под иконы и позвал отца с матерью.

Анна присела с краю.

– Благословите меня, – сказал он, нагнувши голову, и подпер локтем бледное красивое лицо.

Отец достал с божницы икону Миколы Чудотворца. Костя вылез и упал ему в ноги. В глазах его колыхалась мутная грусть.

Связав пожитки, передернул кошель за плечи и нахлобучил шапку.

– К страстной вертайся, – сказал отец и, взяв клин, начал справлять топорище.

Покрестился, обнял мать и вышел с Анной наружу. Дул ветер, играла поземка, и снег звенел.

Костя взял Анну за руку и зашагал по кустарниковому подгорью.

Анна шла, наклонив голову, и захлестывала от ветра каратайку.

У озера, где начинался лес, остановился и встряхнул кошелем.

Хвои шумели.

– Ну, прощай, Анна! – проговорил тихо и кротко. – Не обижай стариков. – Немного задумался и гладил ее щеку. – Совсем я...

Анна хотела крикнуть и броситься ему на шею, но, глянув сквозь брызгавшие слезы, увидела, что он был уж на другом конце оврага.

– Костя! – гаркнула она. – Вернись!

– Ись... – ответило в стихшем ветре эхо.

Глава третья

– Очухайся! – кричал Филипп, снимая с Ваньчка шубу.

Ваньчок, опустив руки, ослаб, как лыко.

Гасница прыгающим отсветом выводила на белой печи тень повисшего на потолке крюка. За печурками фенькал сверчок, а на полатях дремал, поджав лапы калачиком, сивоухий кот.

– Снегом его, – тихо сказал Карев.

– И то снегом...

Филипп сгорстал путровый окоренок и, помыв над рукомойником, принес снегу.

Ваньчка раздели наголо, дряблое тело, пропитанное солнцем, вывело синие жилы. Карев разделся и начал натирать. Голова Ваньчка, шлепая губами, отвисла и каталась по полу.

В руках снег сжимался, как вата, и выжатым творогом капал.

От Ваньчка пошел пар, зубы его разжались, и глухо он простонал:

– Пи-ить...

Вода плеснула ему в глаза, и, потирая их корявыми руками, он стал подыматься.

Шатаясь, сел на лавку и с дрожью начал напяливать рубаху.

Филипп подсобил надеть ему порты и, расстелив шубу, уложил спать его.

– С перепою, – тихо сказал он, вешая на посевку корец, и стал доставать хлеб.

Карев присел к столу и стал чистить водяниковую наволочку картошки.

Отломив кусочек хлеба, он посолил его и зажевал.

Пахло огурцами, смешанной с клюквой капустой и моченой брусникой.

Филипп вынул с полки сороковку и, ударяя ладонью по донышку, выбил пробку.

– Пей, – поднес он стакан Кареву. – Небось не как ведь Ваньчок. Самовар бы поставить, – почесался Филипп и вышел в теплушку.

– Липа? Лип?.. – загукал его сиповатый голос. – Проснися!

Немного погодя в красном сборчатом сарафане вошла девушка.

Косы ее были растрепаны и черными волнами обрамляли лицо и шею.

Карев чистил ружье и, взведя курок, нацелил в нее мушку.

– Убью, – усмехнулся он и спустил щелкнувший курок.

– Не боюсь, – тихо ответила и зазвенела в дырявой махотке березовыми углями.

Лимпиаду звали лесной русалкой; она жила с братом в сторожке, караулила чухлинский лес и собирала грибы.

Она не помнила, где была ее родина, и не знала ее. Ей близок был лес, она и жила с ним.

Двух лет потеряла отца, а на четвертом году ее мать, как она помнила, завернули в белую холстину, накрыли досками и унесли.

Память ее прояснилась, как брат привез ее на яр.

Жена его Аксинья ходила за ней и учила, как нужно складывать пальцы, когда молишься Богу.

Потом, когда под окном синели лужи, Аксинья пошла к реке и не вернулась. Ей мерещились багры, которыми Филипп тыкал в воду, и рыбацкий невод.

– Тетенька ушла, – сказал он ей, как они пришли из церкви. – Теперь мы будем жить с Чуканом.

Филипп сам мыл девочку и стирал белье.

Весной она бегала с Чуканом под черемуху и смотрела, как с черемухи падал снег.

– Отчего он не тает? – спрашивала Чукана и, положив на ладонь, дула своим теплом.

Собака весело каталась около ее ног и лизала босые, утонувшие в мшанине скользкие ноги.

Когда ей стукнуло десять годов, Филипп запряг буланку и отвез ее в Чухлинку, к теще, ходить в школу.

Девочка зиму училась, а летом опять уезжала к брату.

На шестнадцатом году за нее приезжал свататься сын дьячка, но Филипп пожалел, да потом девка сама заартачилась.

– Лучше я повешусь на ветках березы, – говорила она, – чем уйду с яра.

Она знала, что к ним никто не придет и жить с ними не останется, но часто сидела на крыльце и глядела на дорогу. Когда поднималась пыль и за горой ныряла, выплясывая, дуга, она бежала, улыбаючись, к загородке и отворяла околицу.

Нынче вечером с соседнего объезда приехал вдовый мужик Ваньчок и сватал ее без приданого. Весной она часто, бродя по лесу, натыкалась на его коров и подолгу говорила с его подпаском, мальчиком Юшкой.

Юшка вил ей венки и, надевая на голову, всегда приговаривал:

– Ты ведь русалка лесная, а я тебя не боюсь.

– А я возьму тебя и съем, – шутила она и, посадив его на колени, искала у него в рыжих волосах гниды.

Юшка вертелся и не давал искаться.

– Пусти ты, – отпихивал он ее руки.

– Ложись, ложись, – тянула она его к себе. – Я расскажу тебе сказку.

– Ты знаешь про Аленушку и про братца-козленочка Иванушку? – пришлепывая губами, выговаривал Юшка. – Расскажи мне ее... мне ее, бывалоча, мамка рассказывала.

Самовар метнул на загнетку искрами.

– Готов, – сдунув золу, сказала Лимпиада и подошла к желтой полке за чашками.

– Славная штука, – ухмыльнулся Филипп, – рублев двести смоем... Чтой-то я тебя, братец, не знаю, – обернулся он к Кареву: – Говоришь, с Чухлинки, а тебя и не видывал.

– Я пришляк, у просфирни проживаю.

– Пономарь, что ли, какой?

– Охотник.

Лимпиада расстелила скатерть, наколола крошечными кусочками сахар и поставила на стол самовар.

Ободнялая снеговая сыворотка пряжей висела на ставне и шомонила в окно.

– Зарит... – поднял блюдце Карев. – Вот сейчас на глухарей-то хорошо.

От околицы заерзал скрип полозьев. Ваньчок, охая, повернулся на другой бок и зачесал спину.

– Ишь наклюкался, – рассмеялась Лимпиада и накрыла

заголившуюся спину халатом. – Гусь жареный, тоже свататься приехал!

– Ох, – застонал Ваньчок и откинул полу.

– Кто там? – отворил дверь Филипп.

– Свои, – забасил густой голос.

Засов, дребезжа, откатился в сторону, и в хату ввалились трое скупщиков.

– Есть дичь-то? – затеребил бороду брюхатый, низенького роста барышник.

– Есть.

– А я тут проездом был, да вижу огонь, дай, мол, заверну наудалую.

– Ты, Кузьмич, отродясь такого не видывал; одно слово, пестун четвертной стоит.

Карев, поворачивая тушу, улыбался, а Лимпиада светила гасницей.

– Бейся не бейся, меньше двух с половиной не возьмем.

Кузьмич, поворачивая и тыча в лопатки, щупал волков.

– Ну, так, значит, Филюшка, двести с четвертью да за волка четверть.

– Коли не обманываешь – ладно.

Влез за пазуху и вынул туго набитый бумажками кошелек.

– Получай, – слюнявя пальцы, отсчитывал он.

– Счастлив, брат, ты, – ткнул в бок Филипп Карева, – и скупщик, как нарочно, пожаловал.

Карев весело помаргивал глазами и глядел на Лимпиаду. Она, кротко потупив голову, молчала.

– Так ты помоги, – скинул тулуп Кузьмич.

Карев приподнял задние ляжки и поволок тушу за дверь.

– Ишь какой здоровый! – смеялись скупщики.

– Мерина своротит, – щелкнул кушаком Филипп. – Как дерболызнул ему, так ан навзничь упал.

– Он убил-то?

– Он...

На розвальни положили пестуна и обоих волков. Филипп вынул из головней рогожу и, накрыв, затянул веревкой.

– Н-но! – крикнул Кузьмич, и лошади, дернув сани, затемно поплелись шагом.

Умытое снегом утро засмеялось окровавленным солнцем в окно.

Кузьмич шагал за возом и сопел в трубку.

– Не надуешь проклятого.

– Хитрой мужик, – подхватили скупщики и задергали башлыками.

– Дели, – выбросил Филипп на стол деньги.

– Сам дели.

– Ну, не ломайся.

Ваньчок встал, свесил разутые ноги и попросил квасу.

– Кто это? – мотнул он на согнувшегося над кучей денег Карева.

– Всю память заспал, – ухмыльнулся Филипп.

– Нет, самдели?

– Забыл, каналья?

– Эй, дядя, – поднялся Карев, – аль и впрямь запамятовал, как мы тебя верхом на медведе везли?

– Смеетесь, – поднес к губам корец.

– А нам и смеяться нечего, коли снегом тебя оттирали.

К столу подошла Лимпиада. Ваньчок нахлобучил одеяло и, скорчившись, ухватился за голову.

– Тебе полтораста, а мне сто, – встал Карев и протянул руку.

– Как же так?

– Так... я один... А ты с сестрой, вишь.

Ваньчок завистливо посмотрел на деньги.

– Ай и скупщики были?..

– Были.

– Вон оно что...

Карев схватил шапку, взмахнул ружье и вышел.

– Погоди, – останавливал Филипп, – выспишься.

– Нет, поторапливаться надо.

В щеки брызнуло солнце и пахнуло тем весенним ветром, который высасывает сугробы.

На крыльцо выбегла Лимпиада.

– Заходи! – крикнула она, махая платком.

– Ладно.

Шел примятой стежкой и норовил напрямик. На кособокой сосне дятел чистил красноватое, как раненое, крыло.

На засохшую ракиту вспорхнул снегирь и звонко рассыпался свистом.

С дальних полян курилась молочная морока и, как рука, обвивала одинокие разбросанные липы.

– Садись, касатик, подвезу! – крикнула поравнявшаяся на порожняке баба.

– И то думаю.

– Знамо, лучше... Ишь как щеки-то разгорелись.

Хлестнула кнутом, и лошадь помчала взнамет, разрывая накат и поморозь.

– Что ж пустой-то?

– Продал.

– Ишь Бог послал. У меня намедни сын тоже какого ухлопал матерого, четвертную, не стуча по рукам, давали.

– Да, охота хорошая.

За косогором показалась деревня.

– Раменки! – крикнула баба и опять хлестнула трусившую лошадь.

Около околицы валялась сдохлая кобыла, по деревне пахло блинным дымом.

На повороте он увидел, как старуха, несшая вязанку дров, завязла в снег и рассыпала поленья.

На плетне около крайней хаты висела телячья шкура.

– Подбирай, бабушка! – крикнул весело и припал на постельник.

За деревней подхватил ветер и забил крапины застывающего в бисер дождя.

Баба накинула войлоковую шаль и поджала закрытые соломой ноги под поддевку; ветер дул ей в лицо.

Карев, свернувшись за ее спиною, свертывал папиросу, но табак от тряски и ветра рассыпался.

Ствол гудел, и казалось, где-то далеко-далеко кого-то провожали на погост.

– Остановись, тетенька, закурю.

Лошадь почувствовала, как над взнузданными губами натянулись вожжи, и, фыркнув, остановилась.

Свернув папиросу, он чиркал, закрывая ладонями спичку, но она тут же, не опепеля стружку, гасла.

– Экай ты какой! – крикнула укоризненно баба. – Погоди уж.

Стряхнув солому, она обернулась к нему лицом и расстегнула петли.

– Закуривай, – оттопырила на красной подкладке полы и громко засмеялась.

Спичка чиркнула, и в лицо ударил смешанный с мятой запах махорки.

Баба застегнулась и поправила размотавшуюся по мохрастым концам шаль.

Туман припадал к земле и зарывался в голубеющий по лощинам снег.

Откуда-то с ветром долетел благовест и уныло растаял в шуме хвой.

За санями кружилась, как липовый цвет, снежная пыль, а на высокую гору, погромыхивая тесом, карабкался застрявший обоз.

Глава четвертая

Старый мельник Афонюшка жил одиноко в покосившейся мельнице, в яровой долине.

В заштопанной мешками поддевке его были зашиты истертые денежные бумажки и медные кресты. Когда-то он пришел сюда батраком, но через год хозяин его, пьянчужка, скопырнулся как-то в плотину и утоп.

Жена его Фетинья не могла заплатить ему зажитое и приписала мельницу. С тех пор мельница получила прозвище «Афонин перекресток».

Афонюшка, девятнадцатигодовалый парень, сделался мельником и скоро прослыл в округе как честный помолотчик.

Из веселого и беспечного он обернулся в задумчивого монаха.

Первые умолотые деньги положил на божницу за Егория и прикрыл тряпочкой.

В сумерки, когда нечего было делать, сидел часто на крылечке и смотрел, как невидимая рука зажигала звезды.

Бор шумел хвойными макушками и с шелестом на поросшие стежки осыпал иглы и шишки.

– Фюи, фюи, – шныряла, шаря по сочной коре, желтохвостая иволга.

– Ух, ух, – лазушно хлопал крыльями сыч.

Нравилось Афоньке сидеть так.

Он все ждал кого-то неизвестного. Но к нему не шли.

– Придут, – говорил он, гладя мухортую собаку. – Где-нибудь и нас так поджидают.

Так прожил он десять лет, но тут с ним случилось то, что заставило его призадуматься.

На пятом году хозяйничанья Афонька поехал к сестре взять к себе на прокорм шалыгана Кузьку.

Мать Кузькина с радостью отдала его брату; на ней еще была обуза – шесть человек.

Она оторвала от кудели ссученную нитку, сделала гайтан, надела крест и повесила Кузьке на шею.

– Мотри, Богу молись, – наказывала ему.

Кузька, попрощавшись с сестренками, щипнул маленького братишку и весело вскочил на телегу.

– И далеко будем ехать-то? – спросил Афоньку и, лукаво щуря глазенки, забрыкал по соломе.

– Две ночи спать будешь, – ухмыльнулся он, – а на половину третьей приедем...

Первое время Кузька боялся бора. Ему казалось, что за каждым кустом лежит медведь и под каждой кочкой черным кольцом свернулась змея.

Потихонечку он стал привыкать и ходил искать на еланках пьянику.

– Заблудишься, – ворчал Афонька, – не броди далеко.

– Я, дяденька, не боюсь теперь, – смышленно качал желтой курчавой головой Кузька. – Ты разя не знаешь сказку про мальчика с пальчик? Когда его отвели в лес, он бросал белые камешки, а я бросаю калину, она красная, кислая, и птица ее не склюет.

– Ишь какой догадливый, – смеялся Афонька и гладил его по загорелой щеке.

По праздникам они ходили на охоту. Афонька припадал к земле и заставлял Кузьку лечь...

Утро щебетало в лесу птичий молебен и умывало зеленый шелк росою.

Кузька ложился в траву и смотрел в небо.

Синь, как вода, застыла в воздухе; алели паутинки, и висли распластанные коршуны.

Над сосной шумно повис взъерошенный косач; Афонька спустил курок... Облаком заклубился дым.

– Где он, где он? – крикнул, вскакивая, Кузька и побежал к кустам.

За кустами, под спуском, голубело озеро; по озеру катились круги...

– Вот он, вот он! – кричал Кузька и, скинув портчонки, суматошно вытащил из узкой кумачной рубахи голову и прыгнул в воду.

Вода брызнула разбитым стеклом, и лилии, покачиваясь, зачерпывали головками струйки.

Косач был подстрелен в оба крыла, но левое крыло, может быть, было обрызгано кровью или только задето.

Когда Кузька подплыл к нему, он замахал крылом и затрепыхал по воде на другой конец.

– Лови, лови! – кричал Афонька. – Эх ты, сопляк, – протянул он и, сняв картуз, полез в озеро сам. – Гони в кусты! – кричал он, плеская брызгами.

Косач кидался в обратную сторону и ловко проскальзывал за Кузькиной спиною.

– Погоди, – сказал Афонька, – я нырну, а ты гони на кусты, а то опять улизнет.

Потянул губами воздух, и вихрастая голова скрылась под водою.

«Буль, буль!» – забулькало над головами лилий.

– Кши, дьявол! – гонялся Кузька и подымал, шлепая ладонью, брызги к небу.

Косач замахал к кустам и, озираясь, глядел на противоположную сторону.

Запыхавшись, он залез на высунувшуюся корягу и глядел на Кузьку.

У кустов показалась вихрастая голова Афоньки, он осторожно высунул руку и схватил косача за хвост.

Косач забился, и с водяными кругами завертелись черные перья.

Один раз вечером Кузька взял ружье и пошел по тетеревам.

– Не нарвись! – крикнул ему Афонька и поплелся с кузовком за брусникой.

Кузька вошел в калиновый кустарник и сел, схолясь, в листовую опаду.

Как застывшая кровь, висели гроздья ягод; чиликали стрекозы, и удушливо дергал дергач.

Кузька ждал и, затаенно выпятив глаза, глядел, оттопыривая зенки, в частый ельник.

– Тех, тех, тех, – щелкал в березняке соловей.

– Тинь, тинь, тинь, – откликались ему желтоперые синицы.

В густом березняке вдруг что-то тяжело заухало и раздался хряст сучьев.

На окропленную кровяной брусникой мшанину выбежал лось, и ветвистые рога затрепали где-то подхваченным поветелем.

Кузька спокойно, как стрелок, высунул за ветку ствол и нацелил в лоб.

Ружье трахнуло, и лось как подкошенный упал на мшанину.

Красные капельки по черным губам застыли в розоватую ленту.

«Убил!» – мелькнуло в его голове, и, дрожа радостным смехом, он склонился обрезать для спуска задние колешки.

Но случилось то, чего испугалась даже повисшая на осине змея и, стукнувшись о землю, прыснула кольцом за кочковатую выбень.

Лось вдруг наотмашь поднял судорожно вздрагивающие ноги и с силой размахнул назад.

Кузька не успел повернуться, как костяные копыта ударили ему в череп и застыли.

Пахло паленым порохом; на синих рогах случайно повисшая фуражка трепыхалась от легкого, вздыхающего ветра.

Долго Афонька не показывался на мельницу.

Сельчане, приезжавшие с помолом, думали – он к сестре уехал.

Он глубоко забрался в глушь, свил, как барсук, себе логово и полночью ходил туда, где лежали два смердящие трупа.

Потом он очнулся.

«Господи, не помешался ли я?»

Перекрестился и выполз наружу.

В голове его мелькали, как болотные огоньки, мысли; он хватался то за одну, то за другую, то связывал их вместе и, натянув казакин, побежал в Чухлинку за попом.

Осунулся Афонька и лосиные рога прибил вместе с висевшей на них фуражкою около жернова.

Крепко задумался он – не покинуть ли ему яр, но в крови его светилась с зеленоватым блеском, через черные, как омут, глаза, лесная глушь и дремь. Он еще крепче связался Кузькиной смертью с лесом и боялся, что лес изменит ему, прогонит его.

В нем, ласковая до боли, проснулась любовь к людям, он уж не ждал, а тосковал по ком-то и часто, заслоняя от света глаза, выбегал на дорогу, падал наземь, припадал ухом, но слышал только, как вздрагивала на вздыхающем болоте чапыга.

Как-то в бессонную ночь к нему пришла дума построить здесь, в яровой лощине, церковь.

Он обвязался, как путом, кругом этой мысли и стал копить деньги.

Каждую тысячу он зашивал с крестом Ивана Богослова в поддевку и спал в ней, почти не раздеваясь.

Деньги с умолота он совсем отказался тянуть на прожитье.

Колол дрова, пилил тес и отдавал скупщикам.

Зимой частенько, когда все выходило до последней картошки, он убегал на болото, рыл рыхлый снег, разгребал скорченными пальцами и жевал мерзлый, спутанный с клюквой мох.

В один из мрачных его дней к нему, обвешанный куропатками, пришел Карев.

С крыши звенели капли, около ставен, шмыгая по карнизу, ворковали голуби и чирикали воробьи.

– Здорово, дедунь! – крикнул он, входя за порог и крестясь на иконы.

Афонюшка слез с печи. Лицо его было сведено морщинами, как будто кто затянул на нем швы. Белая луневая бородка клином лезла за пазуху, а через расстегнутый ворот на обсеянном гнидами гайтане болтался крест.

– Здорово, – кашлянул он, заслоняясь рукой, и скинул шубу, – нет ли, родненький, сухарика? Второй день ничего не жевал.

Карев ласково обвел его взглядом и снял шапку.

– Мы с тобой, дедушка, куропатку зажарим.

Ощипал, выпотрошил и принес беремя дров.

Печка-согревушка засопела березняком, и огоньки запрыгали, свивая бересту в свиной высушенный пузырь.

Когда Карев собрался уходить, Афонюшка почуял, так почуял, как он ждал кого-то, что этот человек к нему не вернется.

– Останься, – грустно поникнул он головою. – Один я...

Карев удивленно поднял завитые на кончиках веки и остановился.

На Фоминой неделе Афонюшка позвал Карева на долину и показал место, где задумал строить церковь. Поддевка его дотрепалась, он высыпал все скопленные деньги на стол и, отсчитав маленькую кучку, остальное зарыл на еланке под старый вяз.

– Глух наш яр-то, жисть надо поджечь в нем, – толковал он с Каревым. – Всю молодость свою думал поставить церковь. Трать, – вынул он пачку бумаг, – ты как Кузька стал мне... словно век я тебя ждал.

Лес закурчавился. В синеве повис весенний звон.

Оба сидели на завалинке; Афонюшка, захлебываясь, рассказывал лесные сказки.

– Не гляди, что мы ковылем пахнем, – грустно усмехнулся он, – мы всю жисть, как вино, тянули...

– Что ж, захмелел?..

– Нема, только икота горло мышью выскребла.

К двору, медленно громыхая колесами, подполз скрипящий обоз. Пахло овсом и рожью... лошадиным потом.

С телеги вскочил, махая голицами, мужик и, сняв с колечка дуги повод, привязал лошадь у стойла.

Баба задзенькала ведром и, разгребая в плотине горстью воду, зачерпнула, едва закрыв пахнувшее замазкой дно. Опрокинула ведро набок и заглотала.

Большой кадык прыгал то в пазуху, то за подбородок.

Афонюшка подбежал к столбам и, падая бессильной грудью на рычаг, подымал обитый жестью спущенный заслон.

Рыжебородый сотский, сдвинув на грядки мешок и подымая за голову руку, кряхтя, потащил на крутую лестницу.

Жернов вертелся и свистел. За стеной с дробным звоном слышался рев воды.

Карев смотрел, как на притолке около жернова на лосиных рогах моталась желтая фуражка.

В сердце светилась тихая, умиленная грусть.

В его глазах стоял с трясущейся бородкой и дремными глазками Афонюшка.

– Чтоб те пусто взяло! – выругался сотский, спуская осторожно мешок. – Немудрено и брыкнуться...

– Крута лестница-то, крута... – зашамкал, упыхавшись, Афонюшка. – Обвалилась намедни плоская-то, новую заказал.

Карев дернул рычаг, и жернов, хрустя о камень, брызнул потоками искр.

– Сыпь! – крикнул он сотскому и открыл замучнелые совки.

Рожь захрустела, запылилась, и из совков посыпалась мука.

Афонюшка зацепил горсть, высыпал на ладонь и слизнул языком.

– Хруп, – обратился он к Кареву, – спусти еще.

На лестнице показалась баба; лицо ее было красно, спина согнута, а за плечами дыхал травяной мешок. Карев смотрел, как Афонюшка суетливо бегал из стороны в сторону и хватал то совок, то соломенную кошелку.

«Людям обрадовался», – подумал он с нежной радостью и подпустил помолу.

Баба терлась около завьялого в муке и обвязанного паутинником окошка.

– Что такую рваную повесили! – крикнула она со смехом, кидая под жернов фуражку, и задрожала...

– Фуражка, фуражка! – застонал Афонюшка и сунулся под жернов.

Громыхающий поворот приподнял обмучнелый комок и отбросил на ларь.

На полу рассыпались красные ягоды.

Думы смялись... Это, может быть, рухнула старая церковь. Аллилуйя, аллилуйя...

Глава пятая

Карев застыл от той боли, которую некому сказать и незачем.

Его сожгла дума о постройке церкви, но денег, которые дал ему Афонюшка, хватило бы только навести фундамент.

Он лежал на траве и кусал красную головку колючего татарника.

Рядом валялось ружье и с чесаной паклей кожаная пороховница.

Тихо качались кусты, по хвоям щелкали раcперившиеся шишки и шомонила вода.

Быстро поднялся, вскинул ружье и пошагал к дому. За спиной болтался брусниковый кузов.

Сунулся за божницу, вынул деньги и, лихорадочно пересчитав, кинулся обратывать лошадь.

Пегасый жеребец откидывал раскованные ноги, ощеривал зубы и прядал ушами.

Скакал прямой поляной к сторожке Филиппа. Поводья звякали удилами, а бляхи бросали огонь.

С крутояра увидел, как Лимпиада отворяла околицу. Она издалека узнала его и махала зарукавником.

Лошадь, тупо ударив копытами, остановилась; спрыгнул и поздоровался.

– Дома?

– Тут.

Отворил окно и задымил свернутой папиросой. Филипп

чинил прорватое веретье, он воткнул шило в стенку и подбежал к окну.

– Ставь! – крикнул Лимпиаде, указывая на прислоненный к окну желтый самовар.

Лимпиада схватила коромысло и, ловко размахнувшись, ударила по свесившейся сосне.

С курчавых веток, как стая воробьев, в траву посыпались шишки.

– Хватит! – крикнул, улыбаясь, Карев и пошел к крыльцу.

– Вот что, Филюшка, – сказал он, расстегивая пиджак, – Афоня до смерти церковь хотел строить. Денег у него было много, но они где-то зарыты. Дал он мне три тысячи. А ведь с ними каши не сваришь.

Филипп задумался. Волосатая рука забарабанила по голубому стеклу пальцами.

– Что ж надумал? – обернулся он, стряхивая повисшие на глаза смоляные волосы.

– Школу на Раменках выстроить...

– Что ж, это разумно... А то тут у нас каждый год помирают мальцы... Шагай до Чухлинки по открытому полю версты четыре... Одежонка худая, сапожки снег жуют, знамо дело, поневоле схватишь скарлатину или еще что...

– Так и я думаю... сказать обществу, чтобы выгоняли подводы, а за рубку и извоз заплатить мужикам вперед.

От самовара повеяло смольными шишками, приятный запах расплылся, как ладан, и казалось, в избе только что отошла вечерня.

Карев глядел молча на Лимпиаду, она желтым полотенцем вытирала глиняные чашки.

Закрасневшись, она робко вскидывала свои крыльями разведенные брови, и в глазах ее словно голуби пролетали.

Она сама не знала, почему не могла смотреть на пришляка. Когда он появлялся, сердце ее замирало, а горячая кровь пенилась.

Но бывало, он пропадал и не являлся к ним неделями.

Тогда она запрягала лошадь в таратайку и посылала Филиппа спроведать его.

Филипп чуял, что с сестрой что-то стало неладное, и заботливо исполнял ее приказанья.

Он пришел в лунную майскую ночь. Шмыгнул, как тень, за сосну и притаился.

Карев сидел на крыльце и, слушая соловьев, совал в лыки горбатый качатыг. Он плел кошель и тоненько заваст-ривал тычинки.

В кустах завозилось, он поднял голову и стал вслушиваться.

В прозрачной тишине ему ясно послышались крадущиеся шаги и сдавленное дыханье.

– Кто там? – крикнул он, откидывая кошель.

– Я... – тихо и кратко было ответом.

– Кто ты?

– Я...

– Я не знаю, кто ты, – смеясь, зашевелил он кудрявые волосы. – А если пришел зачем, так подходи ближе.

Кусты зашумели, и тень прыгнула прямо на освещенное луною крыльцо.

– Чего ж ты таишься?

К крыльцу, ссутулясь, подошел приземистый парень. Лицо его было покрыто веснушками, рыжие волосы клоками висели из-под картуза за уши и над глазами.

– Так, – брызнул он сквозь зубы слюну.

Карев глухо и протяжно рассмеялся. Глаза его горели лунным блеском, а под бородой и усами, как приколотый мак, алели губы.

– Ты бел, как мельник, – сказал отрывисто парень. – Я думал, ты ранен и с губ твоих течет кровь... Ты сегодня не ел калину?

Карев качнул головою.

– Я не сбирал ее прошлый год, а сегодня она только зацветает.

– Что ж ты здесь делаешь? – обернулся он, доставая качатыг и опять протыкая в петлю лыко.

– Дорогу караулю...

Карев грустно посмотрел на его бегающие глазки и покачал головою.

– Зря все это...

Парень лукаво ухмыльнулся и, раскачиваясь, сел на обмазанную луньюо ступеньку.

– Как тебя величают-то?..

– Аксютка.

Улыбнулся и почему-то стал вглядываться в его лицо.

– Правда, Аксютка... Когда крестили, назвали Аксеном, а потом почему-то по-бабьему прозвище дали.

– Чай хочешь пить? – поднялся Карев.

– Не отказываюсь... Я так и норовил к тебе ночевать.

– Что ж, у меня места хватит... Уснем на сеновале, так завтра тебя до вечера не разбудишь. Сено-то свежее, вчера самый зеленый побег скосил... она, вешняя отава-то, мягче будет и съедобней... Расставь-ка таганы, – указал он на связанные по верхушке три кола.

Аксютка разложил на кулижке плахи, собрал в кучу щепу и чиркнул спичку. Дым потянулся кверху и издали походил на махающий полотенец.

Карев повесил на выструганный крюк чайник и лег.

– Не воруй, Аксютка, – сказал, загораживаясь ладонью от едкого дыма. – Жисть хорошая штука, я тебе не почему-нибудь говорю, а жалеючи... поймают тебя, изобьют, зачахнешь, опаршивеет все, а не то и совсем укокошат.

Аксютка, облокотясь, тянул из глиняной трубки сизый дым и, отплевываясь, улыбался.

– Ладно тебе жалеть-то, – махнул он рукой. – Либо пан, либо пропал!

Чайник свистел и белой накипью брызгал на угли.

– Ох, – повернулся Аксютка, – хочешь, я расскажу тебе страшный случай со мною.

– Ну-ка...

Он повернулся, всматриваясь в полыхающий костер, и откинул трубку.

– Пошел я по весне с богомолками в лавру Печерскую. Накинул за плечи чоботы с узлом на палочке, помолился на свою церковь и поплелся.

С богомольцами, думаю, лучше промышлять. Где уснет, можно обшарить, а то и отдыхать сядешь, не дреми.

В корогоде с нами старушка шла. Двохлая такая старушонка, всю дорогу перхала.

Прослыхал я, что она деньжонки с собой несет, ну и стал присватываться к ней.

С ней шла годов восемнадцати али меньше того внучка.

Я и так к девке, и этак, – отвиливает чертовка. Долго бился, половину дороги почти, и все зря.

Потихонечку стала она отставать от бабки, стал я ей речи скоромные сыпать, а она все бурдовым платком закрывалась.

Разомлела моя краля. Подставила мне свои сахарные губы, обвила меня косником каштановым, так и прилипла на шею.

Ну, думаю, теперь с бабкой надо проехать похитрей; да чтоб того... незаметно было.

Идем мы, костылями звеним, воркуем, как голубь с голубкой. А все ж я вперед бабки норовлю.

Смотри, мол, карга, какой я путевый; внучка-то твоя как исповедуется со мной.

Стала и бабка со мной про Божеское затевать, а я начал ей житие преподобных рассказывать. Помню, как рассказал про Алексея Божьего человека, инда захныкала.

Покоробило исперва меня, да выпил дорогой косушечку, все как рукой сняло.

Пришли все гуртом на постоялый двор, я и говорю бабке... что, мол, бабушка, вшей-то набирать в людской, давай снимем каморочку; я заплачу... Двохлая такая была старушонка, все время перхала.

Полеглись мы кой-как на полу; я в углу, а они посередке.

Ночью шарю я бабкины ноги, помню, что были в лаптях.

Ощупал и тихонько к изголовью подполз.

Шушпан ее как-то выбился, сунулся я в карман и вытащил ее деньги-то...

А она, старая, хотела повернуться, да почуяла мою руку и крикнула.

Спугался я, в горле словно жженый березовый сок прокатился.

Ну, думаю, услышит девка, каюк будет мне.

Хвать старуху за горло и туловищем налег...

Под пальцами словно морковь переломилась.

Сгреб я свой узелок, да и вышел тихонечко. Вышел я в поле, только ветер шумит... Куда, думаю, бежать...

Вперед пойду – по спросу урядники догадаются; назад – люди заметят... Повернул я налево и набрел через два дня на село.

Шел лесом, с дороги сбился, падал на мох, рвался с пенька и царапался о щипульник; ночью все старуха бластилась и слышалось, как это морковь переломилась...

Приковылял я за околицу, гляжу, как на выкате трактирная вывеска размалевана...

Вошел, снял картуз и уселся за столик.

Напротив сидел какой-то хлюст и булькал в горлышко «жулика». «Из своих», – подумал я и лукаво подмигнул.

– А, Иван Яклич! – поднялся он. – Какими судьбами?..

– Такими судьбами, – говорю. – Иду Богу молиться.

Сели мы с ним, зашушукались.

– Дельце, – говорит, – у меня тут есть. Вдвоем, как пить дадим, обработаем. «Была бы только ноченька сегодня потемней».

Ехидно засмеялся, ощурив гнилые, как суровикой обмазанные зубы.

Сидим, пьем чай, глядим – колымага подъехала, из колымаги вылез в синей рубахе мужик и, привязав лошадь, поздоровался с хозяйкой.

Долго сидели мы, потом мой хлюст моргнул мне, и мы, расплатившись, вышли.

– К яру пойдем, – говорит он мне. – Слышал я – ночевать у стогов будет.

Осторожно мы добрались до стогов и укутались в промежках...

Слышим – колеса застучали, зашлепали копыта, и мужик, тпрукая, стал распрягать.

Хомут ерзал, и слышно было, как скрипели гужи.

Ночь и впрямь, как в песне, вышла темная-претемная.

Сидим, ждем, меня нетерпенье жжет. «Не спит все», – думаю.

Тут я почуял, как по щеке моей проползла рука и, ущипнув, потянула за собой. Подползли к оглоблям; он спал за задком на веретье.

Я видел, как хлюст вынул из кармана чекмень и размахнулся...

Но тут я увидел... я почувствовал, как шею мою сдавил аркан.

Мужик встал, обежал нас кругом и затянул еще крепче.

– Да, – протянул Аксютка, – как вспомнишь, кровь приливает к жилам.

Карев подкладывал уже под скипевший чайник поленьев и, вынув кисет, взял Аксюткину трубку.

– Что же дальше-то было?

Аксютка вынул платок и отмахнул пискливого комара.

– Ну и дока! – прошептал хлюст, когда тот ушел в кустарник, и стал грызть на моих руках веревку.

Вытащил я левую руку, а правую-то никак не могу отвязать от ног.

Принес он крючковатых тычинок, повернул хлюста спиною и начал, подвострив концы, в тело ему пихать...

Заорал хлюст, а у меня, не знаю откуда, сила взялась. Выдернул я руку, аж вся шкура на веревке осталась, и, откатившись, стал развязывать ноги.

Покуль я развязывал, он ему штук пять вогнал.

Нащупал я нож в кармане, вытащил его и покатился, как будто связанный... к нему... Только он хотел вонзить тычинку, – я размахнулся и через спину угодил, видимо, в самое его сердечушко...

Обрезал я на хлюсту веревки, качнул его голову, а он, бедняга, впился зубами в землю да так... и Богу душу отдал.

Аксютка замолчал. Глаза его как бы заволоклись дымом, а под рубахой, как голубь, клевало грудь сердце.

Лунь лизала траву, дробно щелкали соловьи, и ухал филин.

Глава шестая

На Миколин день Карев с Аксюткой ловил в озере красноперых карасей.

Сняли портки и, свернув их комом, бросили в щипульник. На плече Карева висел длинный мешок. Вьюркие щуки, ударяя в стенки мешка, щекотали ему колени.

– Кто-то идет, – оглянулся Аксютка, – кажись, баба, – и, бросив ручку бредня к берегу, побег за портками.

Карев увидел, как по черной балке дороги с осыпающимися пестиками черемухи шла Лимпиада.

Он быстро намахнул халат и побежал ей навстречу.

– Какая ты сегодня нарядная...

– А ты какой ненарядный, – рассмеялась она и брызнула снегом черемухи в его всклокоченные волосы.

Улыбнулся своей немного грустной улыбкой и почуял, как радостно защемило сердце. Взял нежно за руку и повел показать рыбу.

– Вот и к разу попала. Растагарю костер и ухи наварю...

– Во-во! – замахал весело ведром Карев и, скатывая бредень, положил конец на плечо, а другой подхватил Аксютка.

– Ведь он ворища, – указала пальцем на него. – Ты небось думаешь, какой прохожий?..

– Нет, – улыбнулся Карев, – я знаю.

Аксютка вертел от смеха головою и рассучивал рукав.

– Я пришла за тобой к празднику. Ты разве не знаешь, что сегодня в Раменках престол?

– К кому ж мы пойдем?

– Как к кому?.. Там у меня тетка...

– Хорошо, – согласился он, – только вперед Аксютку накормить надо. Он сегодня ко мне на заре вернулся.

Лимпиада развела костер и, засучив рукава, стала чистить рыбу.

С губастых лещей, как гривенники, сыпалась чешуя и липла на лицо и на волосы. Соль, как песок, обкатывала жирные спины и щипала заусенцы.

– Ну, теперь садись с нами к костру, – шумнул Карев. – Да выбирай зараня большую ложку.

Лимпиада весело хохотнула и указала на Аксютку. Он, то приседая, то вытягиваясь, ловил картузом бабочку.

– Аксютка, – крикнула, встряхивая раскосмаченную косу, – иди, поищу!

Аксютка, запыхавшись, положил ей на колени голову и зажмурил глаза.

Рыба кружилась в кипящем котле и мертво пучила зрачки.

Солнце плескалось в синеве, как в озере, и рассыпало огненные перья.

Карев сидел в углу и смотрел, как девки, звякая бусами, хватались за руки и пели про царевну.

В избу вкатился с расстегнутым воротом рубахи, в грязном фартуке сапожник Царек.

Царька обступили корогодом и стали упрашивать, чтоб сыграл на губах плясовую.

Он вынул из кармана обгрызанный кусок гребешка и, оторвав от численника бумажку, приложил к зубьям.

«Подружки голубушки, – выговаривал, как камышовая дудка, гребешок, – ложитесь спать, а мне, молодешеньке, дружка поджидать».

– Будя, – махнула старуха, – слезу точишь.

Царек вытер рукавом губы и засвистал плясовую. Девки с серебряным смехом расступились и пошли в пляс.

– В расходку! – кричал в новой рубахе Филипп. – Ходи веселей, а то я пойду!

Лимпиада дернула за рукав Карева и вывела плясать.

На нем была белая рубашка, и черные плюшевые штаны широко спускались на лаковые голенища.

С улыбкой щелкнул пальцами и, приседая, с дробью ударял каблуками.

В избу ввалился с тальянкой Ваньчок и, покачиваясь, кинулся в круг.

– Ух, леший тебя принес! – засуетился обидчиво Филипп. – Весь пляс рассыпал.

Ваньчок вытаращил покраснелые глаза и впился в Филиппа.

– Ты не ругайся, – сдавил он мехи, – а то я играть не буду.

– Ты чей же будешь, касатик? – подвинулась к Кареву старуха.

– С мельницы, – ласково обернулся он.

– Это что школу строишь?..

– Самый.

– Надоумь тебя царица небесная. Какое дело-то ты делаешь... Ведь ты нас на воздуси кинаешь – звезды, как картошку, сбирать.

Карев перебил ее и, отмахиваясь руками, стал отказываться:

– Я тут, как кирпич, толку... Деньги-то ведь не мои.

– Зрящее, зрящее, – зашамкала прыгающим подбородком. – Ведь тебе оставил-то он...

Лимпиада стояла и слушала. В ее глазах сверкал умильный огонек.

За окном в матовом отсвете грустили вербы и целовали листьями голубые окна.

Аксютка запер хату и пошел в Раменки.

Ему хотелось напиться пьяным и побуянить. Он любил, когда на него смотрели как на страшного человека.

Однажды покойная Устинья везла с ярмарки спившегося Ваньчка и, поравнявшись с Аксюткой, схватила мужа за голову и ударила о постельник.

– Чтоб тебя где-нибудь уж Аксютка зарезал! – крикнула она и пнула в лицо ногой.

Ребятишки, собираясь по кулижкам, часто грезили о нем; каждый думал – как вырастет, пойдет к нему в шайку.

– Вот меня-то уж он наверняка возьмет в кошевые, – говорил с белыми, как сметана, волосами Микитка, – потому знает, что я крепче всех люблю его.

– А я кашеваром буду, – тянул однотонно Федька, – Ермаком сделаюсь и Сибирь завоюю.

– Сибирь, – передразнивал Микитка. – А мы, пожалуй, вперед тваво возьмем Сибирь-то, уж ты это не говори.

– Ты все сычишься наперед, – обидчиво дернул губами Федька. – Твоя вся родня такая... твой отец, мамка говорит, только губами шлепает. А мы все время на Чухлинке лес воруем. Нам Ваньчок что хошь сделает.

– Поди-ка съешь кулака, – волновался Микитка. – А откуда у нас жерди-то, чьи строги-то на телегах?.. Это вы губами-то шлепаете, мы у вас в овине всю солому покрали, а вы и не знаете... накось...

Аксютка вошел в избу сотского и попросил бабку налить ему воронка.

Бабка в овчинной шубенке вышла в сени и, отвернув кран, нацедила глубокий полоник.

– Где ж Аким-то? – спросил, оглядывая пустую лежанку.

– У свата.

– Обсусоливает все, – смеясь, мотнул головой.

– Что ж делать, касатик, скучно ему. Вдовец ведь...

Надел фуражку и покачнулся от ударившего в голову хмеля.

– Не обессудь, ягодка, дала бы тебе драчонку, да все вышли. Оладьями, хошь, угощу?

Вынесла жарницу от загнетки и открыла сковороду. Аксютка выглядел, какие порумяней, и, сунув горсть в карман, выбег на улицу.

У дороги толпился народ. Какой-то мужик с колом бегал за сотским и старался ударить его в голову.

Нахлынувшие зеваки подзадоривали драку. Ухабистый мужик размахнулся, и переломившийся о голову сотского кол окунулся расщепленным концом в красную, как воронок, кровь.

Аксютка врезался в толпу и прыгнул на мужика, ударяя его в висок рукояткой ножа.

Народ зашумел, и все кинулись на Аксютку.

– Бей живореза! – кричал мужик и, ловко подняв ногу, ударил Аксютку по пяткам.

Упал и почуял, как на грудь надавились тяжелые костяные колени.

Расчищая кулаками дорогу, к побоищу подбег какой-то парень и ударил лежачему обухом около шеи.

Побои посыпались в лицо, и сплюснутый нос пузырился красно-черной пеной...

– Эх, Аксютка, Аксютка, – стирал кулаком слезу старый пономарь, – подломили твою бедную головушку!.. Что ж ты стоишь, чертовка! – ругнул он глазеющую бабу. – Принесла бы воды-то, живой, чай, человек валяется.

Опять собрался народ, и отрезвевший мужик бледно тряс губами.

– Подкачнуло тебя, окаянного. Мою душу загубил и себя потерял до срока.

– То-то не надо бы горячиться, – укорял пономарь. – Оно, вино-то, что хошь сделает.

Аксютка поднялся слабо на колени и, свесив голову, отирал слабой рукой прилипшую к щеке грязь.

– На... а... мель... – дрогнул он всем телом и упал навзничь.

– На мельницу, вишь, просится, – жалобно заохала бабка. – Везите его скорей...

Парень, бивший топором Аксютку, болезненно смотрел на его заплывшие глаза и, отвернувшись, смахнул каплю слезы.

Мужик побежал запрягать лошадь, а он взял черпак и начал поливать голову Аксютки водой.

Вода лилась с подбородка струей и, словно подожженная, брызгала на кончике алостью...

Положили бережно на сено и помчали на мельницу. Дорогой он бредил о Кареве, пел песни, ругался и срывал повязку.

Карев сидел с Лимпиадой у окна и смотрел, как розовый закат поджигал черную, клубившуюся дымом тучу. По дороге вдруг громко загремели бубенцы, и к крыльцу подъехали с Аксюткой.

Он почуял, как в сердце у него закололо шилом. Взял Аксютку, обнял и понес в хату.

– Ложись, ложись, – шептал бледный, как снег...

Лимпиада тряслась, как осина, и рыданья кропили болью скребущую тишину.

Аксютка встал и провел по губам рукой...

– Поди... – глухо прошептал, поманув Карева. – Хвастал я... никого не убивал, – закашлялся он. – Это я так все... выдумал...

Карев прислонил к его голове мокрую тряпку.

Сумерки грустно сдували последнее пламя зари, и за косогором показался, как желтая дыня, месяц.

На плесе шомонили вербы и укромно шнырял ветерок.

– Липа! – крикнул Аксютка, хватаясь за грудь. – Сложи мне руки... помирать хочу...

Лимпиада, с красными глазами, подбежала к постели и опустилась на колени.

– Крест на меня надень... – опять глухо заговорил он. – В кармане... оторвался... Мать надела.

Судорожно всхлипывая, сунула в карман руку и, вынув из косы алый косник, продела в ушко креста.

Аксютка горько улыбнулся, вздрогнул, протягивая свесившиеся ноги, и замер.

За окошком кугакались совы.

Часть вторая

Глава первая

Покосилась изба Анисима под ветрами, погнулся и сам старый Анисим.

Не вернулся Костя с охоты, а после Пасхи пришло письмо от вихлюйского стрелка.

Почуял старый Анисим, что неладное принесло это письмо, еще не распечатывая.

«Посылаю свое почтение Анисиму Панкратьеву, я знал хорошо твоего сына и спяшу с скорбью поведать, что о второй день Пасхи он переправлялся через реку и попал в полынью.

На льду осталась его шапка с адристом, а его, как ни тыкали баграми, не нашли».

Жена Анисима слегла в постель и, прохворав полторы недели, совсем одряхлела.

Анна с бледной покорностью думала, что Костя покончил с собой нарочно, но отпихивала эту думу и боялась ее.

Степан прилип к ней, и смерть Кости его больше обрадовала, чем опечалила.

Старушка мать на Миколу пошла к обедне и заказала попу сорокоуст.

Вечером на дом пришел дьякон и отслужил панихиду.

– Мать скорбящая, – молился Анисим, – не отступись от меня.

В седых волосах его зеленела вбившаяся трава и пестиками щекотала шею.

Анисим махал над шеей рукой и думал, что его кусает муха.

– Жалко, жалко, – мотал рыжей бородой дьякон, – только женили и на поди какой грех.

– Стало быть, Богу угодно так, – грустно и тихо говорил Анисим, с покорностью принимая свое горе. – Видно, на роду ему было написано. От судьбы, говорится, на коне не ускачешь.

Запечалилась Наталья по сыну. Не спалось ей, не елось.

– Пусти меня, Анисим, – сказала она мужу. – Нет моей мочи дома сидеть. Пойду по монастырям православным поминать новопреставленного Константина.

Отпустил Анисим Наталью и пятерку на гайтан привязал.

«Тоскует Наталья, – думал он, – не успокоить ей своей души. Пожалуй, помрет дома-то».

Помаленьку стала собираться. Затыкала в стенку веретена свои, скомкала шерсть на кудели и привесила с донцем у бруса.

Пусть, мол, как уйду, поминают.

Утром, в петровское заговенье, она истопила печь, насушила жаровню сухарей и связала их в холщовую сумочку.

Анна помогала ей и заботливо совала в узел, что могло понадобиться.

В обеды старуха гаркнула рубившему дрова Анисиму, присела на лавку и со слезами упала перед иконами на колени.

От печи пахло поджаренными пирогами, на загнетке котенок тихонько звенел заслоном.

– Прости Христа ради, – обняла она за шею Анисима. – Не знаю, ворочусь ли я.

Анисим, скомкав шапку, утирал заголубевшую на щеке слезу.

– А ты все-таки того... – ласково обернулся к ней. – Помирать-то домой приходи.

Наталья, крестясь, подвязала сумочку и взяла камышовый костыль.

– Анна, – позвала она бледную сноху, – поди, я тебя благословлю.

Анна вышла и, падая в ноги, зарукавником прикрыла опухшие глаза.

– Господь тебя благословит. Пройдет сорокоуст, можешь

замуж итить... Живи хорошенько. Пойдем, – крикнула она Анисиму, – за околицу проводить надо.

Анна надела каратайку и тихо побрела, поддерживая ей сумку, к полю.

– А ты нет-нет и вестку пришли, – тягуче шептал Анисим, – оно и нам веселей станет. А то ведь одни мы...

Тихо, тихо... В смолкших травах чудилось светлое успокоение... Пошла, оборачиваясь назад, и, приостановившись, махала костылем, чтобы домой шли.

От сердца как будто камень отвалился.

С спокойной радостью взглянула в небо и, шамкая, прошептала:

– Мати Дево, все принимаю на стези моей, пошли мне с благодатной верой покров твой.

Анисим стоял с покрытой головой и, закрываясь от солнца, смотрел на дорогу.

Наталья утонула в лоску, вышла на бугор и сплелась с космами рощи; он еще смотрел, и застывшие глаза слезились.

– Пойдем, папаша, – дернула его за рукав Анна. – Теперь не воротишь ведь.

Шли молча, но ясно понимали, что печаль их связала в один узел.

– Не надо мне теперь землю, – говорил он, безнадежно оглядывая арендованное поле. – Затянет она меня и тебя разорит. Ты молодая еще, жить придется. Без приданого-то за вдовой не погонятся, а так весь век не проживешь, выходить все равно придется.

– Тебе видней, – отвечала Анна. – Знамо, теперь нам мускорно.

Покорился Анисим опутавшей его участи. Ничего не спихнул со своих ссутуленных плеч.

Залез только он ранее срока на печь и, свесив голову, как последней тайны, ждал конца.

Анна позвала Степана посмотреть выколосившуюся рожь.

Степан взял назубренный серп и, заломив картуз, пошел за Анной.

– Что ты думаешь делать? – спросила она его.

– Не знаю, – тихо качнул головою и застегнул ослабленный ремень.

– Я тоже не знаю, – сказала она и поникла головою.

Вошла в межу, и босые ноги ее утонули в мягкой резеде.

– Хорош урожай, – сказал, срывая колос, Степан. – По соку видно, вишь, как пенится.

Анна протянула руку за синим васильком и, поскользнувшись с межи, потонула, окутанная рожью.

– Ищи! – крикнула она Степану и поползла в соседнюю долю.

– Где ты? – улыбаясь, подымался Степан.

– Ау, – звенел ее грудной голос.

– Вот возьму и вырву твои глаза, – улыбался он, посадив ее на колени. – Вырву и к сердцу приколю. Они синей васильков у тебя.

– Не мели зря, – зажимала она ему ладонью губы. – Ведь я ослепну тогда.

– А я тебя водить стану, – отслонял он ее руку, – сумочку надену, подожочек вытешу, поводырем пойду стучать под окна: подайте, мол, Аннушке горькой, которая сидела тридцать три года над мертвым возлюбленным и выплакала оченьки.

Вечером к дому Анисима прискакал без фуражки верховик и, бросив поводья без привязи, вбежал в хату.

– Степан, – крикнул он с порога, – скорей, мать помирает!

Степан надел картуз и выбежал в сени.

– Погоди, – крикнул он, – сейчас обратаю!

Лошади пылили и брызгали пенным потом.

Когда они прискакали в село, то увидели, что у избы стояла попова таратайка.

В избе пахло воском, копотливой гарью и кадильным ладаном.

Акулина лежала на передней лавке. Глаза ее, как вшитая в ложбинки вода, тропыхались.

Степан перекрестился и подошел к матери.

Родные стояли молча и плакали.

– Степан, – прохрипела она, – не бросай Мишку...

Желтая свечка задрожала в ее руках и упала на саван.

Одна осталась Анна. Анисим слез с печи, надел старую хламиду и поплелся на сход. Она оперлась на подоконник и задумалась. Слышно, как тоненько взвенивала осокой река и где-то наянно бухал бучень.

«Одна, совсем одна, – вихрились в голове ее думы, – свекор в могилу глядит, а у Степана своя семья, его так и тянет туда.

Теперь, когда померла мать, жениться будет и дома останется. Может быть, остался бы, если не Мишка... Подросток, припадочный... ему без Степана живая могила.

Бог с ним, – гадала она, – пускай делает как хочет».

В душе ее было тихое смирение, она знала, что боль, которая бередит сердце, пройдет скоро и все пойдет по новому руслу.

К окну подошел столяр Епишка. Он него пахло водкой и саламатой.

– Ты, боярышня круглолицая, что призадумалась у окна?

– Так, Епишка, – грустно улыбнулась она. – Невесело мне.

– Али Иван-царевич покинул?

– Все меня бросили... А может, и я покинула.

– Не тужи, красавица! Прискачет твой суженый, недолго тебе томиться в терему затворчатом.

– Жду, – тихо ответила она. – Только, видно, серые волки его разорвали.

– Не то, не то, моя зоренька, – перебил Епишка, – ворон живой воды не нашел.

Кис Анисим на печи, как квас старый, да взыграли дрожжи, кровь старая, подожгла она его старое тело, и не узнала Анна своего свекра.

Ходил старик на богомолье к Сергию Троице, пришел оттолева и шапки не снял.

– Вот что, – сказал он Анне, – нечего мне дома делать. Иди замуж, а я в монахи. Не вернется наша бабка. Почуял я.

Ушел старый Анисим, пришел в монастырь и подрясник надел.

Возил воду, колол дрова и молился за Костю.

– На старости спасаться пришел, – шамкал беззубый седой игумен, – путево, путево, человече... В писании сказано: грядущего ко мне не изжену вон, – Бог видит душу-то. У него все мысли ее записаны.

Анисим откидывал колун и, снимая с кудлатой головы скуфью, с благоговением чмокал жилистую руку игумена.

По субботам он с богомолками отсылал Анне просфорочку и с потом выведенную писульку.

«Любая сношенька, живи хорошенько, горюй помалу и зря не крушинься.

Я молюсь за тебя Богу, дай тебе Он, Милосердный, силы и крепости.

Житье мое доброе и во всем благословение Божьей Матери.

Вчера мне приснилась Натальюшка. Она пришла ко мне в келью с закрытым лицом. Гадаю, не померла ли она... Утиральник твой получил... спасибо... Посылаю тебе артус, девятичиновную просфору, положи их на божницу и пей каждое утро со святой водой, это тебе хорошо и от всякого недуга пользительно».

Анна радостно клала письмо за пазуху и ходила перечитывать по базарным дням к лавочнику Левке.

По селу загуторили, что она от Степки забрюхатела.

Глава вторая

Филипп запряг лошадь, перекрестил Лимпиаду и, тронув вожжи, помчал на дорогу.

Он ехал в Чухлинку сказать, что приехали инженеры и отрезали к казенному участку, который покупал какой-то помещик, чухлинский Пасик.

Пасик – еланка и орешник – место буерачное и неприглядное.

Но мужики каждой осенью дробились на выти и почти по мешку на душу набирали орехов.

Весной там паслись овцы и в рытых землянках жили пастухи.

Филипп досадовал, что чухлинцы не могли приехать по наказу сами.

Спустился в долину и увидел вбивавшего колья около плотины Карева.

– Далеко?

– Да в Чухлинку, – сердито махнул он, заворачивая к мельнице. – Отрезали ведь, – поморщился и стер со лба остывающий пот.

– Плохое дело...

– Куда хуже.

– Ты погоди ехать в Чухлинку, – сказал Карев. – Попьем чай, погуторим, а потом и я с тобой поеду.

День был ветреный, и сивые тучи, как пакля, трепались и, подхваченные ветром, таяли.

Филипп отпустил повод, завязал его за оглоблю и отвел лошадь на траву.

Летняя томь кружила голову, он открыл губы и стал пить ветер.

– Ох, – говорил Карев, – теперь война пойдет не на шутку. Да и нельзя никак. Им, инженерам-то, что! Подкупил их помещик, отмерили ему этой астролябией без лощин, значит, и режь. Ведь они хитрые бестии. Думают: не смекнут мужики.

– Где смекнуть второпях-то, – забуробил Филипп, – тут все портки растеряешь.

– Я думаю нанять теперь своих инженеров и перемерить участки... Нужно вот только посмотреть бумаги – как там сказано, с лощинами или без лощин. Если не указано – плевое дело. У нас на яру ведь нет впадин и буераков, кроме этой долины, а в старину земли делили не как сейчас делят.

– Говоришь – война будет, значит, не миновать... Кто их знает: целы ли бумаги.

Тучи клубились шерстью и нитками сучили дождь.

Карев надел кожан, дал Филиппу накрыться веретье, и поехали на Чухлинку.

Дорога кисла киселем, и грязь обдавала седоков в спины и в лицо.

Лес дымил как задавленным пожаром; в щеки сыпал молодятник мох, и веяло пролетней вялостью.

Переехали высохший ручей и стали взбираться на бугор.

Сотский вырезал из орясника палку, обстрогал конец и, нахлобучив шапку, вышел на кулижку.

– На сход! – кричал он, прислоняясь к мутно-голубым стеклам.

Скоро оравами затонакали мужики и, следом за ними, шли, поникнув, пожилые вдовы.

Староста встал с крыльца и пошел с корогодом в пожарный сарай.

– Православные, – заговорил он, – Филипп приехал сказать, что инженеры отрезали у нас Пасик.

Мужики завозились, и с нырявшим кашлем кой-где зашипел ропот.

Обсуждали, как их обманывают и как доказать, что оба участка равны по старой меже.

Порешили выписать инженеров и достать бумаги.

Карев опасался, как бы бумаги не пропали.

Он искал старожилов и расспрашивал, с кем дружил покойный барин и живы ли те, при ком совершался акт.

Тяжба принимала серьезный характер; он разузнал, что и сам помещик был свидетелем, когда барин одну половину отмежевал казне, а другую – крестьянам.

– Уж ты выручи нас, – говорили мужики, – мы тебя за это попомним...

Карев, усмехаясь, вынимал кисет и, отрывая листки тоненькой бумаги, угощал мужиков куревом.

– Ничего мне не надо, табак пока у меня завсегда свой, а коли, случится на охоте, кисет забуду, так тут попросил бы одолжить щепоть.

Смеялись и с веселым размахиваньем шли в трактирчик.

– Одурачить-то мы их одурачим, – возвращался он к старому разговору, – вот только б бумаги не подкашляли...

Лимпиада, покрыв стол, стала ждать брата и, прислонясь к окну, засверкала над варежкой спицами.

Ставни скрипели, как зыбка.

Она задумалась и не заметила, как к крыльцу подкатила таратайка.

Ворота громыхнули, Чукан с веселым лаем выскочил наружу, и Лимпиада, встрепенувшись, отбросила моток.

– Ты что ж это околицу-то прозевала, – весело поздоровался Карев.

Лимпиада, закрасневшись, выставила свои, как берестяные, зубы и закрылась рукавом.

– Забылася, – стыдливо ответила она.

– Эх ты, разепа, – шутливо обернулся он, засматривая ей в глаза.

Вошел Филипп и внес мокрый хомут; с войлока катился бисер воды и выводил змеистую струйку.

– Гыть-кыря! – пронеслось над самым окном.

– Кто это? – встрепенулся Филипп. – Никак пастухи... Федот, Федот, – замахал он высокому безбородому, как чухонец, пастуху, – ай прогнали?

– Прогнали, – сердито щелкнул кнутом на отставшую ярку пастух.

– Вот, сукин сын, что делает, – злобно вздохнул Филипп, – убить не грех.

– На Афонин перекресток гоним! – крикнул опять пастух. – Измокли все из кобеля борзого... петлю бы ему на шею.

Лимпиада искоса глядела на Карева и, когда он повертывался, она опускала глаза.

Тучи прорванно свисли над верхушками елей, и голубые просветы бражно запенились солнцем. По траве серебряно белела мокресть.

– Пойдем в лес сходим, – сказал Филипп. – Нужно на перемет посмотреть, в куге на озере я жерлику поставил; теперь, после дождя, самый клев.

Сосны пряно кадили смолой, красно-желтая кора вяло вздыхала, и на обдире висли дождевые бусы.

– Ау! – крикнула Лимпиада, задевая за руку Карева.

– У-у-у! – прокатилось гаркло по освеженному лесу.

Карев отбежал и тряхнул сосну, с веток посыпался бисер и, раскалываясь, обсыпал Лимпиаду. Волосы ее светились, на ресницах дрожали капли, а платок усыпали зеленые иглы.

– Недаром тебя зовут русалка-то, – захохотал он, – ты словно из воды вышла.

Лимпиада, смеясь, смотрела в застывшую синь озера...

Помещик узнал через работника, что крестьяне вызывают на перемер инженеров и подали в суд.

– Проиграет твое, – говорил робко работник. – Там за них какой-то охотник вступился – бедовая, говорят, голова.

Помещик угрюмо кусал ус и обозленно стучал ногами.

– Знаю я вас, мошенников... михрютки вы сиволапые! Так один за другого и тянете.

– Я ничего, – виновато косился работник, – я сказать тебе... может, сделаешь что...

Помещик, косясь, уходил на конюшню и, щупая лошадь, кричал на конюха:

– Деньги только драть с хозяина. Опять не чистил, скотина... Заложи живо овса!..

Конюх, суетясь, тыкался в ларь, разгребал куколь и, горстью просеивая, насыпал в меру.

Мякина сыпалась прямо в глаза вилявшей собаке и щекотала ей ноздри.

– Ты еще что мешаешься! – ткнул ее помещик ногой. – Вон пошла, стерва!

«Ишь черт дурковатый, – думал конюх, – не везет ни в чем, так и зло на всех срывает!»

– А где он живет? – обратился к вошедшему за метлой работнику.

– Он живет в долине, на Афонином перекрестке, помол держит.

– Так, так, – кивал головой конюх, – сказывают, охотой займается еще.

– Так ты вот что, Прохор, – обратился помещик к конюху. – Заложи нам гнедого в тарантас и сена положи. А ты, брат, пей поскорей чай да со мной поедешь.

Карев увидел, как к мельнице подкатил тарантас и с сиденья грузно вывалился барин.

Он, поздоровавшись, сел на лавку и заговорил о помоле.

«Хитрит, – подумал Карев, – не знает, с чего начать».

– Трудно, трудно ужиться с мужиками, – говорил он, качая трость. – Я, собственно... – начал он, заикнувшись на этом слове, – приехал...

– Я знаю, – перебил Карев.

– А что?

– Хотите сказать, чтобы я не совался не в свои сани, и пообещаете наградить.

– Н-да, – протянул тот, шевеля усом, – но вы очень резко выражаетесь.

– Я говорю напрямую, – сказал Карев, – и если б был помоложе, то обязательно дал бы вам взбучку.

Помещик сузил глазки и стал прощаться.

Работник насмешливо прикусил губы и хлестал лошадь. Тарантас летел, как паровоз.

– Гони сильней! – ткнул он его ногой.

– Больше некуда гнать, – оглянулся работник, – и ежели будешь тыкаться, так я так тыкну, что ты ребер не соберешь.

Глава третья

Стояла июльская жара. Пахло ожогом трав и сухой соломой. Колосился овес.

Мужики собрались на сходку и порешили косить луга.

Десятские взяли общественные канаты и пошли за реку отыскивать занесенные в половодье на делянках ямы.

Они осторожно, не снимая травы, становились на раскосы и прикидывали веревку.

К вечеру у парома заскрипели с шалашами телеги и забренчали косы.

По лугу потянулись гуськом подводы и, покачиваясь, ехали за песчаную луку.

За лукой, на бугорке, считая свою выть от ямы, они скидывали, окосив траву, шалаши, уставляли их поплотней и устилали сочной травой.

Из телег летели вилы, грабли, связки дров и хламная рухлядь.

Потом, осторожно взяв косы, вешали их на попки шалаша и втаскивали вовнутрь сундучок с посудой и снедью.

Шалаши лицом друг к другу ставили в два ряда и позади, распрягая лошадей, подняв оглобли, притыкали накрытые веретьями телеги.

В это утро к Кареву пришел Филипп и стал звать на покос.

– А я и работника не наймал, – говорил он, улыбаясь издалека. – На тебя надеялся... Ты не бойся, нам легко будет, на семь душ всего; а ежели Кукариху скинуть – и того меньше...

Карев весело поднял голову и всадил в дровосеку топор.

– А я уж вилы готовлю.

Филипп по порядку отыскал четвертную стоянку и завернул на край.

У костра с каким-то стариком сидел Карев и, подкладывая плах, говорил о траве.

– Трава хорошая, – зашептал Филипп, раздувая костер. – Один медушник и кашка.

– А по лугам один клевер, – заметил старик. – И забольно так по впадинам чесноком череда разит.

Небо щурилось и морщилось. В темной сини купола шелестели облака.

Мигали звезды, и за бугром выкатывался белый месяц.

Где-то замузыкала ливенка, и ухабистые канавушки поползли по росному лугу.

> Милый в ливенку играет,
> Сам на ливенку глядит,
> А на ливенке написано:
> В солдатушки итить.

Карев пил из железной кружки чай и, обжигая губы, выдувал колечко.

Пели коростели, как в колотушку, стучал дупель, и фыркали лошади.

Филипп постелил у костра кожух, накрылся свиткой и задремал.

Старик, лежа, согнув кольцом над головой руки, отсвистывал носом храповитую песню, и на шапку его сыпался пепел.

Карев на корточках вполз в шалаш и, не стеля, бросился на траву.

Зарило.

– У... роса-то, – зевнул Филипп, – пора будить.

Было свежо и тихо. Погасшие костры светились неподмоченной золой.

– Костя... а Кость... – трепал он за ногу. – Кость...

Карев вскочил и протер глаза. Во рту у него было плохо от вчерашней выпивки, он достал чайник и стал полоскать.

– Ого-го-го... вставать пора, – протянулось по стоянке.

Филипп налил брусницы водой, заткнул клоком скошенной травы и одну припоясал, свешивая на лопатку, сам, а другую подал Кареву.

Косы звякнули, и косари разделились на полувыти.

– Наша вторая полувыть, – подошел к Филиппу вчерашний старик. – Меримся, кому от краю.

Филипп ухватился за окосье, и стали перебираться руками.

– Мой конец, – сказал старик, – мне от краю.

– Ну, а моя околь, – протянул Филипп, – самая удобь. Бабы лучше в чужую не сунутся.

– Бреди за ним по чужому броду, – указал он Кареву на старика, – меряй да подымай косу.

Карев побрел, и сапоги его как вымазались в деготь: на них прилип слет трав и роса.

– А коли побредешь, – пояснил старик, – так держи прям и по цветкам норови, лучше в свою не зайдешь и чужую не тронешь.

Они пошли вдоль по чужой выти и стали отмерять. Карев прикинул окосьем уже разделенную им со стариком луговину и отмерил себе семь, а старику – три; потом он стал на затирку и, повесив на обух косы фуражку, поднял ее.

По росе виднелся широкой прошвой вырезанный след.

Карев снял косу, вынул брус и, проводя с обуха, начал точить.

Филипп шагнул около брода, и трава красиво прилегла к старикову краю, как стояла, частой кучей.

На рассвете ярко, цветным гужом, по лугу с кузовами и ведрами потянулись бабы и девки и весело пели песни.

Карев размахивал косой, и подрезанная трава тихо вжикала.

– Вж... Вж... – неслось со всех концов, и запотелые спины, через мокрые рубахи, обтяжно вырезали плечи и хребет.

Пахло травой, по́том и, от слюнявых брусниц, глиной.

– Ох и жара! – оглянулся Филипп на солнце. – До спада надо скосить. С росой-то легче.

Карев снял брусницу, подошел к маленькому, поросшему травой озеру и стал ополаскивать.

Зачерпнув, он прислонил к губам потный подол рубахи и стал пить через него.

Потом выплеснул с букашками на траву и пошел опять на конец.

Филипп гнал уж ряд к озеру. Вдруг на косу его легло, как плеть, что-то серое, и по косе алой струйкой побежала кровь.

– Утка, – поднял он, показывая ее Кареву, за синие лапы.

Из горла капала кровь и падала на мысок сапога.

С двумя работницами пришла Лимпиада и, сбросив кузов, достала с повети котел.

– Прось, – обратилась к высокой здоровенной бабе, – ты сходи за водой, а мы здесь кашу затогарим.

Костры задымили, и мужики бросили косить.

Карев подошел к старику и поплелся, размахивая фуражкой, за ним следом.

– Дед Иен, погоди! – крикнул отставший Филипп. – Дакось понюхаем из табакерки-то.

К вечеру по окошенному лугу выросли копны, и бабы пошагали обратно домой.

Дед Иен подошел к костру, где сидел Карев, и стал угощать табаком.

Мужики, махая кисетами, расселись кругом и стали уговаривать деда рассказать сказку.

– Эво, что захотели! – тыкал в нос щепоть зеленого табаку. – Вот кабы вы Петруху Ефремова послухали, так он вам наврал бы – приходи любоваться.

– Ну и ты соври что-нибудь, – засмеялся Филипп. – Ты думаешь – мы поверять, что ль, будем.

Дед Иен высморкался, отер о полу халата сопли и очистил об траву.

– Имелася у одного попа собака, такая дотошная, ин всех кур у дьякона потяпала. Сгадал поп собаку поучить говорить по-человечьи. Позвал поп работника Ивана и грить ему так: «Пожжай, балбес, в Амирику, обучи пса по-людски гуторить. Вот тебе сто рублев, ин нехватки, так займи там. У меня оттулева много попов сродни есть». Хитрой был попина. Прихлопывал он за кухаркой Анисьей. Да тулился, как бы люди не мекали. Пшел Иван, знычит, в яр, надел собаке оборку на шею и бух в озер. Минул год, к попу стучится: «Отопри-де, поп, ворота». Глазеет поп. Иван почесал за ухом и грить попу: «Эх, батько, вышколили твою собаку, хлеще монаха псалтырь читала, только, каналья, и зазналась больно, не исть хлебушка, а давай-подавай жареного мяса. Так и так грю ей, батько, мол, наш не ахти богач, зря, касатка, не хныдучи. Никаких собака моих делов не хочет гадать. «К ирхирею, гарчит, побегу, скажу про него, гривана, что он с кухаркой ёрничает». Спугался я за тебя и порешил ее». – «Молодчина, – похвалил его поп. – Вот тебе еще сто рублей».

Дед Иен кончил и совал в бок соседа.

– Ну-с, Кондак, это только присказка, а ты сказку кажи.

Мужики слухали и, затаив дыхание, сопели трубками.

Полночь проглотила гомон коростелей. Карев поднялся и пошел в копну. В лицо пахнуло приятным запахом луга, и синее небо, прилипаясь к глазам, окутало их дремью.

Просинья тыкала в лапти травяниковые оборки и, опустив ноги на пенек, поправляла портянку.

Дед Иен подошел сзади и ухватил ее за груди.

– Ай да старик! – засмеялись бабы.

– Ах ты, юрлов купырь! – ухмыльнулась Просинья. – Одной ногой в гроб глядишь, а другой в сметану тычешь. Ну, погоди, я тебе сделаю.

Дед Иен взял, не унимаясь от смеха, косу и сел на втулке отбивать.

Из кармана выпала табакерка и откатилась за телегу.

Просинья подошла к телеге, взяла впотайку ее двумя пальцами и пошла на дорогу.

С муканьем проходили коровы, и на скосе дымился помет.

Просинья взяла щепку и, открыв табакерку, наклала туда помету.

Крадучись, она положила опять ее около его лаптей и отошла.

Дед слюнявил молоток и тонко оттягивал лезвие.

Он сунул руку в карман и, не замечая табакерки, пошел в шалаш.

Перетряхивал все белье, смотрел в котлы и чашки, но табакерки не было.

«Не выскочила ли? – подумал он. – Кажется, никуды не ховал».

Просинья, спрятавшись за шалаш, позвала народ, и сквозь дырочки стали смотреть...

– Ишь где оставил, – гуторил про себя Иен, – забывать стал... Эх-хе-хе!

Он снял крышку и зацепил щепоть... Глаза его обернулись на запутавшуюся на веревке лошадь, и он не заметил, что в пальцах его было что-то мягкое.

В нос ударило поганым запахом, он поглядел на пальцы и растерянно стал осматривать табакерку.

– Ах ты, нехолявая! – ругал он Просинью. – Погоди, отдыхать ляжешь, я с тобой не то сделаю. Ты от меня огонь почуешь в жилах.

– Сено перебивать! – закричали бабы и бросились врассыпную по долям.

Карев взял грабли и побежал с Просиньей.

Лимпиада побегла за ним и на ходу подтыкала сарафан.

– Ты куда же? – крикнул ей Филипп. – Там ведь Просинья.

Она замешливо и неохотно побегла к другой работнице и зашевелила ряды.

– Труси, труси! – кричал ей издалека Карев. – Завтра навильники швырять заставим.

Лимпиада оглядывалась и, не перевертывая сена, метила, как бы сбить Просинью и стать с Каревым.

Она сгребла остальную копну и бросилась помогать им.

– Ты ступай вперед, – сказала она ей, – а я здесь догребу.

– Ишь какая балмошная! – ответила Просинья. – Так и норовит по-своему.

– Девка настойчивая, – шутливо кинул Карев.

– Молчи! – крикнула она и, подбежав, пихнула его в копну.

Карев увидел, как за копной сверкнули ее лапти и, развеваясь, заполыхал сарафан.

– Догонит, догонит! – кричала Лимпиаде с соседней гребанки баба.

Он ловко подхватил ее на руки и понес в копну.

Лимпиада почувствовала, как забилось ее сердце, она, как бы отбиваясь, обняла его за шею и стала сжимать.

В голове закружилось, по телу пробежала пена огня. Испугался себя и, отнимая ее руки, прошептал:

– Будя...

Глава четвертая

Карев лежал на траве и кусал тонкие усики чемерики.

Рядом высвистывал перепел и кулюкали кузнечики.

Солнце кропило горячими каплями, и по лицу его от хворостинника прыгали зайчики.

Откуда-то выбежал сельский дурачок и, погоняя хворостинного коня, помчал к лесу.

Приподняв картуз, Карев побрел за ним.

Был праздник, мужики с покоса уехали домой, и на недометанные стога с криком садились галки.

Около чащи с зарябившегося озера слетели утки и, со свистом на полете, упали в кугу.

Дурачок сидел над озером и болтал ногами воду.

– Пей, – нукал он свою палку, – волк пришел, чуешь – пахнет? Поди сюда, – поманил он пальцем Карева.

Отряхивая с лица накусанную траву, Карев подошел и снял фуражку.

– Ты поп? – бросил он ему, сверкая глазами.

– Нет, – ответил Карев, – я мельник.

— Когда пришел? — замахал он раздробленной палкой по траве.

— Давеча.

— Дурак.

Красные губы подернулись пьяникой, а подбородок задергал скулами.

— Разве есть давеча? Когда никогда — нонче. Дурак, — крикнул он, злобно вытаскивая затиснутую палку, и, сунув ее меж ног, поскакал на гору.

— Отгадай загадку, — гаркнул он, взбираясь на верхушку: — За белой березой живет таратай.

— Эх, мужик-то какой был! — сказал, проезжая верхом, старик. — Рехнулся, сердечный, с думы, бают, запутался. Вот и орет про нонче. Дотошный был. Все пытал, как земля устроена... «Это, грил, враки, что Бог на небе живет». Попортился. А може, и Бог отнял разум: не лезь, дескать, куды не годится тебе. Озорной, кормилец, народ стал. Книжки стал читать, а уже эти книжки сохе пожар. Мы, бывалоча, за меру картошки к дьячку ходили азбуки узнать, а болей не моги. Ин, можа, и к лучшему, только про Бога и шамкать не надо.

Желтой шалью махали облака, и тихо-тихо таял, замирая, чей-то напевающий голос:

Догорай, моя лучина, догорю с тобой и я.

С горки шли купаться на бочаг женихи, и, разводя ливенку на елецкую игру, гармонист и попутники кружились, выплясывая казачка.

Кто-то, махая мотней, нес, сгорбившись, просмоленный бредень и, спотыкаясь, звенел ведром.

На скошенной луговине, у маленького высыхающего озера кружились с карканьем вороны и плакали цыбицы.

Карев взял палку и побежал, пугая ворон, к озеру. На дне желтела глина, и в осоке, сбившись в кучу, копошились жирные, с утиными носами, щуки.

«Ух, сколько!» — ужахнулся он про себя и стал раздеваться.

Разувшись, он снял подштанники, а концы завязал узлом.

Подошел к траве и, хватая рыбу, стал кидать в них.

Щуки бились, и надутые половинки означались, как обрубленные ноги.

– Вот и уха, – крякнул он, – да тут, кажется, лини катаются еще.

Не спалось в эту ночь Кареву.

«Неужели я не вернусь?» – удивлялся он на себя, а какой-то голос так и пошептывал: «Вернись, там ждут, а ты обманул их». Перед ним встала кроткая и слабая перед жизнью Анна.

«Нет, – подумал он, – не вернусь. Не надо подчиняться чужой воле и ради других калечить себя. Делать жисть надо, – кружилось в его голове, – так делать, как делаешь слеги в колымаге».

Перед ним встал с горькой улыбкой Аксютка. «Так я хвастал...» – кольнула его предсмертная исповедь.

Ему вспоминался намеднишний вечер, как дед Иен переносил с своего костра плахи к ихнему огню, костер завился сильней, и обгоревшие полена дольше, как он заметил, держали огонь и тепло.

Из соседней копны послышался кашель и сдавленный испугом голос.

– Горим! – крикнул, почесываясь, парень. – Пожар!

Карев обернулся на шалаш, и в глаза ударило пламя с поселка Чухлинки.

Бешено поднялся гвалт. Оставшиеся мужики погнали лошадей на село.

– Эй, э-эй! – прокатилось. – Вставай тушить!

К шалашу подъехал верхом Ваньчок.

– Филипп! – гаркнул он над дверью. – Ай уехали?

– Кистинтин здесь, – прошамкал, зевая, дед Иен. – Что горит-то?

– Попы горят, – кинул Ваньчок. – Разве не мекаешь по кулижке?

– Ано словно и так, да слеп я, родной, стал, плохо уж верю глазам.

– Ты что, разве с пожара? – спросил Карев, приподнимая, здороваясь, картуз.

– Там был, из леса опять черт носил, целый пятерик срубили в покос-то.

– Кто же?

– Да, бают, помещик возил с работниками, ходили обыскивать. А разве сыщешь... он сам семь волков съел. Проведет и выведет... На сколько душ косите-то, – перебил разговор он, – на семь или на шесть?

– На семь с половиной, – ответил Карев. – Да тут, кажется, Белоборку наша выть купила.

– Ого, – протянул Ваньчок, – попаритесь. Липка-то, чай, все за ребятами хлыщет, – потянул он, разглаживая бороду.

– Не вижу, – засмеялся Карев. – Плясать вот – все время пляшет.

– Играет, – кивнул Ваньчок. – Как кобыла молодая.

Пахло рассветом, клубилась морока, и заря дула огненным ветерком.

– Чайничек бы догадался поставить, – обернулся он, слезая с лошади.

– Ано на зорьке как смачно выйдет: чай-то, что мак, запахнет.

Филипп положил в грядки сенца и тронулся в Чухлинку. Нужно было закупить муки и пшена.

Он ехал не по дороге, а выкошенной равниной.

Труском подъехал к перевозу и стал в очередь.

Мужики, столпившись около коровьих загонов, на корточках разговаривали о чем-то и курили.

Вдруг от реки пронзительно гаркнул захлебывающийся голос: «Помогите!»

Мужики опрометью кинулись бегом к мосту и на середке реки увидели две барахтающиеся головы.

Кружилась корова и на шее ее прилипший одной рукой человек.

– Спасайте, – крикнул кто-то, – чего ж глазеть-то будем!

Но, как нарочно, в подвозе ни одной не было лодки.

Перевозчик спокойно отливал лейкой воду и чадил, вытираясь розовым рукавом, трубкой.

Филипп скинул с себя одежду и телешом бросился на мост.

Он подумал, что они постряли на канате, и потряс им.

Но заметить было нельзя, их головы уже тыкались в воду.

Легким взмахом рук он пересек бурлившую по крутояру струю и подплыл к утопающим; мужик бледномертвенно откидывал голову, и губы его ловили воздух.

Он осторожно подплыл к нему и поднял, поддерживая правой рукой за живот, а левой замахал, плоско откидывая ладонь, чтобы удержаться на воде.

Корова поднялась и, фыркнув ноздрями, поплыла обратно к селу.

Шум заставил обернуться перевозчика, и он, бросив лейку, побежал к челну.

Филипп чуял, как под ложечкой у него словно скреблась мышь и шевелила усиками.

Он задыхался, быстрина сносила его, кружа, все дальше и дальше под исток.

Тихий гуд от воды оглушился криками, и выскочившая на берег корова задрала хвост, вскачь бросилась бежать на гору.

Невод потащили, и суматошно все тыкались посмотреть... Тут ли?

Белое тело Филиппа скользнуло по крылу невода и слабо закачалось.

– Батюшки, – крикнул перевозчик, – мертвые!

Как подстреленного сыча, Филиппа вытащили с косоруким на дно лодки и понеслись к берегу.

На берегу, засучив подолы, хныкали бабы и, заламывая руки, тянулись к подплывающей лодке. В лодке на беспорядочно собранном неводе лежали два утопленника.

С горы кто-то бежал, размахивая скатертью, и, все время спотыкаясь, летел кубарем.

– Откачивай, откачивай! – кричали бабы и, разделившись на две кучи, взяв утопленников за руки и ноги, высоко ими размахивали.

Какой-то мужик колотил Филиппа колом по пятке и норовил скопырнуть ее.

– Что ты, родимец те сломай, уродуешь его? – подбежала какая-то баба. – Дакось я те стану ковырять морду-то!

– Уйди, сука, – замахнулся мужик кулаком. – Сам знаю, что делаю.

Он поднял палку еще выше и ударил с силой по ляжкам.

Из носа Филиппа хлынула кровь.

– Жив, жив! – замахали сильней еще бабы и стали бить кругом ладошами.

– Что, стерва, – обернулся мужик на подстревшую к нему бабу, – каб не палка-то, и живому не быть! Измусолить тебя надыть!

– А за что?

– Не лезь куда не следует.

Филипп вдруг встал и, кашлянув, стал отплевываться.

– Рубахи? – обернулся он к мужику.

– Там они, не привозили еще.

Жена перевозчика выбежала с бутылкой вина и куском жареной телятины.

– Пей, – поднесла она, наливая кружку Филиппу. – Уходился, ин лучше станет.

Филипп дрожащими руками прислонил кружку к губам и стал тянуть.

Бабы, ободренные тем, что одного откачали, начали тоже колотить косорукого палкой.

Филипп телешом стал, покачиваясь, в сторонку и попросил мужика закурить.

Мимо, болезно взглядывая, проходили девки и бабы.

– Прикрой свои хундры-мундры-то, – подошла к нему сгорбившаяся старушонка и подала ему свою шаль.

Его трясло, и солнцепек, обжигая спину, лихорадил, но выпитая водка прокаливала застывшую кровь, горячила.

С подтянутого парома выбегли приехавшие с той стороны, и плечистый парень подал ему рубахи.

С шумом в голове стал натягивать на себя подштанники и никак не мог попасть ногой.

— Ничего, ничего, — говорил, поддерживая его, мужик, — к вечеру все пройдет.

Народ радостно заволновался: косорукий вдруг откинул голову и стал с кровью и водой блевать.

Глава пятая

— Ой, и дорога, братец мой, кремень, а не путь! — говорил, хлебая чай, Ваньчок.

— Болтай зря-то, — вылез из шалаша дед Иен.

— Сичас только Ляля приехал.

— Кочки, сказывает, да прохлябы. Это ты, видно, с вина катался так.

— Эй, заспорили! — гаркнул с дороги мужик. — Не слыхали, что Филька-то утонул.

— Мели, — буркнул дед.

— Пра.

Мужик сел, ковыляя, на плаху и стал завертывать папироску.

— Не верите, псы... Вот и уговори вас. А ведь на самом деле тонул.

И начал рассказывать по порядку, как было.

— И ничего, — заметил он. — Я пошел, а он на пожаре там тушит вовсю. Косорукий, баил аптешник, полежит малость.

— Полежит, это рай! — протянул дед Иен. — А то б навечно отправился лежать-то. Со мной такой случай тоже был. В Питере, знычит, на барках ходили мы. Всю жисть помню и каждый час вздрагиваю. Шутка ли дело, достаться черту воду возить. Тогда проклянешь отца и матерю.

— А вправду это черт возит воду на них? — прошептал подползший малец.

— Вправду? Знамо ненароком.

— Мне так говорил покойный товарищ — водоливом были вместе, — что коли тонет человек, то, знычит, прямо норовит за горло схватить, если обманывает.

— Кто это? — переспросил малец.

— Кто?.. Про кого говорить нельзя на ночь.

Дед поднял шапку и обернулся к зареву.

– А прогорело, – сказал он, зевая.

– А как же обманывает-то? – спросил Ваньчок. – Ведь небось не сразу узнаешь.

– Эва, – протянул дед Иен. – Разве тут помнишь чего!

Ехали мы этось в темь, когда в Питере были; на барке нас было человек десять, а водоливов-то – я да Андрюха Сова. Качаю я лейку и не вижу, куды делся Сова. Быдто тут, думаю. А он вышел наверх да с лоцманом там нализался как сапожник. Гляжу я так. Вдруг сверху как бултыхнет что-то. Оглянулся – нет Совы. Пойду, спрошу, мол, не упало ли что нужное. Только поднялся, вижу – лоцман мой руками воду разгребает. «Ты что делаешь?» – спрашиваю его. «Дело, грить, делаю: Сова сичас утопился». Я туды, я сюды, как на грех, нигде багра не сыщу. Кричу, махаю: кидайте якорь, мол, человек утоп. Смекнули накладники, живо якорь спустили, стали мы шарить, стали нырять, де-то, де-то и напали на него у затона.

Опосля он нам и начал рассказывать. Так у меня по телу муравьи бегали, когда я слушал.

«Упал, – говорит, – я как будто с неба на землю; гляжу: сады, все сады. Ходят в этих садах боярышни чернобровые, душегрейками машут. Куды ни гляну, одна красивей другой. Провалиться тебе, думаю, вот где лафа-то на баб». А распутный был, – добавил дед Иен, кутаясь в поддевку. – Бывало, всех кухарок перещупает за все такие места... ахальник.

«Эх! – говорит. – Взыграло мое сердечушко, словно подожгли его. Гляжу, как нарочно, идет ко мне одна, да такая красивая, да такая пригожая, на земле, видно, такой и не было. Идет, как павочка, каблуками сафьяновыми выстукивает, кокошником покачивает, серьгами позвякивает и рукавом алы губки свои от меня заслоняет. Подошла и тихо молвит на ушко, как колокольчик синенький звенит: «Напейся, Иван-царевич, тебя жажда берет». Как назвала она меня Иван-царевичем, сердце мое закатилось. «Что ж, говорю, Василиса моя премудрая, я попью, да только из рук твоих». Только было прислонился губами, только было обнял колени лебяжьи, меня и вытащили»... Вот она как обманывает-то. Опосля сказывал ему поп на селе: «Служи, грить, молебен, такой-сякой, это царица небесная спасла тебя. Как бы хлебнул, так и окадычился».

– Тпру! – гаркнул, слезая с телеги, Филипп и запутал на колесо вожжи.

– Вот он, – обернулись они. – На помине легок.

– Здорово, братец! – крикнул, подбегая, Карев.

– З-з-здорово, – заплетаясь пьяным языком, ответил Филипп. – От-от-отвяжи п-поди вож-жу-у...

– Ну, крепок ты, – поднялся дед Иен. – Вишь, как не было сроду ничего.

Филипп, приседая на колени, улыбался и старался обнять его, но руки его ловили воздух.

– Ты ложись лучше, – уговаривал дед Иен. – Угорел, чай, сердешный, ведь. Это не шутка ведь.

Дед Иен отвел его в шалаш и, постелив постель, накрыл, перекрестив, веретьем.

Филипп поднимался и старался схватить его за ноги.

– Голубчик, – кричал он, – за что ты меня любишь-то, ведь я тебя бил! Бил! – произнес он с восхлипываньем. – Из чужого добра бил... лесу жалко стало...

– Будя, будя, – ползал дед Иен. – Это дело прошлое, а разве не помнишь, как ты меня выручал, когда я девку замуж отдавал. Вся свадьба на твои деньги сыгралась.

Кадила росяная прохлада. Ночь шла под уклон.

От пожара нагоревшее облако поджигало небо.

Карев распряг лошадь и повесил дугу на шалаш. Оброть звякала и шуршала на соломе.

– За что он бил-то тебя? – переспросил около дверки деда Иена.

– За лес. Пустое все это... прошлое напоминать-то, пожалуй, и грех и обидно. Перестраивал я летось осенью двор, да тесин-то оказалась нехватка. Запряг я кобылу и ночью поехал на яр, воровать, знычит.

Ночь темная... ветер... валежник по еланке так и хрипит орясинами. Не почует, гадал я, Филипп, срублю две-три сосны. Свернул лошадь в кусты, привязал ее за березу и пошел с топором выглядывать. Выбрал я четыре сосны здоровых-праздоровых. Срублю, думаю, а потом уж ввалю как-нибудь. Только я стал рубить, хвать он меня за плечо и давай валтузить. Я в кусты, он за мной, я к лошади, и он туды; сел на дроги и не слезает. Все равно пропадать, жалко ведь лошадь-то, узнает общество, и поминай как звали. «Филипп, – говорю, затулившись в мох, – пусти ради Бога меня». Услышит это он мой голос – и шасть искать. А я прикутаю голову мохом, растянусь пластом и не дышу. Раза два по мне проходил, инда кости хрустели.

Потом, слышу, гарчет он мне: «Выходи, сукин сын, не то лошадь погоню старосте».

Вышел я да бух ему в ноги, не стал бить ведь боле. Потращал только. А потом, чудак, сам стал со мной рубить. Полон воз наклали. Насилу привез.

«Прости, – говорил мне еще, – горяч я очень». Да я и не взыскивал. За правду.

В частый хворостник в половодье забежали две косули. Они приютились у кореньев старого вяза и, обгрызывая кору, смотрели на небо.

Как из сита моросил дождь, и дул порывистый с луговых полян ветер.

В размашистой пляске ветвей они осмотрели кругом свое место и убедились, что оно надежно. Это был остров затерявшегося рукава реки. Туда редко кто заглядывал, и умные звери смекнули, что человеческая нога здесь еще не привыкла крушить коряги можжевеля.

Но как-то дед Иен пошел драть лыки орешника и переплыл через рукав на этот остров.

Косули услышали плеск воды и сквозь оконца курчавых веток увидели нагое тело. На минуту они застыли, потом вдруг затопали по твердой земле копытцами, и перекатная дробь рассыпалась по воде.

Дед Иен вслушался, ему почудилось, что здесь уже дерут лыки, и он, осторожно крадучись по тине, вышел на бугорок; перед ним, пятясь назад, вынырнула косуля, а за кустом, доставая ветку с листовыми удилами, стояла другая.

Он повернул обратно и ползком потянулся, как леший, к воде.

Косуля видела, как бородатый человек скрылся за бугром, и затаенно толкнула свою подругу; та подняла востро уши и, потянув воздух, мотнула головой и свесилась за белевшим мохрасто цветком.

Дед Иен вышел на берег и, подхватив рубашки, побежал за кусты; на ходу у него выпал лапоть, но он, не поднимая его, помчал к стоянке.

Филипп издали увидел бегущего деда и сразу почуял запах дичи.

Он окликнул согнувшегося над косой Карева и вытащил из шалаша два ружья.

– Скорей, скорей, – шепотом зашамкал дед Иен, – косули на острове. Бегим скорей.

У таганов ходила в упряжи лошадь Ваньчка, а на телеге спал с похмелья Ваньчок.

Они быстро уселись и погнали к острову; вдогонь им засвистели мужики, и кто-то бросил принесенное под щавель решето.

Решето стукнулось о колесо и, с прыгом взвиваясь, покатилось обратно.

– Шути, – ухмыльнулся дед, надевая рубаху. – Как смажем этих двух, и рты разинете.

– Куда? – поднялся заспанный Ваньчок.

– За дровами, – хихикнул Филипп. – На острове, кажут, целые груды пятéриков лежат.

Но Ваньчок последних слов не слышал, он ткнулся опять в сено и засопел носом.

– И к чему человек живет, – бранился дед, – каждый день пьяный и пьяный.

– Это он оттого, что любит, – шутливо обернулся Карев. – Ты разве не слыхал, что сватает Лимпиаду?

– Лимпиаду, – членораздельно произнес дед. – Сперва нос утри, а то он у него в коровьем дерьме. Разве такому медведю эту кралю надо? Вот тебе это еще под стать.

Карев покраснел и, замявшись, стал заступаться за Ваньчка.

Но в душе его гладила, лаская, мысль деда, и он хватал ее, как клад скрытый.

– Брось, – сказал дед, – я ведь знаю его, он человек лесной, мы все медведи, не он один. Ты, вишь, говоришь, всю

Росею обходил, а мы дальше Питера ничего не видали, да и то нас таких раз-два и обчелся.

Подвязав ружья к голове, Карев и Филипп, чтобы не замочить их, тихо отплыли, отпихиваясь ногами от берега.

Плыть было тяжело, ружья сворачивали головы набок, и бечевки резали щеки.

Филипп опустил правую ногу около куги и почувствовал землю.

– Бреди, – показал он знаком и вышел, горбатясь, на траву.

– Ты с того бока бугра, а я с этого, – шептал он ему, – так пригоже, по-моему.

Косули, мягко взбрыкивая, лизали друг друга в спины и оттягивали ноги.

Вдруг они обернулись и, столкнувшись головами, замерли.

Тихо взвенивала трава, шелыхались кусты, и на яру одиноко грустила кукушка.

– Ваньчок, Ваньчок, – будил дед, таская его за волосы. – Встань, Ваньчок!

Ваньчок потянулся и закачал головою.

– Ох, Иен, трещит башка здорово.

– Ты глянь-кась, – повернул его дед, указывая на мокрую, с полосой крови на лбу, косулю. – Другую сейчас принесут. А ты все спишь...

Ваньчок слез с телеги и стал почесываться.

– Славная, – полез он в карман за табаком. – Словно сметаной кормленная.

С полдня Филипп взял грабли и пошел на падины.

– Ты со мной едем! – крикнул он Ваньчку. – Навивать копна станешь.

– Ладно, – ответил Ваньчок, заправляя за голенище портянку.

Лимпиада с работницами бегала по долям и сгребала сухое сено.

– Шевелись, шевелись! – гаркала ей Просинья. – Полно оглядываться-то. Авось не подерутся.

С тяжелым вздохом Карев подъезжал к стогу и, подворачивая воз так, чтобы он упал, быстро растягивал с него веревку.

После воза метчик обдергивал граблями осыпь и, усевшись с краю, болтал в воздухе ногами.

Скрипели шкворни, и ухали подтянутые усталью голоса.

К вечеру стога были огорожены пряслом и приятно манили на отдых.

Мужики стали в линию и, падая на колени, замолились на видневшуюся на горе чухлинскую церковь.

– Шабаш, – крякнули все в один раз, – теперь, как Бог приведет, до будущего года.

Роса туманом гладила землю, пахло мятой, ромашкой, и около озера дымилась с пеплом пожня.

В бору чуть слышно ухало эхо, и шомонил притулившийся в траве ручей.

Карев сел на пенек и, заряжая ружье, стал оглядываться на осыпанную иглами стежку.

Отстраняя наразмах кусты, в розовом полушалке и белом сарафане с расшитой рубахой, подобрав подол зарукавника, вышла Лимпиада.

На каштановых распущенных космах бисером сверкала роса, а в глазах плескалось пролитое солнце.

– Ждешь?

– Жду! – тихо ответил Карев и, приподнявшись, облокотился на ствол ружья.

– Фюи, фюи, – стучала крошечным носиком по коре березы иволга...

Шла по мягкой мшанине и полушалком глаза закрывала.

«Где была, где шаталась?» – спросит Филипп, думала она и, краснея от своих дум, бежала, бежала...

«Дошла, дошла, – стучало сердце. – Где была, отчего побледнела? Аль молоком умывалась?»

На крыльце, ловя зубами хвост, кружился Чукан. Филипп, склонясь над телегой, подмазывал дегтем оси.

– Ты бы, Липка, грибов зажарила, – крикнул он, не глядя на нее, – эво сколища я на окне рассыпал, люли малина!

Лимпиада вошла в избу и надела черный фартук; руки ее дрожали, голова кружилась словно с браги.

Тоненькими ломтиками стала разрезать желтоватые масленки и клала на сковороду.

Карев скинул ружье и повесил на гвоздь. Сердце его билось и щемило. Он грустно смахивал с волос насыпь игл и все еще чувствовал, как горели его губы.

К окну подошел Ваньчок и стукнул кнутовищем в раму.

– Тут Лимпиада-то? – кисло поморщился он. – Я заезжал, их никого не было.

– Нет, – глухо ответил Карев. – Она была у меня, но уж давеча и ушла. Ты что ж стоишь там, наружи-то? Входи сюда.

– Чего входить, – ответил Ваньчок. – Дела много: пастух мой двух ярок потерял.

– Найдутся.

– Какой найдутся, хоть бы шкуру-то поднять, рукавицы и то годится заштопать.

– Ишь какой скупой! – засмеялся, глухо покачиваясь всем телом.

– Будешь скупой... почти три сотни в лето ухлопал. Все выпить и выпить. Сегодня зарок дал. На год. Побожился – ни капли не возьму в рот.

– Ладно, ладно, посмотрим.

– Так я, знычит, поеду, когда ушла. Нужно поговорить кой о чем.

Когда Ваньчок подъехал, Филипп, сердито смерив его глазами, вдруг просиял.

– Да ты трезвый никак! – удивился он.

Ваньчок кинул на холку поводья и, вытаскивая кошель, рассыпал краснобокую клюкву.

– Не вызрела еще, – нагнулась Лимпиада, – зря напушил только. Целую поставню загубил.

– Мало ли ее у нас, – кинул с усмешкой Филипп, – о крошке жалеть при целом пироге нечего.

– Ну, как же? – мигнул Ваньчок в сторону Лимпиады.

Филипп закачал головой, и он понял, что дело не клеится. По щекам его пробежал нитками румянец и погас...

Лимпиада подняла недопряденную кудель и вышла в клеть.

– Не говорил еще, – зашептал Филипп, – не в себе что-то она. Погоди, как-нибудь похлопочу.

– А ты мотри за ней, кабы того... Мельник-то ведь прощелыга. Живо закрутит.

Филипп обернулся к окну и отворил.

– Идет, – толкнул он заговорившегося Ваньчка.

Лимпиада внесла прялку и поставила около скамейки мотальник.

– Распутывай, Ваньчок, – сказала, улыбаясь, она. – Буду ткать, холстину посулю.

– Только не обманывать, – сел на корточки он. – Уж ты так давно мне даешь.

– Мы тогда сами отрежем, – засмеялся Филипп. – Коли поязано, так давай подавай.

Лимпиада вспомнила, что говорили с Каревым, и ей сделалось страшно при мысли о побеге.

Всю жизнь она дальше яра не шла. Знала любую тропинку в лесу, все овраги наперечет пересказывала и умела находить всегда во всем старом свежее.

И любовь к Кареву в ней расшевелил яр. Когда она увидела его впервые, она сразу почуяла, что этот человек пришел, чтобы покинуть ее, – так ей ее сердце сказало. Она сперва прочла в глазах его что-то близкое себе и далекое.

Не могла она идти с ним потому, что сердце ее запуталось в кустах дремных черемух. Она могла всю жизнь, как ей казалось, лежать в траве, смотреть в небо и слушать обжигающие любовные слова Карева; идти с ним, она думала, это значит растерять все и расплескать, что она затаила в себе с колыбели.

Ей больно было потерять Карева, но еще больней было уходить с ним.

Ветры дорожные срывают одежду и, приподняв путника с вихрем, убивают его насмерть...

– Стой, стой! – крикнул Ваньчок. – Эк ты, сиверга лесная, оборвала нитку-то. Сучи теперь ее.

Лимпиада остановила веретеном гребешки и стала ссучивать нитку.

– Ты долго будешь меня мучить? – закричал Филипп. – Видишь, кошка опять лакает молоко.

– Брысь, проклятая! – подбежал Ваньчок и поднял махотку к губам.

– А славно, как настоящая сметана.

– И нам-то какой рай, – засмеялся Филипп. – Вытянул кошкин спив-то, а мы теперь без всякой гребости попьем.

– Ладно, – протер омоченные усы. – Ведь и по муке тоже мыши бегают, а ведь все едят и не кугукнут. Было бы, мол, что кусакать.

В отворенное окно влетел голубь и стал клевать разбросанные крохи.

Кошка приготовила прыжок и, с шумом повалив мотальник, прижала его когтями.

– Ай, ай! – зашумел Филипп и подбежал к столу, но кошка, сверкнув глазами, с сердитым мяуканьем схватила голубя и прыгнула в окно.

Лимпиада откинула прялку и в отворенную дверь побежала за нею.

– Чукан, – крикнула она собаку. – Вчизи, Чукан!

Собака погналась по кулижке вдогонь за кошкой напересек, но она ловко повернула назад и прыгнула на сосну.

Позади с Филиппом бежал Ваньчок и свистом оглушал тишину бора.

– Вон, вон она! – указывая на сосну, приплясывала Лимпиада. – Скорей, скорей лезьте!

Ваньчок ухватился за сук и начал карабкаться.

Кошка злобно забиралась еще выше и, положив голубя на ветвистый сук, начала пронзительно мяукать.

– А, проклятая! – говорил он, цепляясь за сук. – Заскулила! Погоди, мы те напарим.

Он уцепился уже за тот сук, на котором лежал голубь, вдруг кошка подпрыгнула и, метясь в его голову, упала наземь.

Чукан бросился на нее и с визгом отскочил обратно.

– Брысь, проклятая, брысь! – кинул в нее камень Филипп и притопнул ногами.

Кошка, свернув крючком хвост, прыгнула в чащу и затерялась в траве.

– Вот проклятая-то, – приговаривал, слезая, Ваньчок, – прямо в голову норовила.

Лимпиада взяла голубя и, положив на ладонь, стала дуть в его окровавленный клюв.

Голубь лежал, подломив шейку, и был мертв.

– Заела, проклятая, заела, – проговорила она жалобно. – Не ходи она лучше теперь домой и не показывайся на мои глаза.

– Да, кошки бывают злые, – сказал Филипп. – Мне рассказывал Иенка, как один раз он ехал на мельницу. «Еду, говорит, гляжу, кошка с котом на дороге. Я кнутом и хлестнул кота. Повернулся мой кот, бежит за мной – не отстает. Приехал на мельницу – и он тут. Пошел к сторожу – и он за мной. Лег на печь и лежит, а глаза так и пышут. Спугался я – так, мол, и так. «Берегись, грить, человече; постелю я тебе на лавке постель, а как стану тушить огонь, так ты тут же падай под лавку». Когда стали ложиться – то я прыг да под лавку скорей. Вдруг с печи кот как взовьется и прямо в подушку, так когти-то и заскрипели. «Вылезай, – кличет сторож. – Наволоку за это с тебя да косушку». Глянул я, а кот с прищемленным языком распустил хвост и лежит околетый».

Вечером Лимпиада накинула коротайку и вышла на дорогу.

– Куда? – крикнул Филипп.

– До яру, – тихо ответила она и побежала в кусты.

Она шла к той липе, где обещала встретиться с Каревым; щеки ее горели, и вся она горела как в лихорадке, сарафан цеплялся за кусты, и брошками садились на концы подола репьи.

«Что я скажу? – думала она. – Что скажу? Сама же я сказала ему, куды хошь веди».

Коротайка расстегивалась и цеплялась за сучья. Коса трепалась, но она ничего не слышала, а все шла и шла.

– Пришла? – с затаенным дыханием спросил он.

– Пришла, – тихо ответила она и бросилась к нему на грудь.

Он гладил ее волосы и засматривал в голубые глаза.

– Ну, говори, моя зозуленька, – прислонился губами к ее лбу. – Я тебя буду слушать, как ласточку.

– Ох, Костя, – запрокинула она голову, – люблю, люблю я тебя, но не могу уйти с тобой. Будь что будет, я дождусь самого страшного, но не пойду.

– Что ж, – грустно поник Карев, – и я с тобой буду ждать.

Она обвилась вокруг его колен и, опустившись на траву, зарыдала.

Часть третья

Глава первая

Тяжба с помещиком затянулась, и на суде крестьянам отказали.

– Подкупил, – говорили они, сидя по завалинкам, – как есть подкупил. Мыслимо ли – за правду в глаза наплевали! Как Бог свят, подкупил.

Ходили, оторвав от помела палку, огулом мерить. Шумели, спорили и глубоко-глубоко затаили обиду.

На беду, появился падеж на скотину.

– Сибирка, – говорили бабы. – Все коровы передохнут.

Стадо пригнали с луга домой; от ящура снадобьем аптешника коровам мазали языки и горла.

Молчаливая боль застудила звенящим льдом на сердцах всех крестьян раны.

Пошли к попу, просили с молебном кругом села пройти. Поп, дай не дай, четвертную ломит.

– Ты, батюшка, крест с нас сымаешь! – кричали мужики. – Мы будем жаловаться ирхирею.

– Хоть к митрополиту ступайте, – ругался поп. – Задаром я вам слоняться не буду.

Шли с открытыми головами к церковному старосте и просили от церкви ключи. Сами порешили с пеньем и хоругвями обойти село.

Староста вышел на крыльцо и, позвякивая ключами, заорал на все горло:

– Я вам дам такие ключи, сволочи!.. Думаете – вас много, так с вами и сладу нет... Нет, голубчики, мы вас в дугу согнем!

– Ладно, ребята, – с кроткой покорностью сказал дед Иен, – мы и без них обойдемся.

Жила на краю села стогодовалая Параня, ходила, опираясь на костыль, и волочила расшибленную параличом ногу, и видела, знала она порядки дедов своих, знала – обидели кровно крестьян, но молчала и сказать не могла, немая была старуха. Знала она, где находилась копия с бумаг.

Лежала тайна в груди ее, колотила стенки дряблого закоченевшего тела, но, не находя себе выхода, замирала.

Проиграли мужики на суде Пасик, забилась старуха головой о стенку и с пеной у рта отдала Богу душу.

Разговорившись после похорон Парани о старине, некоторые вспомнили, что при падеже на скотину нужно опахивать село.

Вечером на сходе об опахиванье сказали во всеуслышанье и не велели выходить на улицу и заглядывать в окна.

При опахиванье, по сказам стариков, первый встречный и глянувший – колдун, который и наслал болезнь на скотину.

Участники обхода бросались на встречного и зарубали топорами насмерть.

В полночь старостина жена позвала дочь и собрала одиннадцать девок.

Девки вытащили у кого-то с погребка соху, и дочь старосты запрягла с хомутом свою мать в соху.

С пением и заговором все разделись наголо, и только жена старосты была укутана и увязана мешками.

Глаза ее были закрыты, и, очерчивая на перекрестке круг, каждый раз ее спрашивали:

– Видишь?

– Нет, – глухо она отвечала.

После обхода с сохой на селе болезнь поутихла, и все понемногу угомонились.

Но однажды утром в село прибежал с проломленной головой какой-то мужик и рассказал, что его избил помещик.

– Только хотел орешину сорвать, – говорил он, – как подокрался и цапнул железной тростью.

Мужики, сбежавшись, заволновались.

– Кровь, подлец, нашу пьет! – кричали они, выдергивая колья.

На кулижку выбежал дед Иен и стал звать мужиков на расправу.

– Житья нет! – кричал он. – Так теперь и терпеть все!..

Собравшись ватагой с кольями, побежали на Пасик. Брань и ругань царапали притихший овраг Пасика.

Помещик злобно схватил пистолет и побежал навстречу мужикам.

– Моя собственность! – грозил он кулаком. – Права не имеете входить; и судом признано – моя!..

– Бей его! – крикнул дед Иен. – Ишь, мошенник, как клоп нажрался нашего сока! Пали, ребята, его!

Он поднял булыжник и, размахнувшись, бросил в висок ему.

Взмахнул руками и, как подкошенный, упал в овраг.

– Бегим, бегим! – шумели мужики. – Кабы не увидели!

По лесу зашлепал бег, и косматые ели замахали верхушками.

На дне оврага, в осыпанной глине, лежал с мертвенными совиными глазами их ястреб. Руки крыльями раскинулись по траве, а голова была облеплена кровавой грязью.

Филипп взял посох и пошел на Чухлинку погуторить со старостой. Он выкатился на бугор и стал спускаться к леску.

Вдруг до него допрянул рассыпающийся топот и сдавленные голоса.

«Лес воруют», – подумал он и побежал что силы вдогон.

Топот смолк, и голоса проглотил шелест отточенных хвой.

Он побежал дальше и удивился, что ни порубки, ни людей не видно.

– Зря спугались, – пробасил неожиданно кто-то за его спиной. – Выходи, ребята, свой человек.

Из кустов вышли с кольями мужики, и сзади, с разорванным рукавом рубахи, плелся дед Иен.

– Молчи, не гуторь! – подошли все, окружив его. – Помещика укокошили. В овраге лежит.

Филипп пожал плечами, и по спине его закололи булавки.

– Как же теперь? – глухо открыл он губы и затеребил пальцами бороду.

– Так теперь, – отозвался худощавый старик, похожий на Ивана Богослова. – Не гуторить, и все... Станут приставать – видом не видали.

– Следы тогда надо скрыть, – заговорил Филипп. – Вместе итить негоже. Кто-нибудь идите по мельниковой дороге, с Афонина перекрестка, а кто – стежками, и своим показываться нельзя. Выдадут жены работников.

– Знамо, лучше разбрестись, – зашушукали голоса. – Теперь небось спохватились.

По дороге вдруг раздался конский топот. Все бросились в кусты и застыли.

. . . .

К помещику по Чухлинке прокатил на тройке пристав, после тяжбы с крестьянами он как-то скоро завязал дружбу с полицией и приглашал то исправника, то пристава в гости.

Конюх стоял у ограды и, приподняв голову, видел, как к имению, клубя пыль, скакали лошади.

Он поспешно скинул запорку, отворил ворота, снял, заранее приготовившись, шапку и стал ждать.

Когда пристав подъехал, он поклонился ему до земли, но тот, как бы не замечая, отвернулся в сторону.

– Где барин? – спросил он выбежавшую кухарку, расстилавшую ему ковер.

– В Пасике, ваше благородие, – ответила она. – Послать или сами пойдете?

– Сам схожу.

– Борис Петрович! – крикнул он, выпятив живот и погромыхивая саблей.

По оврагу прокатилось эхо, но ответа не последовало.

В глаза ему бросилась ветка желтых крупных орехов, он протянул руку и, очистив от листьев, громко прищелкивая языком, клал на зуб.

– Борис Петрович! – крикнул он опять и стал спускаться в овраг.

Глаза его застыли, а поседелые волосы поднялись ершом.

В овраге на осыпанной глине лежал Борис Петрович.

Он кубарем скатился вниз и стал осматривать, поворачивая, труп.

Рядом валялся со взведенным курком пистолет.

– Горячий еще! – крикнул вслух. – Мужики проклятые, не кто иной, как мужичье!

– Проехали, – свистнул чуть слышно Филипп, толкая соседа. – Трое, кажись, проскакали. Впереди всех без картуза пристав. Теперь, ребята, беги кто куды знает, поодиночке. Не то схватят, помилуй Бог.

Выскочив на дорогу, шмыгая по кустам, стали добираться до села.

Филипп проводил их глазами и пошел обратно к дому.

У окна на скамейке рядом с Лимпиадой он увидел Карева и, поманув пальцем, подошел к нему.

– Беда, Костя! – сказал он. – Могила живая.

– Что такое?

– Помещика убили.

Карев затрясся, и на лбу его крупными каплями выступил пот.

– Пристав поехал.

– Пристав, – протянул Карев и бросился бежать на Чухлинку.

Лимпиада почуяла, как упало ее сердце; она соскочила со скамьи и бросилась за ним вдогон.

– Куда, куда ты? – замахал переломленным посохом Филипп и, приставив к глазам от солнечного блеска руку, стал всматриваться на догонявшую Карева Лимпиаду.

– Вот сумасшедшие-то! – ворчал он, сердито громыхая щеколдой. – Видно, нарваться хотят.

Пристав, запалив лошадь, прискакал с работниками прямо под окно старосты.

– Живо, сход, живо! – закричал он. – Ах, вы, оглоеды, проклятые убийцы, разбойники!

Десятские бегом пустились стучать под окна.

– А... пришли! – кричал он на собравшуюся сходку. – Пришли, живодеры ползучие!.. Живо сознавайтесь, кто убил барина? В Сибирь вас всех сгоню, в остроге сгною, сукиных детей! Сознавайтесь!

Мужики растерянно моргали глазами и не знали, что сказать.

– А... не сознаетесь, нехристи! – скрипел он зубами. – Пасик у вас отняли... Пиши протокол на всех! – крикнул он уряднику. – Завтра же пришлю казаков... Я вам покажу! – тряс он кулаком в воздухе.

Из кучки вылез дед Иен и, вынув табакерку, сунул щепоть в ноздрю.

– Понюхай, моя родная, – произнес он вслух. – Может, боле не придется.

– Ты чего так шумишь-то? – подошел он, пристально глядя на пристава. – У тебя еще матерно молоко на губах не обсохло ругаться по матушке-то. Ты чередом говори с неповинными людьми, а не собачься. Ишь ты тоже, какой липоед!

– Тебе что надо? – гаркнул на него урядник.

– Ничего мне не надо, – усмехнулся дед. – Я говорю, что я убил его и никого со мной не было.

Глава вторая

– Не тоскуй, касаточка, – говорил Епишка Анне. – Все перемелется в муку. Пускай говорят люди, а ты поменьше слухай да почаще с собой говори. Ты ведь знаешь, что мы на свете одни-одинешеньки. Не к кому нам сходить, некому пожаловаться.

– Ох, Епишка, хорошо только речи сыпать. Ты один, зато водку пьешь. Водка-то, она все заглушает.

– Пей и ты.

– Пью, Епишка, дурман курю... Довела меня жизнь, домыкала.

В зыбке ворочался, мусоля красные кулачонки, первенец.

– Ишь какой! – провел корюзлым пальцем по губам его Епишка. – Глаза так по-Степкину и мечут.

Анна вынула его на руки и стала перевивать.

– Что пучишь губки-то? – махал рукой Епишка. – Есть хочешь, сосунчик? Сейчас тебе соску нажую.

Взял со стола черствый крендель и стал разжевывать; зубы его скрипели; выплюнул в тряпочку, завязал узелок и поднес к тоненьким зацветающим губам.

– У-ю-ю, пестун какой вострый! Гляди, как схватил! Да ты не соси, дурень, палец-то дяди, он ведь грязный. В канаве сегодня дядя ночевал.

Анна кротко улыбалась и жала в ладонь высунувшиеся ножки.

– Ничего, подлец, не понимаешь, – возился на коленях Епишка, – хоть и смотришь на меня... Ты ведь еще чередом не знаешь, хочется тебе есть али нет. А уж я-то знаю... Горе у матери молоко твое пролило... Ох ты, сосунчик мой. Так, так, раба Божия Аннушка, – встал он. – Все мы люди, все человеки, а сердце-то у кого свиное, а у кого собачье. Нету в нас, как говорится, ни добра, ни совести; правда-то, сказано, в землю зарыта... У него, у младенца-то, сердца совсем нету... Вот когда вырастет большой, Бог ему и даст по заслугам... Ведь я говорю не с проста ума. Жисть меня научила, а судьбина моя подсказала.

Анна грустно смотрела на Епишку и смахивала выкатившиеся слезы.

– Он-то ведь, бедный, несмысленный... Ничего не знает, ни в чем не виноват. Аннушка бедна, Аннушка горька, – приговаривал Епишка, – сидеть тебе над царем над мертвым тридцать три года... Нескоро твой ворон воды принесет... Помнишь?

Старая, плечи вогнуты, костылем упирается, все вдаль глядит. Коротайка шубейная да платок от савана завязаны. В Киев идет мощам поклониться.

В красной косыночке просфора иерусалимская... У гроба Господня склонялась.

Солнце печет, пыль щекочет, а она, знай, идет и ни на минуту не задумывается, не пожалеет. У куста села, сумочку развязывает... сухарики гложет с огурчиком.

– Зубов нет, – шамкает побирушке, – деснами кусаю, кровью жую...

– Телом своим причащаешься, – говорит побирушка. – Так ин лучше Богу заслужишь...

Ходят морщины желтые, в ушах хруптит, заглушает.

– Берегешь копеечку-то? – спрашивает искоса побирушка.

– Берегу – всю жисть пряла, теперь по угодникам разношу. Трудовая-то жертва дорога.

По верхушкам сосен ветерок шуршит.

– Соснуть бы не мешало, – крестится побирушка.

Приминая траву, коротайку под голову положила. Мягка она, постель травяная, кости обсосанные всякому покою рады. О Киеве думает, ризы Божеские бластятся.

«Ни сумы, ни сапог, ни поясов кожаных...» – голос дьякона соборного в ушах звенит...

«О-ох, грешная я», – думает.

– Фюи, фюи, – гарчет плаксиво иволга. Тени облачные веки связывают.

По меже храп свистит, побирушка на сучье привалилась.

Тихо кусты качаются... Тень Господня над бором ползает.

– Господи, – шепчут выцветшие губы, – помилуй меня, грешную.

«Ни сумы, ни сапог, ни поясов кожаных», – гудит в ушах.

– Тетенька, – будит прикорнувшую побирушку, – встань, тетенька.

– А-ат? – поднимается нищенка.

– Бедная ты, бездомная, возьми вот сумочку-то. Деньги тут. Ни сумы, ни сапог, в писании сказано... – плачет. Успокоилось сердце. Комочком легла. Глаза поволоклись морокой.

– Фюи, фюи, – гарчет плаксиво иволга.

– Идем, – подвязывает лапти побирушка, – провожу... До Маркова доберемся, а там заночуешь.

В осиннике шаги аукают.

– Это, я думаю, ты не от сердца дала мне... Лишние они у тебя.

Глядит вдаль, а в глазах замерла безответность.

– Что молчишь-то? – дергает ее за руку.

– Ни сумы, ни сапог, тетенька, камни с души своей скинаю.

– То-то... камни... знаем мы вас, прохожанок. Нахапите

с чужой крови-то, а потом раздаете. Ишь и глаза, как озеро, пышут... Знаем мы вас. Знаем!

– Лазарь, ты мой Лазарь, – срывается кроткий шепот. – Ничего у Бога нет непутевого, – ударяет клюкой по траве. – Все для человека припас он... От всего оградил. Человек только жадничает.

– Вишь, мушки мокреть всю спили с травы. Прошли бы, обросились. Чай, с снохами-то неладно жила? – пытливо глядит ей в глаза побирушка.

– Нет, родная, никого не обижала.

– Врешь поди.

– Я к мощам иду, – тихо шепчет. – Что мне душу грязнить свою, непутевое говоришь. Не гневи Бога, не введи во искушение, – поют на клиросе.

– То-то, вот вы такие и искушаете, – сердито машет палкой. – Святоши, а деньги кроете.

– О-ох... Устала... – опускается на траву. – Прогневаю Бога ропотом. Прости ты меня, окаянную.

Побирушка, зажав палку, прыгнула, как кошка.

– У-у-у... – защелкала зубами.

Зычный хряст заглушил шелест трав. Кусты задрожали.

– Отдай деньги, проклятущая...

– Фюи, фюи, – гарчет иволга.

Глаза подернулись дымкой. К горлу подползло сдавленное дыханье, под стиснутыми руками как будто скреблась мышь.

Старый Анисим прилежным покаяньем расположил к себе игумена монастырского.

– Как ты, добрый человек, надоумил мир-то покинуть? Ведь старая кровь-то на подъем, ох, как слаба.

– Так, святой отец, – говорил Анисим. – Остался один, что ж, думаю, зря лежать на печи, лучше грехи замаливать. Сын, вишь, у меня утонул. Старуха не стерпела, странствовать ушла. Дома молодайка есть, пусть как хочет живет. Сказывают, будто она несчастная была, и сын-то, может, погинул с неудачи... А мне дела до этого нет, такая она все-таки добрая, слова грубого не сказала, не обидчица была.

Похоронил Степан мать, сходил к Анисиму, получил с него деньги и дома остался жить. Оставила мать припадочного братишку, зорко заставила следить.

– Нет тебе счастья и талана, – сказала она, – ползай, как червь, по земле, если бросишь его.

Побоялся Степан остаться с Анной, а жениться на ней, гадал, – будут люди пенять.

«Что, мол, девок тебе, что ль, не хватает, бабу-то берешь».

Поехал он как-то в Коростово к тетке на праздник да остался заночевать.

На улице девчата под окнами слонялись, парни в ливенку канавушки пиликали.

– Поди, – сказала ему тетка, – тебя девки-то зманывают.

Степан надел поддевку, заломил набекрень шапку, пошел к девкам.

Девки с визгом рассыпались и скрылись.

– Кто? – окрикнули его парни.

– Свой.

– Нет, не свой, – заговорил кто-то. – По ухватке видно – не свой... У нас, брат, так девок не щупают. Больно хлесток...

– Невесту, что ль, выглядываешь? – спросил гармонист.

– Невесту, – тихо ответил Степан.

– Так ты, брат, видно, сам знаешь... у нас положение водится... четверть водки поставь.

– Ладно, – сказал Степан, – поставлю, только не четверть, а три бутылки... Денег не хватает...

– Не хватает, не надо, – кивнул гармонист. – Мы не такие уж глоты. – Завозился на каблуках.

Степан отдал деньги ребятам и пошел к девкам.

Девки сидели на оглоблях пожарной бочки и, опершись на багор, играли песни.

Степан приглядывался, какая покрасивее, и, сильно затягивая папиросу, светил.

В середках одна все закрывалась рукавом, и он смекнул, что он ей нравится.

Зашел сзади и, потягивая к себе на колени, свалил.

Девка смеялась и, обхватив его за грудь, старалась повалить.

Закружив, начал целовать ее в щеки и отвел в сторону.

– Пусти ты, – отпихивалась она. – У, какой безотвязный... пусти!..

– Не пущу, – прижался к ней Степан. – Хоть кричи, не пущу.

Прижал ее к плетню и силился расстегнуть коротайку.

– Ты, тетенька, меньше ста рублей не бери, – говорил он утром о приданом. – Ведь я не бобыль: две лошади, три коровы да овец сколько...

– Да чья она? – спрашивала тетка. – Куда идти-то мне?

– Черноглазая такая. Кудри на лоб выбиваются.

– А, ну теперь знаю. Ишь какую метишь, – она ведь писарева...

– Отдадут – сама говорила.

– То-то...

Она надела новую шубейку, покрыла белую тужильную по покойному мужу косынку и пошла свахой.

– Ты что, Марьяна? – спросила писариха и поманула ее ладонью.

– Посвататься, касатка, пришла, за племянника. Может, знавала Степку-то, без порток все у волости бегал махоньким...

– А, – протянула писариха. – Что ж, разве он не женат еще?

– Нет.

– Мы было хотели ведь погодить, с приданым никак не собрались.

– Да мы и немного берем-то.

– Сколько?

– Да как тебе сказать, не меней сотни.

– Ладно, – кинула в заслон мочалку, – сговорено.

– А он-то, – указала она на спящего на лавке писаря, – как же?..

Писариха подняла ногу и плюнула на каблук.

– В пятках он у меня, я с ним и разговаривать не стану.

Марьяна поклонилась и, подвязавшись, пошла обратно.

Глава третья

Откулева-то выползло на востоке черное пятнышко и, закружившись, начало свертываться в большой моток.

По яру дохнувший ветерок трепыхнул листочки кленов, и вдогон зашептал вихорь.

Шнырявшая в сединах осины синица соскользнула с ветки и, расплескав крылышки, упала в синь.

Карев сидел у плеса и слушал, как шумели вербы.

Волосы его трепались, и в них впутывалась мягкая сыпучая мшанина.

Он чувствовал на щеках своих брызги с плеса, и водяное кружево кидало в него оборванные клочья.

Сердце его кружилось с вихрем, думал, как легко бы и привольно слиться с грозою и унестись далеко-далеко, так далеко, чтобы потерять себя.

Яр зашумел, закачался, и застонала земля.

Протягивая к ветру руки навстречу, побежал, как ворон, к сторожке.

«Не шуми, мати зеленая дубравушка, дай подумать, погадать». Упал на траву. «Что ты не видел там, у околицы, чего ждешь? – шептал ему какой-то тайный голос. – В ожиданьях только погибель. Или силы у тебя не хватает подняться и унестись отсюда, как вихорь?»

«Нет, все не то, – подумал он. – Это на бред похоже. Надо связать себя, заставить или сильней натянуть нить с початка кудели, или уж оборвать».

Яр шумел...

Черная нависъ брызнула дождем, и капли застучали, как дробь, по широким листьям лопушника.

Карев встал и, открыв рот, стал ловить дождь губами.

С бородки его, как веретено, сучилась холодноватая струйка, шел босиком по грязи, махал сапогами и осыпал с зеленых пахучих кустов бисер.

В прорванных тучах качалось солнце, и по дороге голубели лужи.

С околицы выбежала Лимпиада и зазвенела серебряным смехом.

Она была мокрая, и с косы ее капала роса.

– Дождь фартуком собирала, – сказала она и, приподнявшись на цыпочки, подставила ему алые губы.

Карев повесил перед солнцем на колья сапоги и стал отряхать с мокрых штанов грязь.

– Иди, замою... Филиппа нет, – обняла его за плечи. – Тес пилит.

Обмыл ноги и, сжав горсть, плеснул на нее. По щекам ее с черными мушками грязи покатилась вода, она подбежала к луже, хотела брызнуть ногой, но, поскользнувшись, упала.

Поднял и со смехом понес на крыльцо.

Лимпиада стирала рукавом рубахи грязь и, закрасневшись, качала ногами.

– Костя, – притиснула она его голову, – милый, не уходи. Как хорошо-то!

Навстречу, повиливая хвостом, выбежал с веселым лаем Чукан и, оскаливая зубы, ловил мотавшийся на ноге Лимпиады башмак.

К вечеру в сторожку вернулся Филипп и стал рассказывать, как били деда Иена в холодной.

– В остроге сидит, сердешный, – говорил он. – Скоро, наверно, погонят.

– Жалко, – вздыхала Лимпиада, – хороший мужик был.

Прояснившееся небо опять заволоклось тучами, и сверкавшая молния клевала космы сосен.

Филипп чиркнул спичку и, подлезая под божницу, засветил лампадку.

В дверь кто-то заскребся; Лимпиада отворила и увидела кошку.

– Милая, – нежно протянула руки, – где ты пропадала? Я давно уж не сержусь на тебя.

Посадила на колени, стала гладить.

Облезлые волосы спадали на сарафан и белели, как нитки.

Кошка пучила глаза и, мурлыча, сама гладилась об ее руки.

– Ты убил... – покосился с пеной у рта пристав, – ты убил?..

– Я, – отозвался дед Иен. – Говорю, что я.

– Связать его! – крикнул он мужикам. – Да с понятыми в холодную отправить.

Дед Иен сам протянул руки и заложил их назад.

– Вяжи покрепче, Петро, – сказал он мужику, – а то левая рука выскочит.

– Ладно, – мотнул головой Петро, – ты больно-то не горячись, мы ведь для близиру.

Спотыкаясь, пошел вперед, и на губах его застыла светлая улыбка.

Пристав толкнул его на крыльцо холодной и ударил по голове тростью.

По щеке зазмеилась полоска крови.

– Эй, – крикнул грозно Петро, – ты что делаешь! – и, схватив замахнувшуюся трость, сломал о худощавое колено пополам.

– Ты не хрындучи! – затопал пристав. – Я тебя, сукин сын, в остроге сгною!

– Видал?.. – показал ему кулак Петро. – Мы такую шваль-то видывали.

– Молчать! – крикнул, покраснев, как вареный рак, и ударил его по щеке.

Петро размахнулся, и кулак его попал прямо в глаз приставу.

Покачнулся и упал с крыльца в грязь. Над бровью вскочила набухшая шишка, и заплывший глаз сверкнул, как кровяное пятно.

– Ой, караул! – закричал он и, поднявшись на корточки, побежал к Пасику.

– Ну, дед, сиди, – сказал Петро, – а я теперь скроюсь, а то, пожалуй, найдут, по обличию узнают.

– Прощай, Петро, – обернулся дед, подавая развязать руки. – Мне теперь, видно, капут – дух вон и лапти кверху.

– Прощай, дед. Спасибо тебе за все доброе, век не забуду, как ты выручил меня в Питере.

– Помнишь?

– Не забуду.

Обнявшись, с кроткой печалью сняли шапки и расстались.

– Жалко, – ворчал Петро, – таких и людей немного остается.

Дед Иен велел сторожу открыть дверцу холодной и, присев на скамейку, стал перевертывать онучи.

– Бабка-то теперича у кого твоя останется? – болезно гуторил сторож.

– Э, родной, об этом тужить неча, общество знает свое дело. Не помрет с голоду.

– Так-то так, а как постареет, кто ходить за ней станет?

– Найдутся добрые люди, касатик. Не все ведь такие хамлеты.

Говор смолк. Слышно было, как скреблась за переборкой мышь. В запаутинившееся окно билась бабочка.

Наутро к селу с гудом рожков подъехали стражники. В руках их были плети и свистки.

Впереди ехал исправник и забинтованный пристав. Подъехали к окну старосты, собрали народ и стали читать протокол.

– «Мы обязываем крестьян села Чухлинки выдать нам провожатого при аресте крестьянина Иена Иеновича Кавелина, – громко и раздельно произнес исправник. – В противном случае общество понесет наказание за укрывательство».

– На вас креста нет, – зашумели мужики. – Неужели мы будем смотреть, кого кто-либо из вас посылает с каким поручением. Гляди на нас, – обернулись все лицами к приставу, – узнавай, кого посылал вчера.

– Мошенники! – кричал пристав. – Мы вас на поселение сошлем!

– Куда хошь ссылай, нам все одно. Кому Сибирь, а нам мать родная.

Деда Иена привели на допрос под конвоем.

– Так ты заявляешь, Кавелин, что совершил убийство без посторонних?

– Да.

– В какую пору дня вы его убили?

– В полдень.

– Имеешь ли оправдания, при каких обстоятельствах совершилось убийство?

– Все имеем, – закричали мужики.

– Молчать! – застучал кулаком исправник.

– Вам известно, – сказал дед Иен, – болей я говорить не стану.

– Тридцать горячих ему! – закричал пристав и, вынув зеркало, поглядел на распухшую, с кровоподтеками губу.

Два стражника повалили его на землю и, расстегнув портки, навалились на ноги и плечи.

Взмахнула плеть, и по старому желтому телу вырезалась кровяная полоса.

– Кровопийцы! – кричали мужики, налезая на стражников и выламывая колья.

– Прошу не буянить, – обратился исправник. – Староста, вы должны подчинить их порядку. Остановите.

– Братцы, – крикнул староста, – все равно ничего не поделаешь! Угомонитесь на минутку.

– Ишь какой братец заявился, – крикнул кто-то. – Сказали ему, а он и рад стараться.

Деда Иена подняли и развязали руки. Дрожа и путаясь руками, он стал застегивать портки.

– Прощай, братцы, – кричал он, снимая шапку, – больше не свидимся.

– Прощай, – как стон, протянули мужики и с поникшими головами смотрели, как два стражника, посадив его на телегу, повезли в город.

Карев, прощаясь, сунул в руку деду пачку денег.

– Возьми обратно, – крикнул стражник. – Не полагается. Опосля суда...

Лимпиада стояла на колымаге и, закрывшись руками, вздрагивала от рыданий.

– Поедем, – сказал он ей, когда стражники скрылись за селом.

– Едем, – сказала она и, дернув вожжи, поворотила лошадь на проулки.

День заутренне гудел, и с бора несся неугомонный шум.

– Ну и изверги! – говорил Карев. – В глазах хватают за горло, кровь сосать.

По дороге летели звенящие паутинки и пряжей обвивали космы верб.

– Н-но, родная, – потрагивал Карев вожжами. – Тут, чай, за спуском недалече. Ну, как же ты думаешь? – спросил, обернувшись, заглядывая Лимпиаде в глаза. – Ведь ждать, кроме плохого, ничего не дождешься.

Лимпиада молчала, и ей как-то сделалось холодно от этого вопроса. Она сжалась комочком и привалилась к головням.

– Какое бесцветное небо, – сказала она после долгого молчания. – Опять гроза будет.

Глава четвертая

Карев решил уйти. Загадал выплеснуть всосавшийся в его жилы яровой дурман.

В душе его подымался ветер и кружил, взбудораживая думы.

Жаль ему было мельницы старой.

Но какая-то грусть тянула его хоть поискать, не оставил ли он чего нужного, что могло пригодиться ему в дороге.

«Сходи, взгляни и, не показываясь, уходи обратно. Так надо, так надо».

После этого на другой день Лимпиада заметила на лбу его складку, которой никогда не видела.

– Милый, ты о чем-нибудь думаешь? – спросила она. – Перестань думать. Ты видишь, я тебя люблю, ничего не требую от тебя, останься только здесь, послушай хоть раз меня, ты уйдешь, я сама скажу, когда почую, что тебе уходить надо.

– Любая моя белочка, – говорил, лаская ее, Карев. – Ты словно плотвичка из тесного озера синего, которая видит с мелью ручей на истоке и, боясь погибели, из того не хочет через него выплеснуться в многоводную речку. Послушай ты меня хоть раз, выпутай свои космы из веток сосен, отрежь их, если крепко они запутались. Я ведь и без кудрей твоих красивых буду любить тебя. Оденься ты странницей, возьми из своего закадычного друга яра посох и иди. Ты можешь ведь весь этот яр унести с собою. Ты не бойся, что что-нибудь забудешь, – сердце ничего не теряет.

– Яр аукает, отвечает эхом, но никогда не принимает, что говорят ему. Он отдает слова обратно, – сказала Лимпиада. – Если бы я была водяницей, я бы заманула тебя в омут и мертвого стала бы ласкать. Но я лесная русалка, полюбила тебя живого, тут и я несчастлива и ты.

– Эй вы, голуби! – крикнул Филипп. – Полно вам ворковать, помогли бы мне побросать на сушило сено, я бы вам спасибо сказал и чаем напоил.

– Дешево же ты, воробей, платишь, – засмеялся Карев и, подпоясав кушак, надел пахнущие кирпичом желтые рукавицы.

Анна спеленала своего первенца свивальником, надела на бессильную головку расшитую калпушку и пошла к бабке на зорю.

Не спал мальчик, по ночам все плакал и таял, как свечка.

Вошла в низенькую, с короткими сенцами хату и, став около порога, помолилась Богу.

– Здорово, бабушка.

– Поди здорово, касатка. Чего скажешь?

– Не спит он. Заговорить пришла, просто никак за ним не уходишь.

– Погоди, погоди, родимая, сейчас бросим камешки, жив ли он будет...

Боялась, что последняя радость покинет ее.

Бабка налила в полоник воды и бросила туда из жаровни засопевшие угли.

– С глазу, с глазу дурного, касатка, мучается младенчик. Люди злые осудили.

Достала из сумочки, пришитой к крестовому гайтану, три камешка и, посупив их, кинула в воду.

– Помрет, – сказала. – Не жилец на белом свету.

Анна побледнела и ухватилась за сердце.

– Бабушка, обмани хоть меня, – рыдая, судорожно забилась. – Не отнимай надежду мою.

– Погоди, касатка, сейчас на зорю сходим, может, ему и полегчает.

Вышли на крыльцо. Багрянец пенился в сини и красил кровью облака.

Бабка взяла ребенка и, повернув лицом на закат, стала заговаривать:

– Заря-зоряница, красная девица. Перва заря вечорошная, вторая полуношная, третья утрошная. Вынь, Господи, бессонницу у Алексея-младенца. Спаси его, Господи, от лихова часу, от дурнова глазу, от ночнова часу. Вынь, Господи, его скорби изо всех жил, изо всех член.

«Умрет, умрет, – колола тоска Анну. – Опять одна... опять покинутая...»

– Ты не болезнуй, сердешная, может, с наговору-то и ничего не будет.

Прижала к груди, ножки его в кулачок и грела... в закрытые глаза засматривала.

– Милый, милый, малюсенький.

Шла, как ветер нес. Вдруг Епишка повстречался.

– Где была, куда Бог носил? – подошел он, заглядывая на ребенка.

– На заговор ходила.

– Ути, мой месяц серебряный, как свернулся-то... Один носик остался. Ты не плачь, Аннушка, – обратился он к ней, – а то и я плакать буду, ведь он мне что сын родной.

– Ох, Епишка, сердце мое не вынесет, если помрет он. Утоплюсь я тогда в любой канаве.

– Ты, голубушка, не убивайся так, может, Господь пожалеет его. Ты себя-то береги, пока жив он.

– Карев ушел, – сказал Филипп. – Он тебе, Липа, не говорил, когда вернется?

– Он, вишь, пристал к варнакам охотиться, – ответила Лимпиада. – Верно, после выручки.

– Экий расслоняй, все время бегает по ветру.

Лимпиада сидела за столом и ткала холсты.

– Я хотел с тобой поговорить, Липа, – начал Филипп. – За Карева, я чую, ты не пойдешь замуж, а оставаться в девках тебе невозможно... Ваньчок вот все просит твоего согласия, а то хоть завтра играй свадьбу...

– Что ты привязался с своим Ваньчком, разве мне еще женихов нету?

– Вот чудная такая! Ведь я знаю, что тебе советую. Ваньчок возьмет тебя, ты опять при мне останешься. Случись что со мной, если ты не выйдешь, тебя погонят ведь отсюда. А с ним... У него деньги...

– На что мне они, его деньги? – бросила Лимпиада. – Ими горло ему надо засыпать.

– Ну, как хошь, я тебя не насилую...

Филипп стал на лавочку и обмел на потолке копотные паутины. Веник осыпал березовые листья и разносил пряный пах. В окно стучался ветер.

С крыши срывалась солома и, закружившись, ныряла в чащу.

Летели листья, листья, листья и, шурша, о чем-то говорили.

– Пожар, – сказал Филипп, указывая на огненную осину. – Вот что делает холодная пора-то.

«Хорошо, – с сверкающими глазами подумала Лимпиада. – Лучше сгореть с этим бором, чем уйти от него...»

Ветер подсвистывал.

Карев ушел... Он выбрал темные ночи бабьего лета, подлинней расчесал свою бороду и надел ушастую шапку.

Сердце его билось, когда он подходил к своему селу; под окнами сидели девки и играли с ребятами в жгуты.

Боялся, оглядывался и нерешительными шагами стал подходить к дому. Подкрался к вербе и стал всматриваться; горел огонь.

Из окна выглянула соседка.

– Епишка, – окрикнула она его, – поди почитай письмецо.

Пристыл, но, спохватившись, быстро замахал на конец села.

Было тихо, и лишь изредка лаяли собаки. С реки подымался туман и застилал землю.

Сел околь гумна и глядел на жевавшую желтую траву лошадь.

– Дзинь-дзинь, – позвякивала она, прыгая, железным путом и, подняв голову, гривой махала.

– Коняш, коняш, – захрипел за плетнем старческий голос, и зашлепала оброть.

Как будто обжог почуял и бросился, зарывшись с головой, на солому.

Старик тпрукал лошадь и, кряхтя, отчаливал путо.

Стук копыт стал таять, звенящая тишина изредка нарушалась петушьим криком.

Свежо, здорово, стелился туман.

Когда Анна вернулась, мальчику сделалось еще хуже. Она байкала его, качала, прижимая к груди, но он метался и опускал свислую головку.

Подстелив подушечку, положила на лавку и заботливо прислоняла к головке руку.

Что-то пугало ее, что-то грозило, и она вся трепетала при мысли, что останется одна.

Мальчик качнул головкой, дернул, вздрагивая ножками, и пустил пенистую слюну.

– Ах! – вскрикнула она и ухватилась за сердце.

Ноги ее сползли, и вся она грохнулась на пол.

Подбежал котенок и, покачивая бессильные пальцы, начал играть.

Через минуту она встала и уставилась в одну точку.

Понемногу она успокаивалась, но по крови ее желчью разливалась горечь и будила какую-то страшную решимость.

Она случайно повернулась к окну – и вся похолодела. У окна, прилепившись к стеклу, на нее смотрело мертвое лицо Кости и, махнув туманом, растаяло.

– Зовет, – крикнула она, – умереть зовет! – и выбежала наружу.

Рассвет кидал клочья мороки, луга курились в дыму, и волны плясали.

В камышах краснел мокрый сарафан, и на берегу затона, постряв на отцветшем татарнике, трепался на ветру платок.

Черная дорога, как две тесьмы, протянулась, резко выдолбив колеи, и вилась змеей на гору.

С горы, гремя бадьей и бочкой, спускался водовоз.

Глава пятая

Сказал старый Анисим игумену:

– Пусти меня домой, ради Бога, ноет вот тут, – указывал он на грудь. – Так и чую, что случилось неладное...

– Иди, Бог с тобой, – благословил его игумен. – Святые отцы и те ворачивались заглянуть на своих родных.

Накинул Анисим подрясник, заломил свою смятую скуфью и поплелся, сгорбившись, зеленями шелковыми.

Идет, костылем упирается, в небо глядит, о рае поет, а у самого сердце так и подсасывает – что-то там дома творится?

Проезжие смотрят – всем кланяется и вслед глядит ласково-ласково.

На тройке барин какой-то едет, поравнялся, спрашивать стал:

– Разве ты меня знаешь – кланяешься-то?

– Нет, не знаю, и не тебе кланяюсь, – лику твоему ангельскому поклон отдаю.

Улыбнулся барин, теплая улыбка сердце согрела. Может быть, черствое оно было сердце, а тут растопилось от солнца, запахло добром, как цветами.

– Прощай, старичок, помолись за меня угодникам да вот тебе трешница, вынимай каждый день просфору за раба Божьего Сергея.

– Не весна, а весной пахнет. Свете тихий, вечерний свет моей родины, прими наши святые славы, – шепчет он.

И опущенные белые усы ясно вырезают разрез посинелых губ.

– Здорово, дедушка, – встретили его у околицы ребятишки. – Анны-то нету дома... утопилась намедни она, как парень ее помер; заколочен дом-то ваш.

Вдруг почувствовал, ноги подкашиваются, и опустился.

– Устал, дедушка, посиди, мы тебе табуретку принесем.

– Спасибо, родные, спасибо, немного осталось, хоть на корточках доползу.

Встал и, еще более сгорбившись, поплелся мимо окон; ребятишки растерянными глазами провожали.

Прохожие останавливались.

– Ой, Анисим, Анисим, не узнаешь тебя, – встретила у ворот соседка. – Поди закуси малость, небось ведь замытарился, болезный.

Слезу утирает, на закат молится.

– Как тебя Бог донес такую непуть? Ведь холод, чичер, а ты шел.

Ничего Анисим не ответил, застыл от печали глубокой.

С пьяной песней в избу взошел Епишка.

– «Я умру на тюремной постели, похоронят меня коекак...» Мое почтенье, челом бью, дедушка Анисим, прости, что пою песню, я ведь теперь все на панихидный лад перевожу...

– Присаживайся, – подставила хозяйка скамью, – гостем будешь, вместе горе поделим, мы все ведь какие-то бесталанные.

– Про то и пою, тетень, эх-а!.. «А, судьба ль ты моя роковая, до чего ж ты меня довела...» Не могу, ей-Богу, не могу... Слезы катятся, а умирать не хочется. Ведь могила-то когда хошь приют даст, жить бы надо, да что-то, как жестянка, ломается жизнь моя, и не моя одна. Ты, дедушка, меня в монахи возьми, можа, я там хоть пить перестану. Ведь там нет вина, стены да церковь.

– Убежишь, – засмеялась старуха. – Не лезь уж, куды не надо. Так живи.

– Не хочу я так-то жить, мочи моей не хватает, с тоски помру.

Епишка был пришляк на село, он пришел как-то сюда вставлять рамы и застрял здесь. Десять лет уж минуло.

Где-то в дальней губернии у него осталась жена, которая пустила его на заработки.

Каждый год Епишка собирался набрать денег и отослать жене на перестройку хаты, но деньги незаметно переходили к шинкарке Лексашке, и хата все откладывалась.

Каждое Рождество он писал домой, что живет слава Богу, что скоро пришлет денег и заживет, как пан.

Но опять выпадал какой-нибудь невеселый для него

день, и опять домой писалось коротенькое письмо с одним и тем же содержанием.

Жена его знала эту слабость, она писала ему, чтоб он вернулся, что дом давно перестроен, но он никогда не читал дальше поклонов. Не хотел, а может быть, и наперед чуял, что пишут.

– Возьми меня, дедушка, ради Бога возьми, там ведь жалованье платят, может, скоплю сколько-нибудь, домой пошлю.

Анисим молчал и грустно покачивал головою.

– Ты сегодня, Епишка, пьян, завтра ты по-другому скажешь. Ты лучше вот что я тебе посоветую, выписывай сюда жену да живи на моей усадьбе. Дом-то мой ведь первый на селе. Я подпишу тебе все, ничего не оставлю. А коли помру, если хватит доброй совести, поставь мне крест на могилу.

– Родной ты мой, – упал Епишка на колени. – Спаситель, как мне тебя благодарить?

– Встань, Епишка, – сказал Анисим. – Пустое все это, ведь мне все равно ничего не надо. Ты закусывай лучше сейчас, ведь небось после Анны тебя никто не накормил.

– Нет, – всхлипнул Епишка, – разве я пойду просить... Стыдно... Была Анна, так она все понимала... Царство ей небесное, хорошая баба была.

Хозяйка начала рассказывать, как вытащили Анну из воды.

– Отец ты мой родной, – приговаривала, пришлепывая губами. – Как положили два гроба-то рядом, инда сердце кровью обливалось.

– Ты посмотри, – указал Епишка на разрубленный палец. – Гроб делал... Как вспомню, что делаю для Анны, топор из рук валится и рубанок не стругает... Отцапал ведь до самой кости.

Анисим решил пождать жену Епишкину. «Пропьет еще все, – думал он. – Баба-то лучше удержит».

Через неделю им пришел ответ, что жена Епишкина три года тому назад померла, а оставшаяся вдовой дочь продала все пожитки и едет.

«Как же так? – думал Епишка. – Неужели я три года не писал?..»

Он как-то состарился, съежился и жалел, что Анисим подписал ему свое имущество.

«Охо-хо! – думал он. – Уехал, девке-то десять годов было, уж вдова стала. Вот она какая жисть-то, самому сорок годов стукнуло, а я все думал – тридцать».

«Как же она замуж вышла? – спрашивал себя. – И откуда набрали денег, когда присылу не было?.. Впрочем, что же, баба была здоровая, за семерых работать могла...»

Через два дня Епишка встретил на телеге молодую бабу и с слезами бросился целовать ее.

Старый Анисим сам не одну смахнул слезу. Жалко ему было Епишку... Мыканец он.

«И в кого она у меня такая красивая, – думал Епишка, – ни на меня, ни на мать не похожа».

– Ты теперь брось пить-то, – говорил Анисим. – А ты, родная, поудерживай его, слаб он...

– Дедушка, ей-Богу, одну рюмочку, с радости. Ведь я сейчас словно причастился, весь мир бы обнял, да головы у него нет.

Дочь Епишки улыбалась и, налив себе рюмку, почомкалась.

– Ты ведь у меня единая, ненаглядная моя. Мы теперь тебе такого жениха сыщем, какой тебе и во сне не снился.

Погорбился старый Анисим за эту неделю, щеки ввалились, а подбородок качался, будто шептал.

Простился с Епишкой и дочерью его и пошел опять с костылем, сгорбившись еще ниже.

– Ты как-нибудь, папаша, лошадь купи, – говорила Марфа отцу, – пахать станем.

– Теперь мы с тобой заживем, Марфунька, – говорил Епишка. – Земли у нас много, хлеба много, скота семь голов рогатого, лошадей только, жаль, увели. Недоглядки.

Плетется Анисим, на солнце поглядывает, до захода в монастырь надо попасть.

По дорожке воронье каркает, гуси в межах на отлет собираются.

Пришел в келью, к игумену, пыльный с дороги, постучался.

– Благослови, отче... Вернулся. Теперь не пойду.

– Ну что, не обмануло тебя сердце твое?

– Нет, отче, сноха утонула. Господь меня надоумил сходить... Господь.

– Ты отдохни поди, вишь, как выглядишь плохо. А что ж старуха-то твоя не вернулась?

– Нима, отче; видно, к угодникам в подножие улеглась. Сильная духом была, знал я, что ей не вернуться.

В келью пришел свою, на столе просфора зачерствелая, невынутая.

Кусает зубами качающимися, молитву хлебу насущному читает.

И опять все как было: на стене скуфья на гвоздике, у окошка на подставочке цветы доморощенные не поливаны.

На мешочном тюфяке в дырки солома выбилась, в коричневых выструганных сучьях клопы гнездятся.

– Слава тебе, Христе Боже наш, слава тебе.

Около рукомойника рушничок висит, покойная сноха вышивала.

– Всех похоронил, теперь самому на покой пора. Ой, как тяжело хоронить!

Захолодало. По селу потянулись с капустой обозы.

Хорошо молиться в осень темной ночи за чью-нибудь непутевую душу.

Обронили вербы четки зеленые, краснотой подернулись листья – удила шелковые.

Вечер. Голоса на дороге про темную ноченьку поют.

Прощай, ты, пора нудная, томящая. Вылила ты из пота нашего колосья зернистые, кровью нашей напоила ягоды свои.

Марфа принялась за хозяйство. Сперва ей казалось все как-то по-чудному. Ночью она не могла дверь найти спросонья, вместо порога к загнетке печной забиралась.

Стало подсасывать что-то опять Епишку, не сиделось ему дома, горько было на чужое добро смотреть. Чужое несчастье на счастье пошло.

Ходил в лес, осин с кореньями натаскал, а потом у окошка стал рассаживать.

– Марфунька, – кричал он, запихивая в землю скрябку, – воды неси поливать.

Люди засматривали, головой покачивали.

– Что это с Епишкой-то сталось: дочь привез, вино бросил пить и в церковь ходит.

В монастырь бегал причащаться, всю дорогу без одышки бежал.

– Так ин, – говорит, – лучше Бог простит все... да и думы грешные в голову не полезут.

Старый Анисим просфорочку ему дал, советовал лучше кобылку купить, чем мерина.

– Ты кобылку-то купишь – через три года две лошади, ой, ой, каких будешь иметь!

Послухался Епишка старого Анисима, пришел домой и сказал Марфе, что хочет кобылу купить.

В базарный день повели продавать двух коров и выручили три сотни.

– Теперь ты, папаша, в город иди, там-то, чай, лучше купишь.

Снарядила Марфа отца в дорогу, зашила деньги в подштанники и проводила.

Приковылял Епишка в город, в трактирчик зашел отогреться. Люди винцо попивают, речи деловые гуторят. Подсела к Епишке девка какая-то, наянная такая, целоваться лезет.

– Жисть свою пропиваю! – кричит Епишка. – Хорошая ты моя, жалко мне тебя, пей больше, заливай свою тоску, не с добра, чай, гулять пошла.

Когда на другое утро Епишка полез в кошелек купить калачика, там валялась закрытая бумажкой единая заплесневелая старинная копейка.

Ждала Марфа отца и ждать отказалась, уж замуж успела выйти, мужа к себе приняла, а он как в воду канул.

Через два года, в такое же время, она получила письмо от него:

«Добрая доченька, посылаю тебе свое родительское благословение, которое может существовать по гроб твоей жизни и навеки нерушимо.

Дорогая Марфенька, об деньгах прошу тебя не сумлеваться, скоро приеду домой. Кобыла тут у меня на примете есть хорошая, о двух сосунков. Как только вернуся, заживем опять с тобой на славу».

Карев запер хату и пошел в другой раз к сторожке. Лимпиада просила оставить на память вырезанную им солоницу.

Филипп окапывал завалинку и возил на тачке с подгорья загрубелую землю.

– Отослал Иенке денег ай нет? – спросил он, не оборачиваясь, поправляя солому.

– Отослал... сам возил, прощаться ездил.

– То-то долго-то.

– Да.

– Ну, входи, – сказал Филипп. – Ваньчок приехал, чай пьют, дожидаются.

Ваньчок сидел в углу с примасленными, расчесанными на ряд волосами и жевал пышку.

Когда Карев ступил на порог, он недовольно поглядел на него и, приподняв руками блюдечко, чуть-чуть кивнул головой.

– Принес? – спросила Лимпиада и с затаенной болью, нагнувшись, стала рассматривать рисунки.

На крышке было вырезано заходящее солнце и волны реки.

Незатейливый рисунок очень много говорил Лимпиаде, и, положив солонку на окно, она задумалась.

Карев подвинул стакан к чайнику и налил чаю.

– Ну, ты что ж молчишь? – обратился он к Ваньчку. – Рассказывай что-нибудь.

– Чего рассказывать-то? – протянул Ваньчок. – Все пересказано давно.

– Ну, – засмеялся Карев, – это ты, наверно, не в духе сегодня. Ты бы послухал, как ты под «баночкой» говоришь, ты себя смехом кропишь и других заражаешь.

– Лучше Фильке пойду подсоблю, – сказал он, надевая картуз и затягивая шарф.

Когда Ваньчок вышел, Карев поднял на Лимпиаду глаза.

– Идешь? – спросил глухо он. – Я ухожу послезавтра. Пойдем. Жалеть нечего.

Лимпиада свесила голову и тихо, безжизненно прошептала:

– Иди, я не пойду.

– Прощай. Больше, я думаю, говорить тебе нечего.

Лимпиада загородила ему дорогу и повисла, схватившись за него, на руках.

– Не уходи, милый Костя, ради всего святого, пожалей меня.

– Нет, я не могу оставаться, – сказал Карев и отдернул ее руку.

На пороге показался Филипп.

– Ты что же, совсем уходишь?

– Да, совсем, проститься зайду. Не поминайте лихом, а если сделал чего плохого, то прошу прощенья...

Когда Карев ушел, Лимпиада проводила Филиппа к Ваньчку, а сама побежала на мельницу.

Хата была заперта, и на крыльце на скамейке лежала пустая пороховница.

«Куда же ушел?» – подумала она и повернула обратно. Вечерело. Оступилась в колею и вдруг, задрожав, почувствовала, что под сердцем зашевелился ребенок.

– Ох! – вскрикнула тихо и глухо, побежала к дому, щеки горели, платок соскочил на плечи, но она бежала и ничего не замечала.

В открытых глазах застыл ужас, губы подергивались как бы от боли.

Прибежала и, запыхавшись, села у окна.

«Зачем же я бежала? Господи, откуда эта напасть? Что делать мне... что делать?..»

Думы вспыхивали пламенем и, как разбившаяся на плесе волна, замирали.

«Вытравить, избавиться», – мелькнула мысль. Она поспешно подбежала к печурке.

«Преступница», – шептал какой-то голос и колол, как шилом, в голову.

«Господи, – упала она перед иконой, – научи!»

На брусе – для мора тараканов, в синей бумажке, – в глаза ей бросилась спорынья.

С лихорадочной дрожью наскребла спичек и смешала с спорыньей.

Когда цедила из самовара воду, в ней была какая-то неведомая ей дотоле решимость.

Без страха поднесла к губам запенившуюся влагу и выпила.

Чашка, разбившись, зазвенела осколками, и, свалившись на пол плашмя, Лимпиада забилась, как в судороге.

Волосы, сбившись тонкими прядями, рассыпались по полу и окропились бившей клочьями с губ пеной. Под окном ворковали голуби, и затихший бор шептался о чем-то зловещем.

Лицо ее было как мел, и на нем отражалась лесная зеленая дремь.

Филипп не поехал к Ваньчку, он встретил чухлинского старосту и пошел оглядывать намеднишнюю вырубку.

Щепа пахла ладаном, на голых корнях в вырубях сверкала вода.

– Тут надо бы примерить, – сказал староста. – Сбегай-ка до дому за рулеткой.

Филипп сломил ветку калинника и побег к сторожке.

Чукан, свернувшись в кольцо у ворот, хотел схватить его за ногу.

В голову ударило мертвечиной, на полу в луже крови валялась Лимпиада – и около нее разбитая чашка.

– Отравилась!.. – крикнул, как журавль перед смертью, и побежал к колодцу за холодной водой.

Поливал ей на грудь, пальцем разжимал стиснутые зубы.

Холодел.

Склонившись на колени, закрылся руками и заголосил по-бабьему.

– Ой, не ходила бы девка до мельника, не развивала бы

свою кудрявую косу, не выскакивала бы в одной сорочке по ночам, не теряла бы ты девичью честь.

Ползал, подымал осколки чашки и подносил к носу.

– Ох ты, бесталанная головушка, при тебе спорынья в поле вызрела, и на погибель ты свою ее пожинала.

Ваньчок трепал за ухо своего подпаска.

– Ты опять, негодяй, потерял ярку. Ищи, харя твоя поганая, до смерти захлыщу.

– Я, дя-аденька, ни при чем, – плакал Юшка. – Вот те Христос, не виноват...

– Я те, сволочь, покажу, как отказываться. Ишь сопляк какой подхалимный!

Возбужденный опять неудачей, напился к вечеру пьян и поехал опять сватать Лимпиаду.

Около околицы ему послышалось, что Филипп поет песню.

Он слез с телеги и, качаясь, выгаркивал осипло «Веревочку»:

Эх, да как на этой на веревочке
Жисть покончит молодец...

С концом песни ввалился в избу и остолбенел.

– Это он! – крикнул с брызгами пены у рта. – Это он... Он весь яр поджег, дымом задвашил...

Красные глаза увидели прислоненную к запечью берданку.

Голова закружилась безумием и хмелем.

Схватив берданку, осмотрел заряды и выбежал на дорогу.

Ветер ерошил на непокрытой голове волосы и спускал на глаза.

Хвои шумели.

Вечерело. Карев ходил набрать грибов. Заготавливал на отход.

Шел с грустной думой о Лимпиаде и незаметно подошел к дому.

В хате светился огонь, и на полу сырой картошкой играл кот.

На крыльце он увидел темную тень и подумал, что его кто-то ожидает.

Прислоненная к перилам тень взмахнула ружьем.

«Филипп, – подумал Карев, – на охоту, видно, напоследок зовет...»

Грянул выстрел, и почуял, как что-то кольнуло его и разлилось теплом.

Упал... по телу пробегла дремная слабость. Показалось еще теплее, но вдруг к горлу хлынуло как бы расплавленное олово, и, не имея силы вздохнуть, он забился, как косач.

Стихало... От дороги слышались удаляющиеся шаги. Месяц, выкатившись из-за бугра долины, залил лунью крыльцо и крышу.

– Ку-гу, ку-гу... – шомонила за мельницей сова.

<1915>

У Белой воды

1

Лето было тихое и ведреное, небо вместо голубого было белое, и озеро, глядевшее в небо, тоже казалось белым; только у самого берега в воде качалась тень от ветлы да от избы Корнея Бударки. Иногда ветер подымал по песку целое облако пыли, обдавал ею воду и избу Корнея, а потом, когда утихал, из песка, чернея, торчали камни на выветренном месте; но от них тени не было.

Корней Бударка ловил по спуску реки рыбу, а жена его Палага изо дня в день сидела на крылечке и смотрела то в ту сторону, где, чернея, торчали камни на выветренном месте, то на молочное небо.

Одинокая ветла под окошком роняла пух, вода еще тише обнимала берег, и не то от водяного зноя, не то оттого, что у нее самой во всем теле как бы переливалось молоко, Палага думала о муже, думала, как хорошо они проводили время, когда оба, прижавшись друг к другу, ночевали на сеновале, какие у него синие глаза, и вообще обо всем, что волновало ей кровь.

Рыбаки уплывали вниз по реке с Петрова дня вплоть до зимних холодов. Палага считала дни, когда Корней должен был вернуться, молила св. Магдалину, чтобы скорей наставали холода, и чувствовала, что кровь в ней с каждым днем начинает закипать все больше и больше. Губы сделались красными, как калина, груди налились, и когда она, осторожно лаская себя, проводила по ним рукой, она чувствовала, что голова ее кружится, ноги трясутся, а щеки так и горят.

Палага любила Корнея. Любила его здоровую грудь, руки, которыми он сгибал дуги, и особенно ей нравились его губы.

Перебирая прошлое, Палага так сливалась с Корнеем мысленно, что даже чувствовала его горячее дыхание, теплую влагу губ, и тело ее начинало ныть еще сильнее, а то, что так было возможно, казалось ей преступлением. Она помнила, как она клялась Корнею, что хотя раз оборвешь, то уже без узла не натянешь, и все-таки, скрывая это внутри себя, металась из стороны в сторону, как связанная, и старалась найти выход.

Опустив голову на колени, она смотрела, как за высокой горой тонуло солнце. Свечерело уже совсем, и по белой воде заскользила на песчаный островок, поросший хворостом, утлая маленькая лодочка. Мужик сидел в лодке, вылез и, изгибаясь, стал ползать по песку.

В Палаге проснулось непонятное для нее решение... Она отвязала причало от челна, руки ее дрожали, ноги подкашивались, но все-таки она отправилась на островок. Взмахнув веслами, она почти в три удара обогнула островок и, стоя на носу, заметила, что мужик на песке собирает ракуши. Она глядела на него и так же, как в первый раз, трепетала вся.

Когда мужик обернулся и, взглянув на нее своими рыбьими холодными глазами, ехидно прищурился, Палага вся похолодела, сжалась, страсть ее, как ей показалось, упала на дно лодки. «Окаянный меня смущаить!» – прошептала она. И, перекрестившись, повернула лодку обратно и, не скидывая платья с себя, бросилась у берега в воду.

Был канун Ильина дня. С сарафана капала вода, когда она вошла в избу, а губы казались синими. Мокрыми руками она достала с божницы спички, затеплила лампадку и, упав на колени, начала молиться. Но ночью, когда она легла в мокрой рубашке на кровать, тело ее снова почувствовало тепло, и снова защемило под оголенными коленями. Она встала, сбегала к реке, окунула горячую голову в воду и, чтобы забыться, начала вслушиваться, как шумит ветер. «Наваждение, – думала она, – молиться надо и пост на себя наложить!» Ветер крутил песок, вода рябилась, холодела, и, глядя на реку, Палага шептала: «Господи, да скорея бы, скорея бы заморозки!»

Утром чуть свет она отправилась на деревню к обедне. Деревня была верстах в шести от Белой воды, дорога вилась меж ржи, и идти было по заре, когда еще было легко и прохладно.

Ноги ее приустали, она сняла с себя башмаки, повесила на ленточке через плечо, нарочно норовила, сверкая белыми икрами, идти по росе, и огонь, мучивший ее тело, утихал. В церкви она молилась тоже только об одном, чтобы скорее настали холода, и, глядя на икону прикрытой рубищем Марии Египетской, просила у нее ее крепости одолеть свою похоть, но молитвенные мысли ее мешались с воспоминаниями о жгучей любви, она ловила себя на этом и, падая на колени, стукалась лбом о каменный пол до боли.

2

По дороге обратно идти ей казалось труднее, с томленого тела градом катился пот, рубаха прилипла к телу, а глаза мутились и ничего не видели. Она не помнила, как дошла до перекрестка объезжих дорог, и очнулась лишь тогда, когда догнавший ее попутчик окликнул и ухватил за плечо.

– Ты эфто, бабенка, дыляко пробираисси-то... а? – спросил он, лукаво щуря на нее глаза. – А то, можа, вместе в лощинке и отдохнем малость?

Палага не слышала его слов, но стало приятно идти с ним, она весело взглянула ему в глаза и улыбнулась. Лицо его было молодое, только что покрывшееся пухом, глаза горели задором и смелостью. Можно было подумать, что он не касался ни одной бабы, но и можно было предположить, что он ни одной не давал проходу.

– Таперича я знаю, – ты чья, – сказал он, пристально вглядываясь в лицо, – ты эфто, знычить, жена Корнея Бударки будешь... так оно и есть... Я тибе ище со свадьбы вашиной помню. Славная ты, кык я ны тибе пыглижу. Эн лицо-то какое смазливое.

Палага подозрительно смерила его с ног до головы и сказала:

– Жинитца пора тибе, чем по полю прохожих-то ловить. За этакое дело в острог сажают.

Парень обидчиво приостановился и выругался:

– Сибе дороже стоить, чем ломать на всяку сволочь глаза свои!

Палага, обернувшись, захохотала:

– А ты и вправду думаешь, што я боюсь тибе?

Сказав, она почувствовала, как груди ее защемили снова, глаза затуманились. Она забыла, зачем ходила в церковь, ночью выскакивала окунать свою голову в воду. Когда парень взял ее за руку, она не отняла руки, а еще плотней прижалась к нему и шла, запрокинув голову, как угорелая; кофточка на ней расстегнулась, платок соскочил.

– А должно, плохо биз мужа живетца-то, – говорил он, – я, хошь, к тибе приходить буду!

– Приходи!

Солнце уже клонилось к закату, тени от кустов были большие, но в воздухе еще висел зной, пахнущий рожью.

Палага опустилась на колени и села. Она вся тянулась к земле и старалась, чтобы не упасть, ухватиться за куст. Парень подполз к ней ближе, обнял ее за шею.

Уже в душе ее ничего не было страшного, и не было больно за то, что вот что-то порывается в ее жизни; она прилегла на траву и закрыла глаза. Чувствовала, как парень горячими щеками прилипал к ее груди, его немного горькие от табаку губы, и когда почувствовала его жесткие руки, приподнялась и отпихнула его в сторону.

– Не нужно, – сказала она, задыхаясь, и, запрокинув голову, опустилась опять на траву. – Не нужно, тибе говорю!

Когда она ударила парня по лицу, он опешил, и, воспользовавшись этим, она побежала, подобрав подол, к дому.

Парень отстал. На повороте она заметила только один его мелькнувший картуз, пригнулась и быстро шмыгнула в рожь. Прижалась к земле и старалась не проронить ни звука.

Уже погасла заря, месяц выплыл с белыми рогами над полем, и небо из белого обратилось в темно-голубое, а она все сидела и не хотела вставать.

Когда ночь стала совсем голубая, когда уже звезды тухли, она осторожно приподняла голову и посмотрела на дорогу. Дымился туман, и свежесть его пахла парным молоком. Ей страшно было идти, – казалось, парень где-нибудь притаился во ржи у дороги и ждет.

Небо светлело, ветерок, налетевший с восхода, поднялся к облакам и сдул последние огоньки мигающих звезд; над рожью вспыхнула полоса зари, где-то заскрипели колеса. Очнувшись от страха, Палага вышла на тропинку и, прислушиваясь, откуда скрип колес, пошла навстречу.

Поравнявшись с подводами, она попросила, чтоб ее подвезли немного, до Белой воды. Баба, сидевшая на передней телеге, остановила лошадь и покачала головой:

– Каг же это ты ни пужаисси-то? Ночь, а ты бог знаить анкедова идешь... По ржам-то ведь много слоняютца, лутчай подождать бы.

– Я ждала, – тихо ответила Палага, – привязался тут ко мне один еще с вечера. Все во ржи сидела, ждала, хто поедить...

– То-то, ждала.

Когда баба под спуском на Белую воду повернула в левую сторону, Палага слезла, поблагодарила ее и пошла к дому. Башмаки от росы промокли, пальцы на ногах озябли, но она не обращала на это внимания, ей было приятно сознавать, что грех она все-таки поборола.

Вдруг она вся похолодела: парень сидел на крылечке ее избы и, завидя ее, быстро и ловко стал взбираться на гору. Пока она пришла в себя, уже был подле нее и схватил за руку.

– Ты штошь эфто, – говорил он, осклабивая зубы, – сперва дразнишь, а потом хоронисси?.. Типерь ни отпущу уж тибе, кричи не кричи – моя.

Палага стояла с широко раскрытыми глазами; то, что ее давило, снова стало подыматься от сердца; и вдруг разлилось по всем жилам. Она поняла, взглянув на парня, что бежала не от него, скрывалась во ржи не от него. Оттолкнув его руки, она бессильно опустилась на землю. Парень навалился на ее колени; она больно прикусила губу, и на подбородок ее скатилась алая струйка крови.

– Да ты штошь, этакая-разэтакая, долго будишь ны да мной издяватца-то?! – крикнул парень и, размахнув рукой, ударил ее по лицу.

И боль в ней вытеснила то, чего она боялась. Посыпавшимся на нее ударам она подставляла грудь, голову; виски ее заломили, она тихо застонала.

Ее опухшее в кровоподтеках лицо испугало парня, и, ткнув ее ногой в живот, он поднял свой соскочивший картуз, вытер со лба градом катившийся пот и пошел по дороге в поле.

Солнце поднялось высоко над водой, песок, на котором она лежала, сделался горячим, голова ныла от жары еще больше, губы спеклись.

Приподнявшись кое-как на локти, она стала сползать к воде; руки царапались о камни, сарафан рвался. У воды, тыкаясь лицом, она обмыла запекшуюся на коже кровь, немного попила и побрела домой. На крыльце валялись окурки, спички и позабытый кисет. Взобравшись на верхнюю ступеньку, она села и обессиленно вздохнула.

3

Вода от холода посинела, ветла, стоявшая у избы Корнея, нагнулась и стряхнула в нее свои желтые листья. Небо подернулось облаками, река уже не так тихо бежала, как летом, а пенилась и шумела; Палага каждый день ждала мужа, и наконец он вернулся.

В тот день по воде шел туман. Когда Корней чалил у берега свою лодку, Палага не видела его из окна; она узнала лишь тогда, что он приехал, когда собака залаяла и радостно заскулила. Сердце перестало биться, ноги подкосились, и, задыхаясь, Палага выбежала ему навстречу.

Но она взглянула на него, и руки ее опустились. Корней был как скелет, из заросшего лица торчал один только длинный нос, щеки провалились, грудь ушла в плечи.

– Што с тобой?! – чуть не вскрикнула она и, скрестив руки от какого-то страшного предчувствия, остановилась на месте.

– Ничего, – болезненно улыбнулся Корней, – захворал малость, вот и осунулся!

В словах его была скрытая грусть.

Они вошли в избу. Он, не снимая шапки, лег на кровать и закрыл глаза. Палага легла с ним рядом, сердце ее билось. Прижимаясь к нему, она понимала, что делает совсем не то, что нужно, но остановить себя не могла.

Почувствовав ее дрожь, Корней приподнялся и с горькою улыбкой покачал головой.

– Силы у меня нет, Палага, болесть, вишь, – и, глядя на ее сочную грудь, на красные щеки, гладил ее плечи и сбившиеся волосы.

С тех дней, как Корней не вставал с постели, Палага побледнела и даже подурнела, глаза глубоко ввалились, над губами появились две дугообразные морщины, кожа пожелтела.

— Надоел я тебе, — говорил, свешивая голову с кровати, Корней, — измаялась ты вся, так што и лица на тибе не стало.

Палага ничего не отвечала ему на это, но ей было неприятно, что он мог так говорить. За ту любовь, какую она берегла ему, она могла перенести гораздо больше...

Корней догадывался, отчего гас ее румянец, отчего белели губы, и ему неловко и тяжело было.

Когда же река стала опруживать заволокой льда окраины и лодки пришло время вытаскивать на берег, Палага наняла на деревне для этого дела сына десятского Юшку. Приходило время поправлять попортившиеся за лето верши, и Юшка принялся за починку.

Подавая ему нитки, Палага ненароком касалась его рук; руки от работы были горячие, приятно жгли, и Палагу снова стало беспокить. Стала она часто сидеть у кровати, на которой лежал Корней, и еще чаще сердце ее замирало, когда Юшка, как бы нечаянно, проходя, задевал ее плечи рукою.

Однажды ночью, когда Корней бредил своим баркасом, она осторожно слезла с лавки, на которой лежала, и поползла к Юшке в угол на пол.

За окном свистел ветер, рубашка на ее спине прыгала от страха. Юшка спал; грудь его то подымалась, то опускалась, а от пушистого и молодого, еще ребяческого лица пахло словно распустившейся мятой. Подобравшись к его постели, она потянула с него одеяло, Юшка завозился и повернулся на другой бок.

В висках у нее застучало. Она увидела в темноте его обнажившиеся плечи. Осторожно взобралась она на постель. Юшка проснулся. В первый момент на лице его отразилось удивление, но он понял и, вскочив, обвился вокруг нее, как вьюн.

Палага ничего уже не сознавала, тряслась как в лихорадке.

Когда она лежала снова на лавке, ей казалось, что все, что было несколько минут назад, случилось уже давно, что времени этому уже много, и ее охватила жалость, ей показалось, что она потеряла что-то. Затуманенная память заставила ее встать, она зажгла лампу и начала шарить под столом, на печи и под печью, но везде было пусто.

«Это в душе у меня пусто», – подумала она как-то сразу и, похолодев, опустилась с лампой на пол.

До рассвета она сидела у окна и бессмысленно глядела, как по воде, уже обмерзшей, стелился снег. Но как только она начинала приходить в себя, сердце ее занывало, она вспоминала, что жизнь ее с Корнеем оборвалась, что на радости их теперь лег узел, и, глядя на сонного Юшку, ей хотелось впиться ногтями в его горло и задушить.

Лицо Юшки было окаймлено невидимой, но все же понятной для нее бледностью, и, вглядываясь в него, она начинала понимать, что то, что отталкивало ее от него, было не в нем, а внутри нее, что задушить ей хочется не его, а соблазн, который в ее душе. Несколько раз она приближалась к спящему Корнею, но, глядя на его спокойные закрытые глаза, вздрагивала и, заложив руки за голову, начинала ходить по избе.

Когда рассвет уже совсем заглянул в окно, она испугалась наступающего дня; пока было темно, пока никто не видел ее лица и бледных щек, ей было легче; и вдруг ей захотелось уйти, уйти куда глаза глядят, лишь бы заглушить мучившее ее сознание.

Отворив дверь, Палага вышла на крыльцо и взглянула на реку. То место, где она обмывала свои побои, было занесено снегом. Она вспомнила, насколько она была тогда счастливее, когда подставляла под взмахивающие кулаки грудь и голову, и, обхватив за шею стоявшую подле нее собаку, зарыдала.

Собака сперва растерялась, завиляла хвостом, но, почувствовав, что в горле у нее щекочет, завыла; и вой ее слился в один горький и тяжелый крик утраты.

<1916>

Бобыль и Дружок

(Рассказ, посвященный сестре Катюше)

Жил на краю деревни старый Бобыль. Была у Бобыля своя хата и собака. Ходил он по миру, сбирал куски хлеба, так и кормился. Никогда Бобыль не расставался с своей собакой, и была у нее ласковая кличка Дружок. Пойдет Бобыль по деревне, стучит под окнами, а Дружок стоит рядом, хвостом виляет. Словно ждет свою подачку. Скажут Бобылю люди: «Ты бы бросил, Бобыль, свою собаку, самому ведь кормиться нечем...» Взглянет Бобыль своими грустными глазами, взглянет – ничего не скажет. Кликнет своего Дружка, отойдет от окна и не возьмет краюшку хлеба.

Угрюмый был Бобыль, редко с кем разговаривал.

Настанет зима, подует сердитая вьюга, заметет поземка, надует большие сугробы.

Ходит Бобыль по сугробам, упирается палкой, пробирается от двора ко двору, и Дружок тут бежит рядом. Прижимается он к Бобылю, заглядывает ласково ему в лицо и словно хочет вымолвить: «Никому мы с тобою не нужны, никто нас не пригреет, одни мы с тобою». Взглянет Бобыль на собаку, взглянет – и словно разгадает ее думы, – и тихо-тихо скажет:

– Уж ты-то, Дружок, меня, старика, не покинь.

Шагает Бобыль с собакой, доплетется до своей хаты, хата старая, не топлена. Посмотрит он по запечке, посмотрит, по углам пошарит, а дров – ни полена. Глянет Бобыль на Дружка, а тот стоит, дожидается, что скажет хозяин. Скажет Бобыль с нежной лаской:

– Запрягу я, Дружок, тебя в салазки, поедем мы с тобой к лесу, наберем там мы сучьев и палок, привезем, хату затопим, будем греться с тобой у лежанки.

Запряжет Бобыль Дружка в салазки, привезет сучьев и палок, затопит лежанку, обнимет Дружка, приголубит. Задумается Бобыль у лежанки, начнет вспоминать прожитое. Расскажет старик Дружку о своей жизни, расскажет о ней грустную сказку, доскажет и с болью молвит:

– Ничего ты, Дружок, не ответишь, не вымолвишь слова, но глаза серые, умные... Знаю, знаю... ты все понимаешь...

Устала плакать вьюга. Реже стали метели, зазвенела капель с крыши. Тают снега, убывают.

Видит Бобыль – зима сходит, видит – и с Дружком беседует:

– Заживем мы, Дружок, с весною.

Заиграло красное солнышко, побежали ручьи-колокольчики. Смотрит Бобыль из окошка, под окном уже земля зачернела.

Набухли на деревьях почки, так и пахнут весною. Только годы Бобыля обманули, только слякоть весенняя старика подловила.

Стали ноги его подкашиваться, кашель грудь задавил, поясница болит-ломит, и глаза уж совсем помутнели.

Стаял снег. Обсушилась земля. Под окошком ветла распустилася. Только реже старик выходит из хаты. Лежит на полатях, слезть не может.

Слезет Бобыль через силу, слезет, закашляется, загрустит, Дружку скажет:

– Рано, Дружок, мы с тобою тогда загадали. Скоро уж, видно, смерть моя, только помирать – оставлять тебя – неохота.

Заболел Бобыль, не встает, не слезает, а Дружок от полатей не отходит, чует старик – смерть подходит, чует – Дружка обнимает, – обнимает, сам горько плачет:

– На кого я, Дружок, тебя покину. Люди нам все чужие. Жили мы с тобой... всю жизнь прожили, а смерть нас разлучает. Прощай, Дружок, мой милый, чую, что смерть моя близко, дыханье в груди остывает. Прощай... Да ходи на могилу, поминай своего старого друга!..

Обнял Бобыль Дружка за шею, крепко прижал его к сердцу, вздрогнул – и душа отлетела.

Мертвый Бобыль лежит на полатях. Понял Дружок, что хозяин умер. Ходит Дружок из угла в угол, – ходит, тоскует. Подойдет Дружок, мертвеца обнюхает, – обнюхает, жалобно завоет.

Стали люди промеж себя разговаривать: почему это Бобыль не выходит. Сговорились, пришли – увидали, увидали – назад отшатнулись. Мертвый Бобыль лежит на полатях, в хате запах могильный – смрадный. На полатях сидит собака, сидит – пригорюнилась.

Взяли люди мертвеца, убрали, обмыли, в гроб положили, а собака от мертвого не отходит. Понесли мертвого в церковь. Дружок идет рядом. Гонят собаку от церкви, гонят – в храм не пускают. Рвется Дружок, мечется на церковной паперти, завывает, от горя и голода на ногах шатается.

Принесли мертвого на кладбище, принесли – в землю зарыли. Умер Бобыль никому не нужный, и никто по нем не заплакал.

Воет Дружок над могилой, воет, лапами землю копает. Хочет Дружок отрыть своего старого друга, отрыть – и с ним лечь рядом. Не сходит собака с могилы, не ест, тоскует. Силы Дружка ослабели, не встает он и встать не может. Смотрит Дружок на могилу, смотрит жалобно, стонет. Хочет Дружок копать землю, только лапы свои не поднимает. Сердце у Дружка сжалось... дрожь по спине пробежала, опустил Дружок голову, опустил, тихо вздохнул... и умер Дружок на могиле...

Зашептались на могиле цветочки, нашептали они чудную сказку о дружбе птичкам. Прилетала к могиле кукушка, садилась она на плакучую березу. Сидела кукушка, грустила, жалобно над могилой куковала.

<1917>

Железный Миргород

Очерки об Америке

Я не читал прошлогодней статьи Троцкого о современном искусстве, когда был за границей. Она попалась мне только теперь, когда я вернулся домой. Прочел о себе и грустно улыбнулся. Мне нравится гений этого человека, но видите ли?.. Видите ли?..

Впрочем, он замечательно прав, говоря, что я вернусь не тем, чем был.

Да, я вернулся не тем. Много дано мне, но и много отнято. Перевешивает то, что дано.

Я объездил все государства Европы и почти все штаты Северной Америки. Зрение мое переломилось особенно после Америки. Перед Америкой мне Европа показалась старинной усадьбой, поэтому краткое описание моих скитаний начинаю с Америки.

Boat «Paris»[1]

Если взять это с точки зрения океана, то все-таки и это ничтожно, особенно тогда, когда в водяных провалах эта громадина качается своей тушей, как поскользающийся (простите, что у меня нет образа для сравнения, я хотел сказать — как слон, но это превосходит слона приблизительно в 10 тысяч раз. Эта громадина сама — образ. Образ без всякого подобия. Вот тогда я очень ясно почувствовал, что исповедуемый мной и моими друзьями «имажинизм» иссякаем. Почувствовал, что дело не в сравнениях, а в само́м ор-

---

[1] Пароход «Париж» *(англ.)*.

ганическом). Но если взглянуть на это с точки зрения того, на что способен человек, то можно развести руками и сказать: «Милый, да что ты наделал? Как тебе?.. да как же это?..»

Когда я вошел в корабельный ресторан, который площадью немного побольше нашего Большого театра, ко мне подошел мой спутник и сказал, что меня просят в нашу кабин[1].

Я шел через громадные залы специальных библиотек, шел через комнаты для отдыхов, где играют в карты (невольно пожалел, что не было Маяковского), прошел через танцевальный зал, и минут через пять через огромнейший коридор спутник подвел меня к нашей кабине.

Я осмотрел коридор, где разложили наш большой багаж, приблизительно в 20 чемоданов, осмотрел столовую, свою комнату, 2 ванные комнаты и, сев на софу, громко расхохотался. Мне страшно показался смешным и нелепым тот мир, в котором я жил раньше. Вспомнил про «дым отечества», про нашу деревню, где чуть ли не у каждого мужика в избе спит телок на соломе или свинья с поросятами, вспомнил после германских и бельгийских шоссе наши непролазные дороги и стал ругать всех цепляющихся за «Русь», как за грязь и вшивость. С этого момента я разлюбил нищую Россию. Народ наш мне показался именно тем 150 000 000-ым рогатым скотом, о котором писал когда-то в эпоху буржуазной войны в «Летописи» Горького некий Тальников. Где он теперь?

Я с удовольствием пожал бы ему руку, ибо это была большая правда и большая смелость в эпоху квасного патриотизма.

Милостивые государи! лучше фокстрот с здоровым и чистым телом, чем вечная, раздирающая душу на российских полях песня грязных, больных и искалеченных людей про «Лазаря». Убирайтесь к чертовой матери с Вашим Богом и с Вашими церквями. Постройте лучше из них сортиры, чтоб мужик не ходил «до ветру» в чужой огород.

С того дня я еще больше влюбился в коммунистическое строительство.

Пусть я не близок им как романтик в моих поэмах, я

---

[1] Здесь и далее по рукописи Есенина воспроизводится русская калька английского слова «cabin» – каюта. – *Сост.*

близок им умом и надеюсь, что буду, быть может, <близок> и в своем творчестве, лишь бы поменьше было таких ценителей искусства, как Мещеряков в Госиздате или (царство ему небесное) покойный Вейс. С такими мыслями я ехал в страну Колумба. Ехал океаном 6 дней, проводя жизнь среди ресторанной и отдыхающей в фокстроте публики.

Элис-Аленд

На шестой день около полудня показалась земля. Через час глазам моим предстал Нью-Йорк.

Мать честна́я! До чего бездарны поэмы Маяковского об Америке. Разве можно выразить эту железную и гранитную мощь словами. Это поэма без слов. Рассказать ее будет ничтожно. Милые, глупые, смешные российские доморощенные урбанисты и электрофикаторы в поэзии! Ваши «Кузницы» и Ваши «Леф» – как Тула перед Берлином или Парижем.

Здания, заслонившие горизонт, почти упираются в небо. Над всем этим проходят громаднейшие железобетонные арки. Небо в свинце от дымящихся фабричных труб, дым навевает что-то таинственное, кажется, что за этими зданиями происходит что-то такое – великое и громадное, что дух захватывает, хочется скорей на берег, но... но прежде должны осмотреть паспорта...

В сутолоке сходящих мы подходим к какому-то важному лицу, которое осматривает документы. Он долго вертит документы в руках, долго обмеривает нас косыми взглядами и спокойно по-английски говорит, что мы должны идти в свою кабин, что в штаты он нас впустить не может и что завтра он нас отправит на Элис-Аленд.

Элис-Аленд – небольшой остров, где находится карантин и всякие следственные комиссии по приезжающим. Оказывается, что Вашингтон получил сведения о нас, что мы едем как большевистские агитаторы. Завтра на Элис-Аленд... могут отослать обратно, но могут и посадить...

В кабин к нам неожиданно являются репортеры, которые уже знали о нашем приезде. Мы выходим на палубу. Сотни кинематографистов и журналистов бегают по палубе, щелкают аппаратами, чертят карандашами и все спрашивают, спрашивают и спрашивают. Это было приблизительно около 4 часов дня, а в 5 $^1/_2$ нам принесли около 20 газет с нашими портретами и огромными статьями о нас. Говорилось в них немного об Айседоре Дункан, о том, что я поэт, но больше всего о моих ботинках и о том, что у меня прекрасное сложение для легкой атлетики и что я наверняка был бы лучшим спортсменом в Америке. Ночью мы грустно ходили с спутником по палубе. Нью-Йорк в темноте еще величественней. Копны и стога огней кружились над зданиями, громадины с суровой мощью вздрагивали в зеркале залива.

. . . .

. . . .

Утром нас отправили на Элис-Аленд. Садясь на маленький пароход в сопровождении полицейских и журналистов, мы с спутником взглянули на статую Свободы и прыснули смехом.

«Бедная, старая девушка! Ты поставлена здесь ради курьеза!» – сказал я.

Журналисты стали спрашивать, над чем мы так громко смеемся. Спутник мой перевел им, и они засмеялись тоже.

На Элис-Аленде нас по бесчисленным комнатам провели в комнату политических экзаменов. Когда мы сели на скамьи, из боковой двери вышел тучный, с круглой головой, господин, волосы которого немного были вздернуты со лба челкой кверху и почему-то напомнили мне рисунки Пичугина в сытинском издании Гоголя.

«Смотри, – сказал я спутнику, – это Миргород! Сейчас прибежит свинья, схватит бумагу, и мы спасены!»

– Мистер Есенин! – сказал господин. Я встал. – Подойдите к столу, – вдруг он твердо сказал по-русски. Я ошалел.

– Подымите правую руку и отвечайте на вопросы.

Я стал отвечать, но первый вопрос меня сбил с толку.

– В Бога верите?

Что мне было сказать? Я поглядел на спутника, тот мне кивнул головой, и я сказал:

– Да!

– Какую признаете власть?

Елки-палки! Еще не легче! Сбивчиво я стал говорить, что я поэт, что в политике ничего не смыслю.

Помирились мы с ним, помню, на народной власти.

Потом он, не глядя на меня, сказал: «Повторяйте за мной: именем Господа нашего Исуса Христа обещаюсь говорить чистую правду и не делать никому зла. Обещаюсь ни в каких политических делах не принимать участья!»

Я повторял за ним каждое слово. Потом расписался, и нас выпустили. (После мы узнали, что друзья Дункан дали телеграмму Гардингу. Он дал распоряжение при легком опросе впустить меня в Штаты.) Взяли с меня подписку не петь «Интернационал», как это сделал я в Берлине.

Миргород! Миргород! Свинья спасла!

Нью-Йорк

Сломя голову я сбежал с пароходной лестницы на берег. Вышли с пристани на стрит, и сразу на меня пахну́ло запахом, каким-то знакомым запахом. Я стал вспоминать:

«Ах, да это... это тот самый... тот самый запах, который бывает в лавочках <со> скобяной торговлей».

Около пристани на рогожках сидели или лежали негры. Нас встретила заинтригованная газетами толпа.

Когда мы сели в автомобиль, я сказал журналистам:

Mi laik Amerika[1].

Через десять минут мы были в отеле. О том, что такое Нью-Йорк, поговорим после.

Бродвей

На наших улицах слишком темно, чтобы понять, что такое электрический свет Бродвея. Мы привыкли жить под светом луны, жечь свечи перед иконами, но отнюдь не пред человеком.

Люди часто ездят не в освещенных вагонах. Дело здесь, конечно, не в бедности государства, а в невежестве самих

[1] Мне нравится Америка (искаж. *англ.*). — *Сост.*

граждан, которые предпочитают освещать раскрашенные доски, чем употреблять этот свет для более полезных целей.

Америка внутри себя не верит в Бога. Там некогда заниматься этой чепухой. Там свет для человека, и потому я начну не с самого Бродвея, а с человека на Бродвее.

Обиженным культурникам на жестокость русской революции не мешало бы взглянуть на историю страны, которая так высоко взметнула знамя культуры индустрии.

Что такое Америка?

Америка – это прежде всего была страна краснокожих. Вслед после открытия этой страны Колумбом туда потянулся весь неудачливый мир Европы. Искатели золота и приключений, авантюристы самых низших марок, пользуясь человеческой игрой в государства, шли на службу к разным правительствам и теснили красный народ всеми средствами.

Красный народ стал сопротивляться. Начались жестокие войны, и в результате от многомиллионного народа краснокожих осталась маленькая горсточка (около 500 000), которую содержат сейчас, огородив тщательной стеной от культурного мира, кинематографические предприниматели. Дикий народ пропал от виски. Политика хищников разложила его окончательно. Гайавату заразили сифилисом, опоили и загнали догнивать частью на болота Флориды, частью в снега Канады.

Но и все ж, если взглянуть на ту беспощадную мощь железобетона, на повисший между двумя городами Бруклинский мост, высота которого над землей равняется крышам 20-этажных домов, все ж никому не будет жаль, что дикий Гайавата уже не охотится здесь за оленем. И не жаль, что рука строителей этой культуры была иногда жестокой.

Индеец никогда бы не сделал на своем материке того, что сделал «белый дьявол».

Культура к индейцам не прививается. Мне рассказывали, что в Америке нет ни одного мало-мальски интеллигентного индейца.

Были опыты. Брали какого-нибудь малыша, отдавали в школу, а лет через пять-шесть в один прекрасный день он снимал с себя ботинки и снова босиком убегал к своим. Сейчас Гайавата – этнографический киноартист, он показывает в фильмах свои обычаи и свое дикое несложное искусство. Он все так же плавает в отгороженных водах на своих узеньких пирогах, а около Нью-Йорка стоят громады броненосцев, по бокам которых висят десятками уже не шлюпки, а аэропланы, которые подымаются в воздух по особо устроенным спускным доскам, возвращаясь, садятся на воду, и броненосцы громадными рычагами, как руками великанов, подымают их и сажают на свои железные плечи.

Нужно пережить реальный быт индустрии, чтобы стать ее поэтом. У нашей российской реальности, как говорят, «пока еще – слаба гайка», и потому мне смешны все эти «лефствующие», которые пишут свои стихи по картинкам плохих американских журналов.

В нашем литературном строительстве со всеми устоями на советской платформе я предпочитаю везти телегу, которая есть, чтобы не оболгать тот быт, в котором мы живем. В Нью-Йорке лошади давно сданы в музей, но в наших родных пенатах я даже и самогó гениального электрофикатора Ленина видел в Петербурге на жалком тарантасе с лицом, упертым в почтенный зад кобылы.

Ну да ладно! Москва не скоро строится. Поговорим пока о Бродвее. С точки зрения великих замыслов эта улица тоже ведь наша.

У какого-то смешного поэта, написавшего «сто пятьдесят лимонов», есть строчки о Чикаго как символе Америки:

Пройдешь:
За ступней ступня
И еще ступня
Ступеней этих самых до чертиков.

Сие описание «флигелей» напоминает мне описание Козьмы Индикоплова, который уверял всех, что он видел то место, где земля сходится с пологом неба.

Правда! Оно, положим, и есть ступени, но никто по ним не ходит, потому что ступени эти «чертиковы» существуют только на пожарные случаи, а подымаются там исключительно в лифтах в 3 – 4 секунды до 46-го этажа. Так что по картинкам иногда можно ошибиться и нечаянно дать Америку, перелагая Уитмана 19-го века, Америку старого Нью-

Йорка. Тогда Бродвей был не таким. Сила Америки развернулась окончательно только за последние 20 лет. При Уитмане он походил на наш старый Невский, теперь же это что-то головокружительное. Этого нет ни в одном городе мира. Правда, энергия направлена исключительно только на рекламный бег, но зато дьявольски здо́рово! Американцы зовут Бродвей, помимо присущего названия «окраинная дорога», — «белая дорога». По Бродвею ночью гораздо светлей и приятней идти, чем днем.

Перед глазами море электрических афиш. Там на высоте 20-го этажа кувыркаются во весь рост сделанные из лампочек гимнасты, там с 30-го этажа курит электрический мистер, выпуская электрическую линию дыма, которая переливается разными кольцами, там около театра на вращающемся электрическом колесе танцует электрическая Терпсихора и т. д. и т. д. всё в том же роде, вплоть до электрической газеты, строчки которой бегут по двадцатому или двадцать пятому этажу налево беспрерывно до конца номера. Одним словом, «умри Денис, лучше не напишешь».

Из музыкальных магазинов слышится по радио музыка Чайковского. Идет концерт в Сан-Франциско, но любители могут его слушать и в Нью-Йорке, сидя в своей квартире.

Когда все это видишь или слышишь, то невольно поражаешься возможностям человека и стыдно делается, что у нас в России верят до сих пор в деда с бородой и уповают на его милость.

Бедный русский Гайавата!

Быт и глубь штатов

Тот, кто знает Америку по Нью-Йорку и Чикаго, тот знает только праздничную или, так сказать, выставочную Америку.

Нью-Йорк и Чикаго есть не что иное, как достижения в производственном искусстве. Чем дальше вглубь, к Калифорнии, впечатления громоздкости исчезают. Перед глазами бегут равнины с жиденькими лесами и (увы! страшно похоже на Россию) маленькие деревянные селения негров. Города становятся похожими на европейские, с той лишь разницей, что если в Европе чисто, то в Америке все взрыто и навалено, как попало, как бывает при постройках. Страна все строит и строит.

Черные люди занимаются земледелием и отхожим промыслом. Язык у них американский. Быт под американцев. Выходцы из Африки, они сохранили в себе лишь некоторые инстинктивные выражения своего народа в песнях и танцах. В этом они оказали огромнейшее влияние на музик-хольный мир Америки. Американский фокстрот есть не что иное, как разжиженный национальный танец негров. В остальном негры довольно народ примитивный, с весьма необузданными нравами. Сами американцы тоже народ весьма примитивный со стороны внутренней культуры. Владычество доллара съело в них все стремления к каким-либо сложным вопросам. Американец всецело погружается в «Bisnes»[1] и остального знать не желает. Искусство Америки на самой низшей ступени развития. Там до сих пор остается неразрешенным вопрос: нравственно или безнравственно поставить памятник Эдгару По (?). Все это свидетельствует о том, что народ они весьма молодой и не вполне сложившийся в формы. Та громадная культура машин, которая создала славу Америке, есть только результат работы индустриальных творцов и ничуть не похожа на органическое выявление народа. Народ Америки — только честный исполнитель заданных ему чертежей и их последователь. Если говорить о культуре электричества, то всякое зрение упрется в этой области на фигуру Эдисона. Он есть сердце этой страны. Если б не было гения этого человека в эти годы, то культура радио и электричества могла бы появиться гораздо позже и Америка не была бы столь величественной, как сейчас.

Со стороны внешнего впечатления в Америке есть замечательные курьезы. Так, например, американский полисмен одет под русского городового, только с другими кантами.

---

[1] Бизнес *(искаж. англ.)*.

Этот курьез объясняется тем, что мануфактурная промышленность сосредоточилась главным образом в руках русских евреев. Наши сородичи, видно из тоски по родине, нарядили полисмена в знакомый им вид формы.

Для русского уха и глаза вообще Америка, а главным образом Нью-Йорк, немного с кровью Одессы и западных областей. Нью-Йорк на 30 процентов еврейский город. Евреев главным образом загнала туда нужда скитальчества из-за погромов.

В Нью-Йорке они осели довольно прочно и имеют свою жаргонную культуру, которая ширится все больше и больше. У них есть свои поэты, свои прозаики и свои театры. От лица их литературы мы имеем несколько имен мировой величины. В поэзии сейчас на мировой рынок выдвигается с весьма крупным талантом Мани-Лейб.

Мани-Лейб – уроженец Черниговской губ. Россию он оставил лет 20 назад. Сейчас ему 38. Он тяжко пробивал себе дорогу в жизни сапожным ремеслом и лишь в последние годы стал иметь возможность существовать на оплату за свое искусство.

Он ознакомил американских евреев переводами на жаргонный язык с русской поэзией от Пушкина до наших дней и тщательно выдвигает молодых жаргонистов с довольно красивыми талантами, от периода Гофштейна до Маркиша. Здесь есть стержни и есть культура.

В специфически американской среде отсутствие всякого присутствия.

Свет иногда бывает страшен. Море огня с Бродвея освещает в Нью-Йорке толпы продажных и беспринципных журналистов. У нас таких на порог не пускают, несмотря на то, что мы живем чуть ли не при керосиновых лампах, а зачастую и совсем без огня.

Сила железобетона, громада зданий стеснила мозг американца и сузила его зрение.

Нравы американцев напоминают незабвенной гоголевской памяти нравы Ивана Ивановича и Ивана Никифоровича.

Как у последних не было города лучше Полтавы, так и у первых нет лучше и культурней страны Америки.

«Слушайте, – говорил мне один американец, – я знаю Европу. Не спорьте со мной. Я изъездил Италию и Грецию. Я видел Парфенон. Но все это для меня не ново. Знаете ли вы, что в штате Теннесси у нас есть Парфенон гораздо новей и лучше?»

От таких слов и смеяться, и плакать хочется. Эти слова замечательно характеризуют Америку во всем, что составляет ее культуру внутреннюю. Европа курит и бросает. Америка подбирает окурки. Но из этих окурков растет что-то грандиозное в той среде, которая называется рабочим классом; об этой среде поговорим особо.

1923